Nachhaltigkeit und Digitalisierung in der Immobilienwirtschaft

Andreas Moring • Christin Inholte

Nachhaltigkeit und Digitalisierung in der Immobilienwirtschaft

Real Sustainability

Andreas Moring
International School of Management (ISM)
Hamburg, Deutschland

Christin Inholte
Hamburg, Deutschland

ISBN 978-3-658-37046-6   ISBN 978-3-658-37047-3 (eBook)
https://doi.org/10.1007/978-3-658-37047-3

Die Deutsche Nationalbibliothek verzeichnet diese Publikation in der Deutschen Nationalbibliografie; detaillierte bibliografische Daten sind im Internet über http://dnb.d-nb.de abrufbar.

Springer Gabler
© Der/die Herausgeber bzw. der/die Autor(en), exklusiv lizenziert an Springer Fachmedien Wiesbaden GmbH, ein Teil von Springer Nature 2022
Das Werk einschließlich aller seiner Teile ist urheberrechtlich geschützt. Jede Verwertung, die nicht ausdrücklich vom Urheberrechtsgesetz zugelassen ist, bedarf der vorherigen Zustimmung des Verlags. Das gilt insbesondere für Vervielfältigungen, Bearbeitungen, Übersetzungen, Mikroverfilmungen und die Einspeicherung und Verarbeitung in elektronischen Systemen.
Die Wiedergabe von allgemein beschreibenden Bezeichnungen, Marken, Unternehmensnamen etc. in diesem Werk bedeutet nicht, dass diese frei durch jedermann benutzt werden dürfen. Die Berechtigung zur Benutzung unterliegt, auch ohne gesonderten Hinweis hierzu, den Regeln des Markenrechts. Die Rechte des jeweiligen Zeicheninhabers sind zu beachten.
Der Verlag, die Autoren und die Herausgeber gehen davon aus, dass die Angaben und Informationen in diesem Werk zum Zeitpunkt der Veröffentlichung vollständig und korrekt sind. Weder der Verlag, noch die Autoren oder die Herausgeber übernehmen, ausdrücklich oder implizit, Gewähr für den Inhalt des Werkes, etwaige Fehler oder Äußerungen. Der Verlag bleibt im Hinblick auf geografische Zuordnungen und Gebietsbezeichnungen in veröffentlichten Karten und Institutionsadressen neutral.

Lektorat/Planung: Guido Notthoff
Springer Gabler ist ein Imprint der eingetragenen Gesellschaft Springer Fachmedien Wiesbaden GmbH und ist ein Teil von Springer Nature.
Die Anschrift der Gesellschaft ist: Abraham-Lincoln-Str. 46, 65189 Wiesbaden, Germany

Vorwort

Immobilien, Digitalisierung und Nachhaltigkeit. Wieso ist jetzt der richtige Zeitpunkt für ein Buch zu diesen Themen?

Dafür gibt es drei gewichtige Gründe.

Erstens: Die Digitalisierung ist in unser aller Leben, in unser aller Alltag und in allen unseren Arbeitswelten extrem fortgeschritten und nicht mehr wegzudenken. Das gilt auch für die Immobilienwirtschaft, die – wenn wir ehrlich sind – Digitalisierung lange als etwas angesehen hat, das sich woanders abspielt, aber nicht im Business mit Stein, Stahl und Beton. Dann wurde die Geschwindigkeit der Digitalisierung unterschätzt. Schwacher Trost: Genau das war und ist in allen anderen Branchen auch so (gewesen). Digitale Systeme und Technologien sind heute auf einem Leistungsniveau angekommen, dass an ihrem Einsatz kein Weht mehr vorbeiführt. Sie machen viele Abläufe und Prozesse schlichtweg einfacher, schneller, effizienter und billiger. In Zukunft sogar noch mehr.

Zweitens: Nachhaltigkeit und Klimaschutz sind von einem politischen Ziel und einer Disziplin des „Greenwashing" zu einem entscheidenden Faktor in der Immobilienwirtschaft – und darüber hinaus – geworden. Der Druck zu mehr Nachhaltigkeit und dem Nachweis der Nachhaltigkeit kommt aus vielen Richtungen: Politische Vorgaben, Gesetze, Richtlinien und Pläne von regionalen und nationalen Regierungen und der Europäischen Union; Anforderungen aus der Investment- und Kreditwirtschaft, die Nachhaltigkeit als entscheidendes Marketing- und Vertriebsargument für sich entdeckt hat; Bewusstsein, „Achtsamkeit" und „Awareness" bei Kunden aus dem privaten und professionellen Bereich, bei denen ohne Nachhaltigkeit praktisch nichts mehr geht.

Drittens: Der Krieg in und um die Ukraine zeigt uns, dass Versorgungssicherheit und Energie nicht mehr unter dem Ordnungspunkt „Verschiedenes" abzuspeichern ist. In Bau und Betrieb werden Unmengen an Energie verbraucht. Eine klare und vor allem resiliente und robuste Strategie der Energieversorgung und der Energienutzung ist praktisch von heute auf morgen eine „conditio sine qua non" für die Immobilienwirtschaft geworden. Und die muss eben – wie oben beschrieben – auch noch nachhaltig in allen drei Dimensionen (ökologisch, sozial und ökonomisch) sein. Der Schlüssel dazu liegt wiederum in der Digitalisierung.

Das alles klingt sehr komplex. Und das ist es auch. Es ist aber eine lösbare Aufgabe. Einen Beitrag zu dieser Lösung leistet dieses Buch.

Hamburg, Deutschland
März 2022

Andreas Moring
Christin Inholte

Inhaltsverzeichnis

1	**Einleitung**	1
1.1	Nachhaltigkeit in der Immobilienwirtschaft	1
1.2	Vorgehen und Aufbau des Buches	3
1.3	Aktueller Stand in Forschung und Praxis	5
1.4	„Neuer Wert" von digitalisierten Immobilien	11
	Literatur	16
2	**Digitalisierung und neue Technologien in der Immobilienwirtschaft**	17
2.1	Bedeutung von Datennutzung und Datenqualität	18
2.2	Data Mining und „intelligente" Immobilien	20
2.3	Daten und ihre Bedeutung für „autonome" Gebäude	23
2.4	Bedeutung und Potenziale von KI und Blockchain	25
2.5	Data Marketplaces oder Federated Learning in der Immobilienwirtschaft (?)	30
2.6	Digitalisierung von Immobilien Geschäftsmodellen	35
	2.6.1 Geschäftsmodelländerungen im Bau	35
	2.6.2 Geschäftsmodelländerungen bei Projektentwicklern	43
	2.6.3 Geschäftsmodelländerungen bei Immobilienmaklern	47
	2.6.4 Geschäftsmodelländerungen im Immobilienbetrieb	52
2.7	Entwicklung und Optimierung digitaler Geschäftsmodelle	58
	Literatur	70
3	**Nachhaltigkeit in der Immobilienwirtschaft**	73
3.1	Verständnis von Nachhaltigkeit	73
3.2	Cradle to Cradle	76
3.3	Sustainable Development Goals	77
3.4	Nachhaltigkeitsstrategien	79
	3.4.1 Effizienzstrategie	79
	3.4.2 Konsistenzstrategie	80
	3.4.3 Suffizienzstrategie	81
	3.4.4 Beziehungen der Strategien zueinander	81

	3.5	Ökobilanzen und Nachhaltigkeit	82
	3.6	Bedeutung von Umweltzielen und Umweltindikatoren	91
	3.7	Zertifizierungssysteme und Verfahren	95
		3.7.1 BREEAM	97
		3.7.2 LEED	101
		3.7.3 DGNB	104
		3.7.4 NaWoh	109
		3.7.5 Zertifizierungssysteme im Vergleich	111
	3.8	Alternative oder Ergänzung zu Zertifizierungen durch Ökobilanzen (?)	113
	3.9	Treiber für Nachhaltigkeit in der Immobilienwirtschaft	117
	3.10	Beispiele für Nachhaltige Immobilien und Quartiere mit Digitalen Tools	122
	Literatur		129
4	**Digitale Subsets und Nachhaltigkeit**		**131**
	4.1	Von Daten zur Nachhaltigkeit	131
	4.2	Digitale Subsets und Nachhaltige Optimierung	139
		4.2.1 Schritt 1: Was tun Menschen und welche Bedürfnisse haben Sie?	141
		4.2.2 Schritt 2: Welche SDG sind betroffen und wie?	144
		4.2.3 Schritt 3: Was muss geschehen, damit das Subset optimal nachhaltig ist?	145
		4.2.4 Schritt 4: Wie sieht der optimale Zustand aller Subsets in der Immobilie beziehungsweise auf der Plattform aus?	146
	4.3	Datenanalyse und Nachhaltigkeit schaffen Wert und Geschäft	148
	Literatur		155
5	**Fazit**		**157**

Einleitung 1

Zusammenfassung

Digitalisierung und Nachhaltigkeit gehören zusammen. Das gilt ganz besonders in der Immobilienwirtschaft. Doch bisher hat diese Kombination eher wenig Aufmerksamkeit bekommen. Dabei bieten sich durch die Nutzung digitaler Systeme und Instrumente ganz neue Möglichkeiten die vielfältigen Nachhaltigkeitsziele effizient, schnell und kostengünstig zu erreichen. Das ist nicht nur ein Beitrag zum Umwelt und schutz – es eröffnet gleichfalls neue Wert – und Nutzenversprechen und damit neue Geschäftsmodelle. Das ist auch notwendig. Denn die Immobilienwirtschaft ist nach Meinung vieler Wissenschaftler und Praktiker eindeutig reif für Disruptionen.

1.1 Nachhaltigkeit in der Immobilienwirtschaft

Nachhaltigkeit ist zunächst vom Nischen-, zum Modethema geworden – und jetzt ein strategisches Entscheidungsfeld in Politik und Wirtschaft. Das gilt auch und ganz besonders für die Immobilienwirtschaft. Es betrifft alle Bereiche von Bau über die Entwicklung, den Vertrieb, den Betrieb bis hin zum Abriss und der Rückabwicklung und Wiederverwertung einer Immobilie. Die Kombination von Nachhaltigkeit und Digitalisierung ist ebenfalls von einem Nischenthema zumindest zu einem ernst genommenen Aspekt in der Diskussion in Wirtschaft, Politik und Gesellschaft geworden. Die Digitalisierung mit all ihren Möglichkeiten, Anwendungen, Systemen und Innovationen oder gar Disruptionen kann unschätzbar wertvolle Hilfe leisten, wenn es darum geht die Nachhaltigkeit in Abläufen, Prozessen, Produkten und ganzen Geschäftsmodellen in allen drei Dimensionen – ökologisch, ökonomisch, sozial – zu stärken. Während das beispielsweise in Branchen wie der Schwerindustrie, der Chemie oder der Mobilität oder der Energie mittlerweile Allgemeinwissen ist, setzt sich diese Erkenntnis langsam aber sicher auch in der Immobilienwirtschaft durch.

Dieses Buch leistet einen Beitrag dazu, indem es genau diese Frage untersucht: Wo und wie können Digitalisierung und Nachhaltigkeit in der Immobilienwirtschaft gemeinsam gedacht und vor allem gemeinsam eingesetzt und umgesetzt werden? Dabei geht es darum, wie digitale Systeme und Anwendungen in der Immobilienwirtschaft für mehr Nachhaltigkeit sorgen können. Es geht darum, wo und wie die Digitalisierung dazu beitragen kann, Prozesse, Abläufe und Leistungen und Produkte nachhaltiger zu konzeptionieren, zu realisieren und zu nutzen. Es geht darum, diesen Anspruch und diese Notwendigkeit auch sinnvoll in (neue) Geschäftsmodelle zu integrieren. Denn Nachhaltigkeit muss sich auch lohnen – ansonsten findet sie nicht statt.

Der Druck, dass sie stattfindet ist dabei enorm. Und er kommt aus verschiedenen Richtungen und Quellen. Zum einen ist das die gesetzliche Regulatorik. Sowohl auf Ebene der Europäischen Union, als auch in der nationalen Gesetzgebung gelten bereits hohe Anforderungen an Umweltschutz und Nachhaltigkeit und es sind weitere Verschärfungen angekündigt beziehungsweise bereits fest geplant. Das gilt für den sogenannten European Green Deal auf Europaebene und es gilt für die Vorgaben der Bundesregierung in der laufenden Legislaturperiode, die ihre Wirkungen in den kommenden Jahren und Jahrzehnten erst wirklich entfalten werden. Die EU Taxonomie für Nachhaltige Investments ist ein Beispiel dafür, die sogenannten Sustainable Finance Packages der Europäischen Kommission oder die G20 Sustainable Finance Working Group sind andere Beispiele. Auch in der privaten Finanzwirtschaft gilt Nachhaltigkeit nicht mehr als Marketing-Tool oder Greenwashing, sondern als wachstumsstarkes Geschäftsfeld. Banken, Fonds, Vermögensverwaltungen, Asset Management und Family Offices entwickeln und bewerben nachhaltige Produkte und Investmentmöglichkeiten nicht nur aktiv, sondern mittlerweile eher aggressiv. Das hat auch Folgen für die Immobilienwirtschaft, die große Summen an Eigen- und Fremdkapital bewegt und existenziell braucht.

Des Weiteren macht die Justiz Druck auf Unternehmen und Politik in Sachen Nachhaltigkeit. Das Bundesverfassungsgericht erklärte das Klimaschutzgesetz im Jahr 2021 für in Teilen verfassungswidrig. Die Politik verschärfte daraufhin ihre Klimaziele deutlich. Ein Gericht in den Niederanden verdonnerte den Ölkonzern Shell zu mehr Klimaschutz und Nachhaltigkeit unter Androhung hoher Strafen, viele Umweltschützer, Klimaaktivisten und NGOs machten sich davon beflügelt daran, weitere sogenannte Klimaklagen gegen Unternehmen aus verschiedenen Branchen auszuarbeiten und einzureichen. Banken und Investment-Unternehmen müssen ebenfalls Klagewellen befürchten, wenn sie ihre Mittel weiter in Unternehmen stecken, die aus Sicht von gesellschaftlichen und politischen Stakeholdern nicht nachhaltig (genug) wirtschaften. Das wird sich eher früher als später auch auf Immobilien- und Projektfinanzierungen auswirken und den Markt hier verändern. Die Bank von England verlangt als erste Zentralbank von Unternehmen, ihre Klimarisiken und den Stand ihrer Nachhaltigkeit zu bewerten und auszuweisen. Andere Institutionen mit Gestaltungsmacht im Finanzmarkt werden hier folgen, was den Druck auf Immobilienfinanzierer, Immobilienentwickler, Immobilienerbauer und Immobilienbetreiber ebenfalls weiter erhöht, selbst besonders nachhaltig zu handeln und zu wirtschaften. Hinzu kommen noch andere Vorschriften und Regularien, wie beispielsweise das Lieferkettengesetz, das Unternehmen auf mehr Nachhaltigkeit in allen Dimensionen verpflichten soll.

Die genannten Entwicklungen und Vorgaben treffen besonders die Immobilienwirtschaft. Auf die Nachhaltigkeitsbilanzen der verschiedenen Phasen im Lebenszyklus von Immobilien wird später noch genauer eingegangen. Deswegen hier nur ein paar „Highlights" zur Einstimmung: Die Hälfte des Müllaufkommens in Deutschland stammt aus der Bauindustrie, in der Zementproduktion schlägt ein Kubikmeter Beton mit 850 Kilogramm CO_2 zu Buche, bei praktisch allen Prozessen und Nutzungsszenarien in und um Immobilien werden CO_2 und andere klima- und umweltschädliche Abfallstoffe produziert. Wenn auch die öffentliche und mediale Öffentlichkeit auf Mobilität, Energie oder auch den privaten Urlaubsreiseverkehr schaut, wenn es um Nachhaltigkeit geht, so leistet eben doch die Immobilienwirtschaft einen großen Beitrag zur negativen Klima- und Nachhaltigkeitsbilanz der Volkswirtschaften in Europa und der Welt. Doch das bedeutet eben auch, dass hier ein riesiges Potenzial liegt, das es zu heben gilt. Im Sinne der Nachhaltigkeit, im Sinne der erfolgreichen Digitalisierung und im Sinne von neuen Geschäftsmodellen und Marktchancen.

1.2 Vorgehen und Aufbau des Buches

Dieses Buch wird die genannten Aspekte beschreiben, analysieren und die erkenntnisleitende Fragestellung der Einleitung beantworten.

Dazu wird in Kap. 1 anschließend auf den aktuellen Stand in Forschung und Entwicklung bezüglich Nachhaltigkeit und Digitalisierung in der Immobilienwirtschaft eingegangen. Ein weiteres Augenmerk liegt auf der Analyse von Innovationsprozessen und dem Charakter der Digitalisierung in der Branche. Hierbei werden vor allen Dingen die Veränderungen von Transaktionskosten durch die Digitalisierung eine Rolle spielen, genauso wie die steigende Transparenz im Markt und die Veränderungen der Anforderungen von Kunden- und Nutzerseite an Immobilien. Hierbei geht es zudem um die Entwicklung von Immobilien und Regionen zu (virtuellen) Plattformen, die in anderer Form bereits aus unterschiedlichen Bereichen der Digitalwirtschaft wie auch der digitalisierten ehemals analogen Wirtschaft bekannt sind. Natürlich spielt sich diese Entwicklung nicht in derselben Art und Weise in der Immobilienwirtschaft ab. Aber: Muster lassen sich klar erkennen und ebenso Grundregeln der erfolgreichen Digitalisierung, die auch hier gelten und sich manifestieren.

Um diese besser verstehen zu können wird die Rolle von Technologien und Daten im Generellen wie im Immobilien-Speziellen beschrieben. Datennutzung und Datenqualität spielen hier eine wichtige Schlüsselrolle. Das ist in anderen Branchen und Märkte auch so – warum sollte es in der Immobilienwirtschaft anders sein? Für diese Nutzung und Ausnutzung von Daten und Wissen eröffnen Künstliche Intelligenz, Distributed Ledger Technologien wie Blockchain und mittel- bis langfristig auch Quantencomputing neue

Möglichkeiten und Perspektiven. Diskutiert wird in diesem Zusammenhang, ob der Ansatz von sogenannten Data-Marketplaces der vielversprechendste und lohnendste ist oder ob es auch andere sinnvolle und realistische Möglichkeiten gäbe, die sich durchaus bereits abzeichnen. Um jedoch in die Praxis der Arbeit an und mit Daten von Immobilien zu kommen, ist es notwendig zu beschreiben, wie das klassische Vorgehen bei Data Science Projekten aussieht und worauf zu achten ist. Darum wird es an der Stelle beschrieben und eingeordnet.

Daten und Digitalisierung verändern die Geschäftsmodelle von Bauunternehmen, Projektentwicklern, Immobilienmaklern und Immobilienbetreibern im Property- und Facility Management. Diese Veränderungen wurden erstmals im Buch des Autors „Bits & Bricks – Digitalisierung von Geschäftsmodelle in der Immobilienwirtschaft" beschrieben. Hier werden diese Änderungen im Licht der aktualisierten Erkenntnisse aus Wissenschaft und Praxis noch einmal kurz vorgestellt. Dargestellt und eingeordnet werden auch die Grundregeln für die Entwicklung und Optimierung von digitalen Geschäftsmodellen nach der Methode der sogenannten „Binären Innovation" des Autors. Sinn hierbei ist es, die Grundlage für die Beurteilung von digitalen und nachhaltigen Anwendungen, Produkten, Leistungen und Geschäftsmodellen zu legen, die im weiteren Verlauf der Untersuchung entwickelt werden sollen.

Kap. 2 untersucht Nachhaltigkeit und Umweltfreundlichkeit von Immobilien und wie diese gemessen und bewertet werden. Wichtig ist es hierbei, die entscheidenden Treiber im Markt zu (er)kennen, die dem Aspekt der Nachhaltigkeit zu immer größerer Bedeutung verhelfen. Zur Messung und Bewertung von Nachhaltigkeitskennzahlen werden die wichtigsten Methoden in Wissenschaft und Praxis dargestellt und eingeordnet. Neuere Ansätze zur Beurteilung der Nachhaltigkeit werden ebenso dargestellt, wie auch andere neuere Ansätze, Immobilien nicht nur als Verursacher von CO_2 Emissionen zu verstehen, sondern umgekehrt auch die Potenziale zu realisieren, Immobilien als sogenannte CO_2-Senken einzusetzen. Beim Thema Nachhaltigkeit spielen Zertifizierungen eine wichtige Rolle, weswegen diese dargestellt und kritisch untersucht werden. Ebenso wird die Bedeutung von Nachhaltigkeitsaspekten bei Immobilienunternehmen anhand einer quantitativen und qualitativen Erhebung der Autorin dazu dargestellt und ebenfalls kritisch eingeordnet.

Kap. 3 führt die Aspekte der beiden vorangegangenen zusammen. Ziel ist es dabei, die Nutzung von Digitalen Tools und Systemen, sowie von Methoden wie Künstlicher Intelligenz oder Data Science für Nachhaltigkeitsziele darzustellen und zu analysieren. Dabei spielen sogenannte Digital Subsets eine Schlüsselrolle, die mit Hilfe von verschiedenen digitalen Methoden auf unterschiedliche Ziele und Aspekte der Nachhaltigkeit ausgerichtet, gesteuert und optimiert werden können. Hierbei kommt es neben den technischen Möglichkeiten auch darauf an, den Nutzern einer Immobilie ihren Bedürfnissen entsprechende Vorteile bieten zu können und auch ökonomisch sinnvolle und nachhaltige Modelle zu entwickeln und zu realisieren. Hierbei kommen die beschriebenen Grundregeln und Zusammenhänge der Digitalisierung aus Kap. 1 wieder in den Fokus. Die Verbindung von diesen mit Nachhaltigkeit in der ökonomischen, sozialen und ökologischen Dimension ist dabei das Ziel, das mittels digitaler Technologien und der Digitalisierung von Immobilien und Immobilien-Geschäftsmodellen erreicht werden soll.

1.3 Aktueller Stand in Forschung und Praxis

Zu den relevantesten Veröffentlichungen zu den Themen Digitalisierung oder Nachhaltigkeit in der Immobilienwirtschaft gehören die Werke von Poleg, Vornholz, Kamis und Braune. Dror Poleg beschreibt in „Rethinking Real Estate" die Auswirkungen der Digitalisierung auf Immobilien als Asset Klasse und wie sich dadurch Geschäftsmodelle verändern oder sogar obsolet werden (vgl. Poleg 2019). Vornholz gibt in seinem Werk „Digitalisierung der Immobilienwirtschaft" einen umfassenden Überblick über die unterschiedlichsten digitalen Technologien und Anwendungen und arbeitet deren Bedeutung oder potenzielle Bedeutung für die Immobilienwirtschaft heraus (vgl. Vornholz 2021). Eben den gleichen Anspruch will Kamis mit seinem Werk „Digitalisierung in der Wohnungs- und Immobilienwirtschaft gerecht werden und gibt ebenfalls einen umfassenden Überblick über alle Facetten der digitalen Möglichkeiten und Anwendungen und deren aktuelle sowie absehbare Auswirkungen auf den Markt (vgl. Kamis 2019). Braune widmet sich der Frage, wie eine sinnvolle Ökobilanzierung über „Ökobilanz-Benchmarks für Immobilien" aussehen sollte und entwickelt eine Methodik eben dafür (vgl. Braune 2015). Gründing und Schulz-Wulkow geben ebenfalls in „Next Generation Real Estate" von 2018 einen Überblick über die Technologien und Trends, die die Digitalisierung der Immobilienwirtschaft prägen. Richard Brown beleuchtet in seinem 2018 erschienen Werk „#Proptech" nicht nur die Proptech Szene, sondern stellt – ähnlich wie der Ansatz in diesem Buch – auch die Frage nach den Folgen und Veränderungen von unserem menschlichen Verhalten und unseren Gewohnheiten durch digitale Tools und Systeme in und für Immobilien.

Neben den genannten Standardwerken gibt es eine ständig steigende Zahl an Veröffentlichungen von Studien, Papern, Konferenzbeiträgen und Best Practice Vorstellungen sowohl zur Digitalisierung, als auch zur Nachhaltigkeit in der Immobilienwirtschaft. Die Verbindung beider Aspekte, die in anderen Branchen relativ oft zu beobachten ist, ist in der Immobilienwirtschaft eher die Ausnahme. Beispiele hierfür sind der Report des European Academies Science Advisory Council (vgl. EASAC 2021), das Livre Blanc der Smart Building Alliance (vgl. SBA 2021) oder die Veröffentlichung „Künstliche Intelligenz im Umweltbereich" des Bundesumweltamtes und mehrere Veröffentlichungen und Studien der DGNB, Fraunhofer Institute oder Berufs- und Interessenverbänden in Deutschland.

Die wissenschaftlichen und praktischen Untersuchungen und Studien in der (deutschen) Literatur zur Digitalisierung in der Immobilienwirtschaft verfahren zum allergrößten Teil nach dem Ansatz, die Symptome der Digitalisierung und Technisierung im Immobilien-Markt und im Lebenszyklus von Gebäuden und Städten darzustellen, aufzulisten und zu beschreiben. Das hilft ungemein bei der Standortbestimmung des Marktes und der Branche und es bietet einen guten Überblick über den Status Quo im Markt. Eine tiefere Analyse der weitergehenden Möglichkeiten und Potenziale der Digitalisierung von Abläufen, Prozessen und ganzen Geschäftsmodellen ist damit aber noch nicht erreicht. Gleiches gilt neben dem Aspekt der Digitalisierung auch für den Aspekt der Nachhaltigkeit im Zusammenspiel mit Technologie und Daten. Nachhaltige Szenarien zur Digitalisierung in der Immobilienwirtschaft und aussagekräftige Use Cases aus der Realität und in der Konzeption sind also eine Lücke in der wissenschaftlichen Forschung und ebenso in der praxisbezogenen Literatur.

Dabei steht der Immobilienmarkt momentan an der Schwelle zur Ausbildung von funktionierenden digitalen Geschäftsmodellen und vollzieht damit eine Entwicklung nach, die in anderen Branchen bereits weiter fortgeschritten ist. Die Immobilienbranche hatte also vergleichsweise lange Zeit, sich auf die Digitalisierung einzustellen. Jetzt ist sie auch zeitgleich mit mehreren Herausforderungen konfrontiert:

- Kunden und Nutzer sind oder werden immer umfassender zu „Digital Natives", für die digitale Tools und Anwendungen in ihrem Lebensalltag selbstverständlich und zum Teil unverzichtbar sind.
- Den digitalen Markt bestimmen immer mehr Höchstleistungstechnologien mit schnellen Innovationszyklen, die den Zwang zur Anpassung und Veränderung drastisch erhöhen.
- Die regulatorischen und politischen Vorgaben werden in Zukunft vor allem mit Blick auf die Möglichkeiten der Datennutzung und mit Blick auf die Nachhaltigkeit in allen Dimensionen weiter zunehmen und einen klaren Rahmen setzen.
- Der Markt ist gleichzeitig weiter geprägt und bestimmt durch sehr langfristige und sehr hohe Investitions- und Nutzungsentscheidungen.

Vor diesen Hintergründen und Entwicklungen wird klar und verständlich, dass gerade Daten und Datenanalysen entscheidend für den künftigen Erfolg einer Strategie der gleichzeitigen Digitalisierung und Nachhaltigkeit sind. Denn mit den bisherigen Mitteln und Prozessen sind diese komplexen, vielfältigen und dynamischen Herausforderungen nicht zu bewältigen. Zudem geht es bei den beschriebenen Themenkomplexen auch und nicht zuletzt um die Verbindung von Mensch-Maschine-Interaktion, Digitalisierung und Nachhaltigkeit. Menschen leben und agieren schließlich in und mit Immobilien. Es geht hier also um eine große und vielschichtige Mensch-Maschine(n)-Interaktion. Dieser Aspekt ist ebenfalls in Forschung und Praxis bisher nicht berücksichtigt. Dabei kann gerade dieses Verständnis neue Perspektiven für Anwendungen und Geschäftsmodelle eröffnen. Diese Perspektive erlaubt es auch besser als andere, den Aspekt der Nachhaltigkeit in allen Dimensionen stärker in den Fokus zu rücken und zu verstehen. Das Verhalten, die Bedürfnisse und die Ziele von Menschen müssen darum im Mittelpunkt der Betrachtung und der Entwicklung von Lösungen und Geschäftsmodellen stehen. Diese Lösungen und Modelle müssen – in allen Dimensionen – nachhaltig sein, damit die Immobilienbauer und Immobilienbetreiber ihrer Verantwortung und ihren Verpflichtungen gegenüber mehreren Stake-

1.3 Aktueller Stand in Forschung und Praxis

holdern gerecht werden können. Hierin liegt die Komplexität der Herausforderung begründet. Gerade komplexe Systeme und Fragestellungen lassen sich aber besonders gut mit Hilfe von Data Science und Künstlicher Intelligenz verstehen, analysieren und weiterentwickeln.

Wenn auch diese Details noch nicht in der Breite der Immobilienbranche bis in alle Bereiche durchgedrungen sind, sondern sich erst verbreiten, so ist das Bewusstsein zur Notwendigkeit und Sinnhaftigkeit der Digitalisierung in der Branche mittlerweile doch geltender Standard (vgl. ZIA/EY o. J.).

Laut einer Studie des Zentralen Immobilienausschusses ZIA zusammen mit EY werden im Durchschnitt elf Prozent des Jahresumsatzes der Unternehmen der Branche in die Digitalisierung investiert. Dabei entfallen fünf Prozent dieser Investitionen (gemessen am Jahresumsatz) auf klassische Immobilienunternehmen und 62 Prozent (gemessen am Jahresumsatz) auf Proptechs. Rund drei Viertel der befragten Unternehmen geben an, dass sie sich in der Etablierungs- beziehungsweise Entwicklungsphase befinden, das heißt, sie stehen vergleichsweise weit am Anfang oder auf einer mittleren Stufe der digitalen Transformation. Lediglich ein geringer Teil (knapp jedes 20. Unternehmen) sieht sich bereits deutlich fortgeschritten und zählt sich zur „digitalen Exzellenz" in der Branche. Hierbei handelt es sich meist um Proptechs, die in diesem Sinne frei von bestehenden und etablierten Geschäftsmodellen und Notwendigkeit und Zwängen agieren können. Vor allem Immobilieninvestoren und Bestandshalter sehen sich dagegen eher in der Orientierungs- oder Entwicklungsphase.

Kurzfristige Trendpotenziale im Zusammenhang mit der Digitalisierung sehen viele Unternehmen bei mobilen Arbeitsgeräten (78 Prozent der Befragten) und Cloud-Technologien (74 Prozent). Dies lässt sich unter anderem damit erklären, dass beide Technologien respektive Anwendungen bereits heute sowohl in der Industrie als auch im Privatleben etabliert sind. Auch digitale Ökosysteme und Plattformlösungen scheinen vergleichsweise schnell Einzug in die Immobilienwirtschaft zu halten. Zu Ökosystemen gehören beispielsweise IT-Strukturen, die ihrerseits für eine Vielzahl von Systemen und Geschäftsprozessen offen sind und dabei unabhängig voneinander arbeiten, aber zugleich auch vernetzt sind oder miteinander vernetzt werden können. Dem Bereich Big Data oder Data Mining und Data Analytics wird eher ein mittelfristiges Potenzial zugesprochen. Der Fokus liegt hier bei den meisten Unternehmen zunächst auf dem Feld des Smart Metering. Bereits heute sind rund 60 Millionen smarte Stromzähler in Europa installiert, vor allem in Italien und Spanien. In Zukunft werden noch mehrere Millionen hinzukommen. Auch wenn im Bereich Data Analytics der Anwendungshorizont mittelfristig zu verorten ist, so sind die Technologien bereits heute entwickelt und in anderen Branchen teilweise schon länger etabliert. Ähnliches gilt auch für Anwendungen und Möglichkeiten aus dem Bereich des „Internet der Dinge". Dazu gehören unter anderem sprachgesteuerte Devices für den Heimgebrauch, die mit anderen technischen Lösungen eigenständig kommunizieren. Der 3D-Druck spielt in der produzierenden Industrie eine zunehmend große Rolle, Virtual und Augmented Reality sind längst Teil von digitalen Anwendungen und werden schon seit Jahren in der Werbeindustrie oder bei Sportveranstaltungen eingesetzt. Ein langfristiges Trendpotenzial sehen die Unternehmen der Immobilienbranche am ehesten in den Bereichen Künstliche Intelligenz, Robotics und in Distributed Ledger Technologien wie beispielsweise Blockchain. Die genannten Technologien sind dabei zum Teil heute schon Grundlage für immobilienwirtschaftliche Prozesse. KI ermöglicht beispielsweise heute unter anderem eine höhere Verlässlichkeit im Rahmen der Klassifizierung von digitalisierten Dokumenten, wenn es um das automatische Auslesen von Mietverträgen beziehungsweise der dort relevanten Daten sowie die Verarbeitung von Rechnungsbelegen geht. Auch Robotics findet sich teilweise bereits in der Praxis. Als physische Variante findet es sich vor allem in Logistik- und Industrieimmobilien, als digitale Variante beispielsweise in Form von Chatbots in der Kundenkommunikation und zur Automatisierung von immobilienwirtschaftlichen Prozessen. Der Blockchain-Technologie wird ein erhebliches Potenzial zugetraut. Vor allem in den Bereichen der Immobilienfinanzierung bis hin zum Verkauf von Flächen und den damit in Verbindung stehenden Prozessen und Dienstleistungen sowie bei sogenannten „Smart Contracts" lassen sich bereits heute schon viele sinnvolle Use Cases finden.

In der Immobilienbranche ist es wie in allen anderen Branchen auch, die sich in den letzten Jahren und Jahrzehnten digitalisiert haben oder die digitalisiert worden sind. Die größten und bedeutenden Innovationen im Real-Estate-Sektor kommen aus anderen Branchen und Bereichen. Die grundlegenden Auswirkungen werden von Innovationen ausgehen, die auch andere Branchen transformieren und die Art und Weise verändern, wie Menschen miteinander umgehen und Kontakte pflegen, wie sie sich bewegen, wie sie beispielsweise essen und schlafen und warum sie bestimmten Dingen Bedeutungen beimessen (vgl. Poleg 2019). Individualität und Flexibilität werden die künftige Value Proposition und die Ertragsmodelle in der Immobilienbranche bestimmen. Die Orte und die Gesetzmäßigkeiten der Architektur werden durch digitale Services und durch intelligente Maschinen relativiert und zunehmend aufgebrochen (vgl. auch Vornholz 2021).

Aus den genannten Gründen ist es auch durchaus sinnvoll und irgendwie passend, dass sich öfter einmal gerade auch nicht Architekten, Stadtplaner, Bauingenieure oder ähnliche Experten vom Fach mit der Digitalisierung auseinandersetzen und diese analysieren, sondern scheinbar Fachfremde, die sich mit Daten, digitalen Märkten und Geschäftsmodellen und digitalen Technologien auskennen. So kommen ein anderer Blickwinkel und eine andere Perspektive in die Betrachtung, die neue Erkenntnisse und Ansätze für eben diese Veränderungen möglich machen.

Dafür, dass die Branche reif für Transformation und Disruption ist, gibt es gleich mehrere Anzeichen. Ein wichtiges davon ist das sogenannte „Overshooting" oder „Overengineering" von Produkten und Angeboten. So werden in der Immobilienbranche höhere Preise und Margen dadurch zu realisieren versucht, dass Anbieter immer mehr Extras, Features und gern auch angeblich „nachhaltige" Innovationen in ihre Produkte integrieren und so den Kunden letztlich mehr verkaufen, als diese überhaupt haben wollen und bereit sind zu zahlen (vgl. Poleg 2019). Overengineering ist dabei nicht nur eine Sache der Produktfeatures, es manifestiert sich meistens in einer steigenden Komplexität, die außer Experten keiner mehr versteht und erst recht nicht richtig (ein) zu schätzen weiß. Hier öffnet

1.3 Aktueller Stand in Forschung und Praxis

sich immer ein Raum für innovative und disruptive Innovationen, die die Kundenbedürfnisse auf einem einfacheren Level erfüllen können und dazu noch deutlich billiger sind. Bei Gebäuden wird geradezu geprotzt mit der Geschwindigkeit von Aufzügen, der Fenstergröße, der Komplexität von Heizen, Lüften und Beleuchten und so weiter und so fort. Das alles ist sicherlich bemerkenswert und höchst fortschrittlich, aber in seiner Fülle übersteigt es die Erwartungshaltung und die Aufnahmefähigkeit des „normalen Kunden". Abgesehen davon ist ein solches Overengineering auch meist eine echte Verschwendung von Ressourcen und damit letztlich alles andere als nachhaltig. Dieser Umstand ist geradezu eine Einladung an Innovationen, die digital einfach und leicht verständlich sind und dabei auch noch Ressourcen sparen.

Digitalisierungsprozesse in der Wohnungs- und Immobilienwirtschaft als Beleg der Transformation manifestieren sich in drei Dimensionen (vgl. Kamis 2019):

1. Unternehmen müssen sich mit Digitalisierungsprozessen auseinandersetzen. Dabei haben die meisten Unternehmen der Branche (noch) keine eigene Digitalisierungsstrategie definiert und formuliert.
2. Kunden verändern in und mit der Digitalisierung ihr Verhalten und ihre Ansprüche. Digitalisierung beeinflusst den Wunsch nach mehr Partizipation, Transparenz, nachhaltigem Handeln, sie verändert die Arbeits- und Konsumgewohnheiten und den Bedarf an neuen und zusätzliche Dienstleistungen.
3. Schließlich verändern sich die Gebäude selbst; nicht nur in ihrem Aussehen, sondern auch in der Art und Weise ihrer Nutzung und wie Menschen mit ihnen umgehen.

In der Wissenschaft wie in der Praxis liegt der Fokus beim Thema Digitalisierung vor allem auf dem dritten genannten Punkt. Für erfolgreiche digitale Geschäftsmodelle, die auch noch nachhaltig sein sollen, müssen aber auch die anderen beiden Punkte genauso gewichtet werden.

Genau das zeichnet sich auch bereits ab. So ist die Verbesserung von Prozessen in den Immobilien als auch in den Unternehmen der Haupt-Treiber der Digitalisierung, danach folgen Kostenoptimierungen und die zumindest theoretisch vielfaltigen Nutzungsmöglichkeiten des immer weiter steigenden Datenvolumens in der Immobilienwirtschaft. Und auch von Kundenseite wachsen die Anforderungen beständig, sodass auch hier der Druck zu mehr Digitalisierung von Gebäuden zunimmt (vgl. Kamis 2019).

Gemeinhin werden solche digitalisierten Immobilien als Smart Home oder Smart Buildings bezeichnet. Dabei wird zwischen Smart House, Smart Living und Ambient Assisted Living unterschieden. Smart Houses zeichnen sich dadurch aus, dass mit einer digitalen Gebäudeinfrastruktur das ganze Haus zu einem vernetzten System mit ständigem Datenaustausch wird. Damit können technisch und theoretisch alle Bereiche optimal aufeinander abgestimmt werden. In der Gebäudesicherheit gilt das gleiche. Hierunter fallen alle Maßnahmen zum Einbruch- und Diebstahlschutz, der Zugangskontrolle aber auch Notfallsysteme. Smart Metering spielt in allen Belangen des Energiemanagements eine zunehmend wichtige Rolle. Der Effekt – für Kosteneffizienz und Nachhaltigkeit – ist noch größer, wenn die einzelnen Geräte und Gebäude untereinander vernetzt sind. Vor dem Hintergrund eines immer größeren Anteils an regenerativen Energien zur Versorgung und einer zunehmenden Versorgung vor Ort (zum Beispiel über Photovoltaikanlagen auf dem Dach) läuft die Steuerung dieser unsteten Energieform („Flatterstrom") nur unter der Nutzung von digitalen und KI basierten Steuersystemen zuverlässig und kann einen großen Teil zu mehr Nachhaltigkeit beisteuern (vgl. Vornholz 2021). Smart Living bezeichnet Systeme, die die Lebens- und Wohnqualität der Nutzer steigern sollen. Es betrifft die intelligente Vernetzung von Hausgeräten aller Art untereinander und mit mobilen Geräten wie beispielsweise dem Smartphone. Ambient Assisted Living sind Assistenzsysteme für altersgerechtes Wohnen.

Künftige Entwicklungen in der Künstlichen Intelligenz werden durch ihre Fähigkeit, die Interaktion zwischen Mensch und Maschine zu verbessern und zu automatisieren, also letztlich die Beziehung zwischen Bewohner und Gebäude verändern, ergänzen und verbessern. Ein Gebäude, das in der Lage ist, die Menschen zu leiten, seine Funktionsweise selbst zu erklären und sich an die verschiedenen Nutzer anzupassen, wäre ein echter Durchbruch. Im Bereich der häuslichen Pflege oder der Unterstützung von Menschen mit Behinderungen beispielsweise besteht ein großer Bedarf. Wenn sich das Gebäude an einen vorübergehenden oder fortschreitenden Verlust des Gehörs, des Sehvermögens oder der Mobilität seiner Bewohner anpassen kann, wird dies eine sehr wichtige soziale Wirkung haben. Die KI ist bereits in der Lage, auf einige dieser Probleme zu reagieren.

Daneben zeigen sich noch weitere Treiber der Veränderung, die wiederum nur indirekt oder auch gar nichts mit der Digitalisierung zu tun haben. So werden durch die höhere Flexibilität von Mietvereinbarungen und Verträgen die Einnahmen immer weniger sicher voraussagbar und gleichen weniger festverzinslichen Wertpapieren, wie in früheren Jahrzehnten. Immobilien verlieren dadurch immer mehr den Charakter, selbst ein Asset zu sein, sondern mehr ein Bestandteil in einer anderen und neuen Art der (digitalen) Wertschöpfung zu werden. Dadurch können Immobilien sogar wertvoller werden als zuvor, aber sie spielen eine andere Rolle in institutionellen Portfolios. Auf diese Weise werden Immobilien immer abhängiger von anderen Assetklassen. Wer hier stabile und verlässliche Einnahmen garantieren kann, ist aus Investorensicht klar im Vorteil. Hier werden Nachhaltigkeit und digitale Services über Plattformen und/oder vernetzte Ansätze eine große Rolle spielen. Denn nachgewiesene und dokumentierte Nachhaltigkeit ist immer ein starkes Argument zur Sicherung stabiler Einnahmen durch Kundenbindung. Und einfach verständliche digitale Services mit klarer Nutzenorientierung haben, wie weiter oben beschrieben, bessere Chancen als Ressourcen verschlingendes Overengineering, eine Zahlungsbereitschaft bei Kunden zu erzeugen. Zudem verliert die Nutzenbindung von Immobilien immer weiter an Bindungskraft und Bedeutung. Menschen wohnen und arbeiten in Gebäuden, in denen sie auch Sport treiben oder essen und trinken. Diese Mischung eröffnet wiederum neue Räume für nutzenorientierte digitale Services, die vor einiger Zeit vielleicht noch völlig undenkbar erschienen wären (vgl. Poleg 2019).

1.4 „Neuer Wert" von digitalisierten Immobilien

Bisher stammte der Wert von Immobilien also vereinfacht ausgedrückt zum allergrößten Teil aus ihrer bloßen Existenz. Ein Gebäude war wertvoll, einfach, weil es da war und irgendjemandem gehörte, selbst wenn es aktuell vielleicht gar keine Einnahmen realisierte. In Gegenden mit hoher Nachfrage und geringem Angebot an Wohn- oder Arbeitsraum ist das natürlich auch weiterhin so (vgl. Poleg 2019).

Doch schon jetzt und vermehrt in der Zukunft wird der Wert von Immobilien vor allem aus ihren Nutzungsmöglichkeiten stammen. Vor allem dann, wenn das Angebot nicht knapp ist und logischerweise dann andere Aspekte in den Vordergrund rücken. Durch die Digitalisierung werden Immobilien immer mehr zu einem „Tool", das einen bestimmten Zweck oder eine Kombination von Zwecken erfüllen soll. Das war vorher auch nicht anders, kann man gern einwenden. Stimmt. Aber die Zwecke bezogen sich bisher auf analoge (Grund)Bedürfnisse. Jetzt ist die Arena der Bedürfnisse und Möglichkeiten um und in den digitalen Raum erheblich erweitert (vgl. SBA 2021).

Dabei spielen die Vorteile von Immobilien für Kunden immer eine Rolle. Diese Vorteile lassen sich folgendermaßen kategorisieren:

- Funktionale Vorteile: Sie beziehen sich auf grundlegende Leistungen des Angebots, die zumeist Grundbedürfnisse der Kunden erfüllen sollen (zum Beispiel Stromversorgung, Internet etc.).
- Erlebnisvorteile: Sie beziehen sich darauf, wie es sich für den Kunden anfühlt, ein Angebot zu nutzen und sprechen die kognitive sowie die sensitive Stimulation an (zum Beispiel Ausblick, Design etc.) (vgl. Poleg 2019; vgl. Kamis 2019).
- Symbolische Vorteile: Sie beziehen sich darauf, was das Produkt beziehungsweise seine Nutzung über den Kunden selbst aussagt und liegen in den persönlichen oder sozialen Bedürfnissen des Kunden und Nutzers begründet (zum Beispiel die Teilhabe an einer „bedeutenden" Aufgabe durch das Wohnen oder Arbeiten in einem bestimmten Gebäude).

Während digitale Services in erster Linie auf die ersten beiden Vorteilskategorien einzahlen, ist die Verortung der Nachhaltigkeit nicht so einfach. Hier gibt es symbolische Aspekte, aber ebenso gut auch funktionale und Erlebnisaspekte. Diese Schwierigkeit ist aber gleichzeitig ein Vorteil. Denn es zeigt, dass sich Nachhaltigkeit auf alle Nutzenaspekte einer Immobilie und ihrer Nutzung beziehen lässt.

Für diese Nutzenversprechen und Nutzenerlebnisse gewinnt die digitale Infrastruktur in der Konzeption und im Betrieb von Gebäuden ständig an Bedeutung (vgl. Vornholz 2021). Künftig werden Immobilien also zu „schlauen Wirtschaftsgütern". Eine zentrale Steuerungseinheit soll und kann im besten Falle eine gewerkeübergreifende Verknüpfung und Kommunikation der Gebäudetechnik und sonstiger eingesetzter Technologien sicherstellen. Ziel dabei ist, alle Anforderungen an die Immobilie und die verschiedenen technischen Einrichtungen und Einbauten zu integrieren. Der Nutzer einer Immobilie soll im Fokus stehen, nicht die Technologie um ihrer selbst willen. Das ist schon mal ein guter Ansatz und eine gute Sicherung gegen die Verlockungen des Overengineerings und des Overshootings von dem bereits die Rede gewesen ist. Die besagte zentrale Steuerungseinheit kann auch gern als Plattform verstanden werden, über die die Kommunikation und die Integration laufen. Die Entwicklung von Smart Buildings bedeutet im größeren Maßstab eine fortschreitende Digitalisierung von Quartieren und Städten zu Smart Cities als vernetzte Gesamtsysteme, die wiederum eine Vielzahl an Daten und vor allen Dingen Metadaten liefern (können), die für verschiedenste Zwecke der Steuerung und der Optimierung notwendig sind. Das Mantra „Lage, Lage, Lage" hat sich dementsprechend gewandelt in „Lage, Information, Analytics" oder auch in „Location, Experience, Analytics" (vgl. Treleaven et al. 2020).

Eine besondere Rolle spielen in diesem Zusammenhang die sogenannten Transaktionskosten. Sie machen den Unterschied bei der Veränderung von Geschäftsmodellen. Sobald Transaktionskosten sinken, verändern sich Konsumentenverhalten und damit die verbundenen Geschäftsmodelle auf der Anbieterseite. So ist beispielsweise in der Film- und Musikindustrie das Besitzen von Musik oder Filmen kein wichtiges Merkmal für die Kunden mehr. Denn alles ist per Streaming grundsätzlich immer verfügbar. Wenn Immobilien immer mehr den Charakter von „Tools" bekommen, wie weiter oben beschrieben, so spielt das auch hier eine Rolle. Es ist also nicht mehr wichtig, eine Immobilie zu besitzen oder sie fest zu mieten, sondern es kommt auf den Zugang zu den mit der Immobilie verbundenen Services an, die eine bestimmten Zweck für die Nutzer beziehungsweise Kunden erfüllen (sollen). Es handelt sich hier um das aus anderen Branchen bekannte „Unbundling" von Leistungen, die in der analogen Welt nur in einer einzigen bestimmten Kombination zu haben waren. Durch die Digitalisierung werden diese einzelne Stücke und Bestandteile voneinander unabhängig und neu kombinierbar. Dieses neue „Re-Bundling" anhand der individuellen Anforderungen und Bedürfnisse des Kunden ist entscheidend für den Erfolg in digitalisierten Märkten. Das wird in der Immobilienbranche nicht anders sein. Wir werden später in diesem Buch auf diesen Punkt zurückkommen, wenn wir uns die Erfolgsregeln für digitale Geschäftsmodelle näher ansehen (vgl. Poleg 2019).

Mangelnde Transparenz ist bisher in den meisten Fällen dafür verantwortlich, dass hohe Transaktionskosten entstehen und auch noch weiter steigen, gerade wenn die Nachfrage hoch ist (vgl. Treleaven et al. 2020). Meistens wird das mit geschäftlich sensiblen Daten begründet, die nicht zugänglich gemacht werden könnten oder dürften. Mit Hilfe von Digitalisierung wird dagegen zunehmend eine neue Datentransparenz geschaffen, vor allem wenn es um Nutzungs- und Bewirtschaftungsdaten der Immobilien geht oder um Daten zum Verhalten der Nutzerinnen und Nutzer. Durch diese Transparenz und eine zunehmende Automatisierung können die Transaktionskosten dagegen wieder fallen oder sogar verschwinden. Das ist im Interesse der Nachfrager und Nutzer, aber eher nicht im Interesse der Anbieter, denn diese Entwicklung verändert oder zerstört sogar etablierte Geschäftsmodelle. Doch mit der (neuen) Datentransparenz sowie der Nutzbarkeit, Kombinierbarkeit und Verwertbarkeit von Daten für neue Services um und in der Immobilie

1.4 „Neuer Wert" von digitalisierten Immobilien

selbst entstehen auch neue Geschäftsmodelle. Wichtig und entscheidend für den Erfolg ist, dass sie einen Nutzen stiften und/oder ein Problem lösen können, das in einer analogen Welt nicht oder nur zu unverhältnismäßig hohen Kosten hätte gelöst werden können. Nachhaltigkeit in allen drei Dimensionen ist beispielsweise so ein Nutzen. Doch die Messung und Optimierung von Gebäuden und ihres Betriebes auf Nachhaltigkeit hin ist momentan ein großes Problem, auf das im weiteren Verlauf des Buches noch ausführlicher eingegangen werden wird.

Radikal niedrigere Transaktionskosten werden mit Sicherheit den Markt für Makler und Immobilienbetreiber disruptieren. Über digitale Services ist es möglich, ein Apartment oder eine ganze Wohnung für kurze oder lange Zeit zu mieten. Gleiches gilt für Arbeitsplätze und Büros. Warum sollte es dann also mehrere Tage dauern und ein Vielfaches an Geld kosten, genau die gleiche Wohnung oder das gleiche Büro über den alten analogen Weg zu mieten? Demografische Veränderungen, Veränderungen in den Einstellungen und Erwartungen der Kunden und technologische Veränderungen reißen die Grenzen zwischen ehemals getrennten Märkten in der Immobilienwirtschaft nieder. Das verändert die Art und Weise, wie Millionen von Menschen leben und ihren Alltag verbringen und es verändert damit auch, wie Milliarden von Euro und Dollar umgesetzt werden. Modulare, flexible und sogenannte plastische Angebote sind das Erfolgsrezept für die Zukunft. Plastisch bedeutet das: formbar und anpassbar. Und zwar an die individuellen Bedürfnisse des jeweiligen Nutzers und Kunden. Auch darauf werden wir später bei den Erfolgsprinzipien für digitale Märkte zurückkommen. Das mag zuerst widersinnig klingen. Wie soll ein analoges Gut, wie eine Immobilie immer wieder angepasst und neu geformt werden? Doch es geht hierbei nicht um ständige bauliche Veränderungen. Es geht um die flexible Zusammensetzung und Erneuerung von digitalen Services und Hilfsmitteln zur (Be-)Nutzung der Immobilie für die eigenen Zwecke. Hier stoßen wir wieder auf das oben beschriebene „Re-Bundling". Diese Bundles können auch als analog-digitale „Subsets" verstanden werden, aus denen die Immobilie letztlich besteht. Selbst wenn also ein Teil – die Immobilie an sich – analog ist und bleibt, so können diese Subsets doch immer wieder neu definiert und zusammengesetzt werden. Das bedeutet auch, dass sie sich optimieren lassen. Zum einen auf das Nutzenerlebnis des Kunden hin. Zum anderen beziehungsweise gleichzeitig ebenso auf Nachhaltigkeit (vgl. Poleg 2019; vgl. Moring et al. 2018).

Bisher sind besonders Bürogebäude die Lieblinge von Betreibern und Besitzern von Immobilien, quasi das ultimative Asset. Bisher hatten sie einen stabilen inhärenten Wert durch ihre bloße Existenz und eine Nachfrage und produzierten verlässliche Einnahmen (vgl. Poleg 2019). Doch das wird sich wegen der oben genannten Gründe ändern. Es lassen sich fünf Hauptanforderungen definieren (vgl. Poleg 2019):

1. Büroimmobilien müssen eine Vielzahl an unterschiedlichen Flächen bieten können, die optimiert sind auf die unterschiedlichen Anforderungen diverser Arbeitswelten, Arbeitsweisen und Teams.

2. Es muss digitale Services geben, diese Flächen und Räume einfach zu buchen und Zugang zu ihnen zu bekommen.
3. Alles muss so flexibel sein, dass es Änderungen in der Auslastung und in den Nutzungszwecken abfedern kann.
4. Die Immobilien müssen für anspruchsvolle Mitarbeiter sein, die es gewohnt sind, sich mehr oder weniger alles aussuchen zu können (… und es auch zu bekommen).
5. Die Preisgestaltung muss flexibel und sehr wettbewerbsorientiert sein.

Daneben definiert der WELL Building Standard noch weitere Anforderungen an Gebäude, welche Ansprüche sie für die Menschen erfüllen sollen, die in den Gebäuden leben und arbeiten. Dazu gehören:

1. Luft: Optimierung und Verbesserung der Luftqualität in Innenräumen. Zu den Strategien gehören die Beseitigung von Luftschadstoffen, Prävention und Reinigung.
2. Wasser: Optimierung der Wasserqualität bei gleichzeitiger Förderung der Zugänglichkeit. Zu den Strategien gehören die Beseitigung von Verunreinigungen durch Filterung und Aufbereitung sowie die strategische Platzierung.
3. Ernährung: Förderung gesunder Essgewohnheiten, indem den Bewohnern eine gesündere Auswahl an Lebensmitteln, Verhaltenshinweisen und Wissen über die Nährstoffqualität vermittelt werden.
4. Licht: Minimieren Sie die Störung des zirkadianen Rhythmus des Körpers. Anforderungen an die Leistung und Gestaltung von Fenstern, die Lichtleistung und die Beleuchtungssteuerung sowie aufgabengerechte Beleuchtungsstärken sind enthalten, um Energie, Stimmung und Produktivität zu verbessern.
5. Fitness: Nutzung von Gebäudedesigntechnologien und wissensbasierten Strategien zur Förderung körperlicher Aktivität. Die Anforderungen sind so gestaltet, dass sie zahlreiche Möglichkeiten für Aktivität und Anstrengung bieten und es den Bewohnern ermöglichen, Fitnessprogramme in ihren Tagesablauf einzubauen.
6. Komfort: Schaffen Sie eine Innenraumumgebung, die frei von Ablenkungen, produktiv und beruhigend ist. Zu den Lösungen gehören Designstandards und -empfehlungen, thermische und akustische Kontrollierbarkeit und die Umsetzung von Richtlinien für akustische und thermische Parameter, die bekanntermaßen zu Unbehagen führen.
7. Geist: Förderung der geistigen und emotionalen Gesundheit, indem den Bewohnern durch Designelemente, Entspannungsräume und modernste Technologie regelmäßiges Feedback und Wissen über ihre Umgebung vermittelt wird.

Zusammenfassend kann man also sagen: Professionelle Mieter wollen keine Flächen oder Räume, sie wollen produktive Lösungen, um Mitarbeiter zu halten und diese ebenso produktiv und kreativ arbeiten zu lassen. Einnahmen aus Büroimmobilien werden weniger voraussagbar, das Nutzenversprechen für den oder die Kunden muss umfassender und aufwendiger werden, die Betreiber der Immobilien stehen unter einem ständigen Druck zur Spezialisierung und Erneuerung und die Nutzer erwarten personalisierten Service.

1.4 „Neuer Wert" von digitalisierten Immobilien

Immobilien gleichen also immer mehr Webseiten, wenn es um ihre digitale Seite und Existenz geht. Wie auf einer Webseite lassen sich auch in und um Immobilien Praktiken wie Tracking und Analyse anwenden, um das Nutzerverhalten zu verstehen und das Angebot für die Nutzer zu optimieren (vgl. Poleg 2019). Hier taucht der von Soshana Zuboff definierte und heftig kritisierte „Surveilance Capitalism" wieder auf, in dem die Wertschöpfung auf der „Überwachung" der ständig von Kunden und Nutzern produzierten Datenströme beruht, die genutzt werden können, um immer exaktere Voraussagen über die Zukunft zu machen. Wenn Bedürfnisse, Wünsche, Interessen und Probleme von Menschen durch Datenanalyse bekannt sind, dann lassen sich die passenden Produkte und Services gezielt anbieten und vermarkten.

Immobilien gleichen digitalen Plattformen, auf denen Services neu zusammengesetzt werden können, um mehr oder weniger alles Denkbare „as-a-Service" anzubieten und abzurechnen, digitale Service Subsets, die sich in vielerlei Hinsicht optimieren lassen. Interessant und gleichzeitig wichtig ist, dass bei solchen digitalen Immobilienplattformen die Eigentümer und Betreiber der Plattform nicht identisch mit den Eigentümern und Betreibern der Immobilie(n) selbst sein müssen. Hier drängen sich neue Anbieter in den etablierten Markt und seine bisher festen Strukturen, wie wir es auch aus anderen disruptiven Prozessen in anderen Branchen kennen. Auch in den Medien, der Kommunikation, der Finanzwirtschaft, der Mobilität haben sich neue digitale Anbieter sozusagen zwischen die Kunden und die etablierten Anbieter und Lieferanten eines analogen und traditionsreichen Produktes geschoben. Es kommt in erster Linie darauf an, ein sinnvolles Ökosystem mit und um eine oder mehrere Immobilien zu bauen, das einen individuellen Nutzen liefern kann. Bekannte Beispiele dafür sind Common Living in den USA, The Cube in Berlin oder The Edge in den Niederlanden. Es geht hier um die weitere Plattformisierung der Immobilienwirtschaft. Daten werden hier, wie in anderen Branchen auch, zu einem monetarisierbaren Gut. Allerdings ist dabei die Frage nicht geklärt, wem die Daten eigentlich gehören: dem Gebäudebesitzer, den Serviceanbietern oder den Menschen in den Immobilien, die die Daten durch ihr Verhalten schließlich „produzieren" (vgl. Vornholz 2021)? Unabhängig von der Klärung dieser weitgehend offenen Frage steigt jedoch unbestritten die Bedeutung und Wertschöpfung in Immobilien durch Nutzung und Services für Menschen (vgl. SBA 2021).

Building Operating Systeme (BOS) und Building Information Systeme (BIS) spielen in diesem Zusammenhang eine besondere Rolle. Das wird noch verstärkt, wenn sich BOS und BIM verbinden lassen (vgl. SBA 2021). Die Rationalisierung der Architekturen von Informationssystemen durch den Einsatz eines Betriebssystems ermöglicht es, mehr Daten bereitzustellen (man spricht in diesem Zusammenhang von „Mutualisierung") und auch deren Qualität und Zuverlässigkeit zu verbessern. Dieses Betriebssystem ermöglicht es den angeschlossenen Diensten, von einer gemeinsamen und einheitlichen Semantik und einem einheitlichen Vokabular für das Gebäude zu profitieren. Über einige wenige sogenannte Ontologien können KI-Dienste auf Daten zugreifen, die beispielsweise Sensoren, Aktoren und andere Geräte des Gebäudes auf einheitliche und einfachere Weise beschreiben, wodurch sie sich die mühsame und fast unüberwindbare Aufgabe ersparen, jede Hardware und jedes Protokoll zu entziffern. Das Gebäudeinformationssystem (BIS) muss einige einfache, aber grundlegende Merkmale aufweisen, die in bestehenden Gebäuden bisher eher nicht üblich sind. Dieses Informationssystem muss unter anderem ein zentrales Element enthalten (typischerweise eben ein BOS Building Operating System), das es den Diensten, insbesondere denjenigen, die Künstliche Intelligenz einsetzen, ermöglicht, die von ihnen benötigten strukturierten Daten zu nutzen. Ein virtuelles Gebäudemodell bildet zusammen mit den Elementen des BIM den echten digitalen Zwilling, der statische Daten wie Struktur oder Ausstattung und dynamische Datenflüsse kombiniert. Es handelt sich um ein echtes virtuelles „Live"-Double des Gebäudes, das es ermöglicht, sich alle Möglichkeiten in Bezug auf Dienstleistungen, Simulation und Verbindung mit anderen Gebäuden oder anderen virtuellen „Avataren" (Stadt, Netzwerk, usw.) vorzustellen.

Das alles bedeutet mehr Aufwand. Doch vieles von diesem Aufwand kann digitalisiert und automatisiert sowie in den bereits angesprochenen „Subsets" zusammengefasst und gebündelt werden. Es bedeutet gleichzeitig eine Gelegenheit, mehr Wert und Wertschöpfung aus Immobilien zu ziehen, indem sie als Systeme und Plattformen verstanden werden (vgl. Poleg 2019). Spätestens mit diesem systemischen Verständnis ist der Schritt zum Aspekt der Nachhaltigkeit mehr als naheliegend.

Im Wohnungsmarkt werden die Änderungen nicht so radikal zu Tage treten. Was aber nicht bedeutet, dass es keine Änderungen gäbe. Die entscheidende Frage lautet hier: Wenn diese Veränderungen ohnehin kommen oder besser sogar schon begonnen haben: Wird das auch ein Veränderungsprozess zu mehr Nachhaltigkeit?

Literatur

Braune, Anne (2015): Ökobilanz Benchmarks für Immobilien. Methode zur Entwicklung zukunftsorientierter Kennwerte für eine lebenszyklusbasierte Bewertung der ökologischen Nachhaltigkeit von Immobilien, Stuttgart
Brown, Richard (2018): #Proptech: A guide to how property technology is changing how we live, work and invest, New York
EASAC European Academies Science Advisory Council (2021): Decarbonisation of buildings. For climate, health and jobs, Halle
Gründling, Heike; Schulz-Wulkow, Christian (Hrsg.) (2018): Next Generation Real Estate. Innovation und Digitale Trends, Frankfurt a.M.
Kamis, Alcay (2019): Digitalisierung in der Wohnungs- und Immobilienwirtschaft. Proptechs, Fintechs, Connected Home, Big Data, Freiburg
Moring, Andreas; Maiwald, Lukas; Kewitz, Timo (2018): Bits and Bricks: Digitalisierung von Geschäftsmodellen in der Immobilienbranche, Wiesbaden
Poleg, Dror (2019): Rethinking Real Estate. A Roadmap to Technology's Impact on the world's largest Asset Class, New York
SBA Smart Buildigs Alliance for smart cities (2021): L'Intelligence artificielle au service de batiments smart & green, Paris
Treleaven, Philip; Barnett, Jeremy; Serrano, Will (2020): Real Estate Data Marketplace, SSRN Electronic Journal
Vornholz, Günter (2021): Digitalisierung der Immobilienwirtschaft, Berlin
ZIA, EY: Smart, Smarter, Real Estate. Zweite Digitalisierungsstudie von ZIA und EY Real Estate, o. J.

Digitalisierung und neue Technologien in der Immobilienwirtschaft 2

Zusammenfassung

Der Schlüssel zur Wertschöpfung in digitalisierten Märkten liegt in Daten – oder besser: In der Datenanalyse. Denn Daten allein nützen erst einmal nicht viel, wenn niemand weiß, wie sie zu lesen und zu deuten sind. Deswegen wird in diesem Kapitel genau darauf eingegangen und beschrieben, welche Rolle vor allem die Datenqualität spielt. Nur mit qualitativ hochwertigen Daten und leistungsfähigen Analysemethoden lassen sich „intelligente autonome Gebäude" realisieren. Intelligent sind Gebäude dann, wenn sie Probleme für ihre Nutzer lösen können. Am besten eben selbstständig. Deswegen sind hier Künstliche Intelligenz, Blockchain und auf mittlere Sicht auch Quantencomputing die Mittel der Wahl. Denn nur so können die Mengen an verschiedenen Informationen und Daten überhaupt verarbeitet und zielgerichtet ausgewertet werden. Ob dabei sogenannten Data Marketplaces die Zukunft gehört oder ob andere Methoden wie Federated Learning überlegen sind – das wird sich in der nahen Zukunft zeigen. Unabhängig davon werden sich die Geschäftsmodelle in Entwicklung, Bau, Betrieb und Vermarktung weiter den neuen Gegebenheiten der Digitalisierung anpassen (müssen). Die wichtigsten Trends und Entwicklungen hierzu werden in diesem Kapitel beschrieben. Weil reine Anpassung aber nicht ausreicht, sondern weil es darauf ankommt, neue Geschäftsmodelle und Angebote erfolgreich zu machen, werden auch noch die entscheidenden Grundregeln für erfolgreiche digitale Produkte und Service in der Digitalen Immobilienwirtschaft dargestellt und erklärt.

© Der/die Autor(en), exklusiv lizenziert an Springer Fachmedien Wiesbaden GmbH, ein Teil von Springer Nature 2022
A. Moring, C. Inholte, *Nachhaltigkeit und Digitalisierung in der Immobilienwirtschaft*, https://doi.org/10.1007/978-3-658-37047-3_2

2.1 Bedeutung von Datennutzung und Datenqualität

Die größte Herausforderung für Unternehmen in der Digitalisierung – und das in der Immobilienbranche wie auch in praktisch allen anderen Branchen – liegt darin, dass die vorliegenden Daten nicht ausreihend strukturiert und gesäubert sind und damit nicht einfach so genutzt werden können (vgl. Kamis 2019). Diese Notwendigkeit von strukturierten und qualitativ hochwertigen Daten wird oft unterschätzt (vgl. Vornholz 2021). Daten allein nützen zunächst einmal recht wenig. Nur wenn sie durch Data Science und KI-Verfahren sozusagen ansprechbar sind, können sie auch in einer Vielzahl von Use Cases verwendet werden. Diese Arbeit der Säuberung und der Strukturierung von Daten nimmt im Normalfall zwischen zwei Drittel und drei Viertel der gesamten Arbeitszeit von Data Scientists ein. Der Aufwand lohnt sich in den allermeisten Fällen, aber Unternehmen müssen sich auf diesen Umfang einstellen. Momentan sind verschiedene Ansätze des Automated Data Cleaning in der Entwicklung, die versprechen, dass dieser Aufwand in Zukunft deutlich reduziert werden kann und Daten schneller produktiv genutzt werden können.

Weitere große Herausforderungen im Hinblick auf die digitale Transformation sind insbesondere fehlende personelle Ressourcen. Das gaben rund drei Viertel der befragten Unternehmen in der ZIA/EY-Studie (72 Prozent) an. Eine fehlende Strategie zur Digitalisierung (66 Prozent) sowie eine mangelnde Datenqualität und eine intransparente Datenstruktur (65 Prozent) folgen darauf als die wichtigsten Hemmschuhe für die Digitalisierung und den Einsatz von digitalen Tools und Systemen. Vor diesem Hintergrund stellt sich die Frage, auf welcher Ebene das Entwickeln einer Digitalisierungsstrategie und das Sicherstellen ausreichender personeller Ressourcen angesiedelt sein sollten, wenn es sie denn heute überhaupt gibt. Da es ich um strategische Entscheidungen mit großer Tragweite handelt, muss die Ansiedlung und die Verantwortung zwangsläufig im oberen und obersten Management liegen.

Eine zusätzliche Herausforderung stellt nach Meinung und Erfahrung der Unternehmen veraltete Software dar, die nicht umfänglich in eine bestehende Softwarelandschaft integriert ist. Weniger brisant sind nach Ansicht der Befragten die Reife der Technologien, die Mitarbeiterakzeptanz und mangelnde interne und externe finanzielle Mittel. Trotz der hohen Datenschutzanforderungen in Deutschland steht das Thema Datenschutz bisher nicht im Fokus der Unternehmen. Im Großen und Ganzen geben sich die Unternehmen der Branche also weitgehend zufrieden mit dem Stand der Technik und der allgemeinen Entwicklung (vgl. ZIA, EY o. J.).

Die Qualität und Struktur von Daten wurde bereits oben als eines der größten Probleme benannt. Das gilt für die Möglichkeiten der Auswertung von Daten und ebenso für die Möglichkeit darauf aufbauend weitere Anwendungen und Services zu entwickeln. Um von KI-Systemen effektiv genutzt werden zu können, müssen die Gebäudedaten den Grundsätzen der Strukturierung, der eindeutigen Ontologie und der technischen Architektur entsprechen. KI ist schließlich ein algorithmisches Werkzeug, das Daten und virtuelle Objekte nutzt. Der digitale Zwilling des Gebäudes ist in dem Fall das Objekt, das Künstliche Intelligenz nutzen und verwenden wird, wenn es um den Betrieb des Gebäudes und dessen Optimierung geht. Unabhängig davon, ob dieses virtuelle Objekt auf automatisierte und generische Weise bereitgestellt wird oder nicht, ist es für KI-Anwendungen erforderlich. Ist das nicht der Fall, muss eine KI-Lösung speziell für das jeweils betreffende Gebäude entwickelt werden. Das ist weder technisch sinnvoll noch betriebswirtschaftlich vertretbar. Konkret wird die Auswahl der Dienste, die ein Gebäude bieten soll, die erste Richtschnur für den Entwurf des digitalen Zwillings sein. Aus dieser Auswahl ergibt sich dann die Definition der Daten, die für die Erbringung der betreffenden Dienste erforderlich sind. Erst dann, wenn die Daten bekannt sind, kann die Wahl zwischen angeschlossenen oder nicht angeschlossenen Geräten getroffen werden, die dafür im Gebäude notwendig sein werden. Je größer die Zahl der vernetzten Geräte ist, desto vielfältiger sind die im Gebäude erzeugten Daten und desto größer ist die Zahl der Dienste, die in Zukunft im und für das Gebäude erstellt werden können. Bei Gebäuden im Bestand müssen die Geräte, die ihre Daten nicht an Datenerfassungs- und -Verarbeitungssysteme übermitteln können, unter Berücksichtigung dieses Aspekts angepasst oder ersetzt werden. Die Kompatibilität der Geräte ist im Wesentlichen eine Frage des gemeinsamen Protokolls, auf dem die Systeme im Hintergrund laufen. Das Ziel ist hier die Interoperabilität und die Nutzung mehrerer Dienste auf einem Datenbestand. Interoperabilität bedeutet hier Kontinuität der Kommunikation und die die Darstellung von Daten und Informationen in einem gemeinsamen Modell. Ohne ein zentrales System und BOS wären nur spezifische Entwicklungen möglich, die daher sowohl in der Anschaffung als auch in der Wartung teurer und weniger skalierbar sind. Die Wahl von Geräten mit einem geschlossenen proprietären Protokoll macht es fast unmöglich oder sehr schwierig, sie an ein anderes System als das des Herstellers anzuschließen. Die vom Protokoll gewählte oder vorgeschriebene Datenrate kann eine Höchstrate festlegen und somit die Auswahl künftiger Dienste beeinträchtigen, wenn sie zu niedrig ist. Wenn beispielsweise die Rate für die Ablesung des Stromverbrauchs für eine Anwendung zur Lastverteilung gewählt wird, ist es beispielsweise nicht ohne weiteres möglich, diese Daten für die Lasterkennung zu verwenden oder den Nutzern in Echtzeit anzuzeigen, dass die von ihnen durchgeführten Aktionen zu viel Energie verbrauchen (vgl. SBA 2021).

Hintergrundinformation
Dabei können grundsätzlich in der Immobilienwirtschaft folgende Datentypen erhoben und genutzt werden (vgl. Kamis 2019):
1. Objektdaten
2. Kundendaten
3. ergänzende Daten (zum Beispiel zum Kundenverhalten, zu Nutzungsintervallen, zu Wartungszeiten, zu Materialdaten, zu Verbrauchsdaten usw.)
4. Qualitätsdaten (zum Beispiel Liefertreue, Reklamationen, Verzüge/Verspätungen, Rückläufer usw.)
5. Prozessdaten
6. öffentliche Daten
7. systemische Wissensdaten

Heterogene Datenerhebung und fehlende Standards sind nicht nur Barrieren bei der Frage der Digitalisierung der Immobilienwirtschaft, sie sind auch die größten Probleme beim Erreichen der Klimaziele. Eine nachhaltige Immobilienwirtschaft ist ohne Digitalisierung nicht denkbar. So gaben in der bereits zitierten ZIA/EY-Studie 84 Prozent der Befragten an, dass Digitalisierung der Schlüssel für ein professionelles ESG-Management sei. Rund 93 Prozent der Teilnehmer sind sich einig, dass Datentransparenz die Chancen für eine erfolgreiche Integration von ESG-Kriterien erhöhen kann. Daten und deren Auswertung sind für 87 Prozent der Teilnehmer Basis für ein zielführendes ESG-Management, etwa durch den dadurch ermöglichten Einsatz von Data Analytics und Künstlicher Intelligenz. Der Schlüssel zur Nachhaltigkeit liegt in Daten, die mittels geeigneter gemeinsamer Standards zielführendes Benchmarking erlauben. Im Zusammenspiel der unterschiedlichen Formate und Systeme kommt es dabei immer wieder zu Übertragungsfehlern oder Schnittstellenproblemen. Bereits die Art und Weise, wie Daten vorgehalten werden, führt häufig zu Problemen. Da in naher Zukunft eher nicht mit einer Konsolidierung auf dem breiten Markt an Zertifikaten und Standards zu rechnen ist und die Branche neuen Offenlegungspflichten im Nachhaltigkeitsbereich nachkommen muss, führt an einem integrierten Datenmanagement auch und gerade aus Nachhaltigkeitsaspekten kein Weg vorbei. Klimarelevanten Kenngrößen wie Energieverbräuchen und Treibhausgasemissionen muss dabei schließlich die gleiche Aufmerksamkeit zukommen wie klassischen finanziellen Kenngrößen (Building Minds o. J.). Ob hierfür eher sogenannte Data Marketplaces oder der Ansatz des Federated Learning die bessere Lösung beziehungsweise Voraussetzung sind, darauf wird später in diesem Kapitel noch eingegangen.

Es wird hier deutlich, dass die Dienste, die in der Betriebsphase mit dem Gebäude verbunden sind und interagieren, mit einem zentralen Element verbunden werden müssen. Dies ist zwingend und wesentlich für den Erfolg, wenn der digitale Service eine Art Intelligenz integriert und diese Intelligenz von den „intrinsischen" Daten des Gebäudes abhängt (wie zum Beispiel seiner Belegung). Dazu gehören unter anderem:

- die Softwarekomponenten des Gebäudemanagementsystems
- die verschiedenen Hypervisionssysteme des Gebäudes (Wartung, Sicherheit)
- Andere Dienste sind weniger natürlich oder seltener mit diesen Architekturen verbunden, wie zum Beispiel Werkzeuge für die Verwaltung der rechtlichen Dokumente von Eigentum oder Miete (vgl. SBA 2021).

2.2 Data Mining und „intelligente" Immobilien

Der Begriff „Big Data" bezeichnet im Wesentlichen Datensätze, die zu groß und zu komplex für herkömmliche Datenverarbeitungssysteme sind. Dies bedeutet, dass die bestehenden Datenverarbeitungsmodelle und -verfahren für die Verarbeitung von Big Data ungeeignet sind. Big Data werden häufig durch eine Reihe von Vs charakterisiert, von denen die wichtigsten das Volumen, die Vielfalt und die Schnelligkeit sind (vgl. Bibri und Krogs-

2.2 Data Mining und „intelligente" Immobilien

tie 2018). Weitere vorgeschlagene Vs sind Wahrhaftigkeit, Gültigkeit, Wert, Volatilität und Variabilität. Es gibt zwar keine kanonische oder endgültige Definition von Big Data im Zusammenhang mit intelligenten, nachhaltigen Gebäuden oder Städten, aber der Begriff kann verwendet werden, um eine kolossale Menge an immobilienbezogenen Daten zu beschreiben, die typischerweise so groß sind, dass ihre Bearbeitung, Analyse, Verwaltung und Kommunikation erhebliche rechnerische, analytische, logistische und koordinative Herausforderungen darstellen. Der Begriff „Big Data Analytics" bezieht sich allgemein auf große Datenmengen, die gesammelt, gespeichert, abgerufen, integriert, ausgewählt, vorverarbeitet, umgewandelt, analysiert und interpretiert werden können, um neues Wissen zu entdecken oder nützliches Wissen zu gewinnen. Diese können anschließend ausgewertet und in verständlicher Form visualisiert werden, bevor sie für Entscheidungszwecke eingesetzt werden. Im Kontext intelligenter, nachhaltiger Gebäude und ganzer Städte bezieht sich Big Data Analytics auf eine Sammlung spezieller Softwareanwendungen und Datenbanksysteme, die von Maschinen mit sehr hoher Verarbeitungsleistung betrieben werden und eine große Menge Daten in nützliches Wissen für eine fundierte Entscheidungsfindung und verbesserte Erkenntnisse in Bezug auf verschiedene städtische Bereiche umwandeln können. Zu den gängigen Arten der Big-Data-Analyse gehören die prädiktive, deskriptive, diagnostische und präskriptive Analyse, die angewandt wird, um verschiedene Arten von Wissen oder Erkenntnissen aus großen Datensätzen zu gewinnen. Urban Analytics umfasst dabei die Anwendung verschiedener Techniken, die auf grundlegenden Konzepten der Datenwissenschaft basieren, darunter Data Mining, maschinelles Lernen, statistische Analyse, Regressionsanalyse, Datenbankabfragen, Data Warehousing oder eine Kombination dieser Techniken. Der Einsatz dieser Techniken hängt von der jeweiligen Domäne und der Art des Problems ab, das gelöst werden soll. Der Hauptunterschied zwischen Data Mining und anderen Analysetechniken besteht darin, dass Data Mining sich auf die automatisierte Suche nach oder Extraktion von nützlichem Wissen aus Daten konzentriert.

Zu den Data-Mining-Modellen, die zur Durchführung von Datenverarbeitungs- und -analysefunktionen verwendet werden, gehören verteiltes Data-Mining, Multi-Layer-Mining, Data-Mining aus der Integration mehrerer Technologien und Grid-basiertes Mining. Es gibt eine Vielzahl von Data-Mining-Algorithmen, die zur Lösung von Problemen im Zusammenhang mit der Nachhaltigkeit von Immobilien eingesetzt werden können, darunter Klassifizierung, Clustering, Regression, Profiling, Ähnlichkeitsabgleich, Kausalmodellierung, prädiktive Verknüpfung und Gruppierung bei gleichzeitigem Auftreten. Nach mehreren Kodifizierungen des Data-Mining-Prozesses besteht dieser Prozess aus genau definierten Phasen: Problemverständnis, Datenverständnis, Datenaufbereitung, Modellerstellung, Ergebnisbewertung und Ergebnisumsetzung. Im Kontext intelligenter, nachhaltiger Immobilien zielt der Prozess des Data Mining auf die Optimierung und intelligente Entscheidungsunterstützung in Bezug auf die Kontrolle, Effizienz, Verwaltung und Planung städtischer Systeme sowie auf die Verbesserung des damit verbundenen Ökosystems und der menschlichen Dienstleistungen in den Bereichen Energie, Wasser, Gesundheit, Bildung, Sicherheit usw. ab. Darüber hinaus zielt der Prozess auf die Verbesserung von Praktiken, Strategien und Politiken ab, indem sie auf der Grundlage neuer Trends geändert werden. Bei diesem Prozess steht die Idee der Iteration im Vordergrund. Dies bedeutet, dass zur Lösung eines bestimmten Problems der Prozess möglicherweise mehr als einmal durchlaufen werden muss. Das Data-Mining-Prozessmodell gibt es in vielen Variationen, zum Beispiel einen vereinfachten Prozess wie 1. Vorverarbeitung, 2. Data Mining und 3. Ergebnisvalidierung. Dabei ist die sogenannte CRISP-DM-Methode die führende Methode, die aktuell von Data Minern verwendet wird.

Die Erwartungen an Digitale Technologien und Data Analytics oder Data Mining sind dabei klar definiert. Dass künstliche Intelligenz und Robotics beachtlich zur Optimierung und Automatisierung der Geschäftsprozesse beitragen können ist für die meisten Entscheidungsträger in der Immobilienwirtschaft bereits eine gefestigte Erkenntnis. Ebenfalls rechnen die meisten mit einer Reduzierung des Ressourcen- und Energieeinsatzes durch die Implementierung von IoT-Anwendungen wie Smart Metering und Smart Grids. Auch mit Blick auf die Kostenreduktion wird der Implementierung von auf IoT-basierenden Anwendungen (Smart Meter) das größte Potenzial zugesprochen. Chancen für die Sharing Economy werden in der Nutzerzufriedenheit und in der Entwicklung neuer Geschäftsmodelle gesehen. Die digitale Modellierung von Gebäuden mittels Building Information Modeling, ist sowohl für die Automatisierung von Prozessen als auch für Kosteneinsparungen und die Belastbarkeit von Entscheidungen und Vorhersagen von Bedeutung.

Auch die Herausforderungen sind mit Blick auf die unterschiedlichen digitalen Technologien und Anwendungen vergleichsweise breit gefächert. So sehen viele den Datenschutz als Hürde für Smart-Metering-Lösungen. Die Implementierung von Robotics oder künstlicher Intelligenz wird vor allem durch hohe Investitionskosten gehemmt.

Wer Treiber und Getriebener in diesem Prozess der Digitalisierung ist, das ist dabei nicht so klar. Die Unternehmen der Branche sprechen grundsätzlich allen immobilienwirtschaftlich relevanten Parteien eine treibende Kraft beim digitalen Wandel zu. Bei Investoren, Projektentwicklern und Planern wird neben der potenziell treibenden Rolle die größte Veränderung der Geschäftsmodelle erwartet; in erster Linie über die verstärkte BIM Nutzung und die damit verbundenen Veränderungen in Planung und Bau. Asset Manager werden ebenfalls als wesentliche Kraft gesehen, möglicherweise aufgrund von deren strategischer Nähe und Mitbestimmung im Rahmen von Folgeinvestitionen im Immobilienlebenszyklus. Technischen Gebäudedienstleistern und Facility Managern werden eine ähnliche Funktion zugesprochen. Bauunternehmen, Berater und Nutzer werden seltener als die treibenden Kräfte des digitalen Wandels in Richtung Smart Real Estate gesehen. Büroimmobilien werden dabei wohl am stärksten betroffen sein. Hintergrund ist hier wahrscheinlich, dass sich im Büroimmobilienumfeld bereits verschiedene digitale Technologien und Anwendungen etabliert haben. Die geringste Beeinflussung durch den Smart-Real-Estate-Trend wird für Gesundheitsimmobilien erwartet (vgl. ZIA, EY o. J.).

▶ **Wichtig** Im Zusammenhang mit den Grundlagen der Datenökonomie und Datenanalyse sowie der fortschreitenden Digitalisierung in der Immobilienwirtschaft ist ein Blick auf das klassische Vorgehen bei Data Science und KI-Projekten sinnvoll.

Jedes Data-Science-Projekt beginnt mit drei zentralen Fragestellungen:

- Welches Problem soll gelöst werden?
- Welche Daten lassen sich beschaffen?
- Ist das Problem lösbar – und warum?

In der Umsetzung schließen sich klassischerweise drei Phasen an. Die erste Phase besteht aus der sogenannten „Use Case Discovery" und der Qualifikation. Hier geht es darum, konkrete datengetriebene Anwendungsfälle zu definieren, die einen messbaren Effekt auf das eigene Geschäftsmodell beziehungsweise seine Prozesse versprechen. Gleichzeitig geht es darum, sicherzustellen, dass die dafür notwendigen Daten vorhanden und nutzbar sind. Diese erste Phase dauert zwischen einer und vier Wochen. Die anschließende zweite Phase nimmt da mehr Zeit in Anspruch und bildet den produktiven Kern jedes Data Science Projektes. In dieser Phase geht es darum ein grundsätzlich funktionierendes Produkt zu erstellen und eine Proof of Concept liefern zu können. Diese Phase dauert zwischen vier und acht Wochen. Hier entscheidet sich, ob die Datenqualität gut genug für die sogenannte Modell-Bildung und in KI Anwendungen auch für das Modell Training ist. Ist das der Fall, so lässt sich hier meist schon eine klare Aussage über den Wertbeitrag des Projektes für das eigene Geschäft sagen und sogar eine erste ROI Berechnung abgeben. Die dritte Phase besteht aus der Implementierung und dem Modell Test und kann unterschiedlich lange dauern. Hier geht es darum, Standards zu etablieren und die neue Entwicklung kontinuierlich zu verbessern.

Letztlich wird mit diesem Vorgehen eine Aufgabe zusammen mit einem Problemraum definiert, den es zu verstehen gilt. Anschließend wird der zum Problem passende Datenraum definiert und analysiert, um zu einem Lösungsraum zu gelangen, also aufgrund der Datenanalyse vorauszusagen, was die Lösung sein sollte. Daraus lassen sich Prototypen erstellen. Die Voraussetzungen dafür sind große Mengen an historischen Daten, erfahrene Data Scientists für die Datenreinigung, Datenqualifizierug und die Datenauswertung, als auch eine in dem Problem erfahrene weitere Person oder eine Gruppe, für den fachlichen Input und das Wissen zur richtigen Problembeschreibung wie auch Lösungsfindung und Lösungsprüfung. In der Umsetzung oder dem sogenannten „Deployment" müssen dann digitalisierte Prozesse funktionieren, schließlich soll ja durch Automatisierung ein Vorteil erreicht werden. Zudem ist eine stabile Anwendungsumgebung notwendig und eine Einbindung der neuen Entwicklung in eine Strategie des Unternehmens (vgl. Provost und Fawcett 2013).

2.3 Daten und ihre Bedeutung für „autonome" Gebäude

Ziel der Datenanalyse und Datennutzung für digitale Services ist es letztlich, ein Gebäude in eine intelligente Serviceplattform umzuwandeln. Dadurch kann eine Immobilie deutlich autonomer und nutzerorientierter werden. Dafür braucht das Gebäude als Voraussetzung eine Infrastruktur, die die Digitalisierung überhaupt ermöglicht (vgl. Bibri und Krogstie 2018). Die verschiedenen Dienste und unter Umständen auch Künstliche Intelligenz, brauchen schließlich Daten. Rohe, heterogene oder nicht lokalisierte Daten ermöglichen jedoch nur sehr begrenzte Dienste und sind sicherlich keine gute Grundlage für eine effiziente KI. Der erste Schritt zur Autonomie des Gebäudes ist daher seine Fähigkeit, auf zuverlässige und nachhaltige Weise hochwertige Daten in großen Mengen zu erzeugen. Die Qualität der Gebäudedaten liegt in mehreren Funktionen, die sie neben der Offenheit, die ihre Zugänglichkeit garantiert, aufweisen müssen:

- Zuverlässigkeit: keine oder nur wenige fehlende Daten, keine Ausreißer
- Zeitlichkeit: die Daten müssen mit einer gemeinsamen Zeitbasis datiert sein
- Identifizierung: der Sender der Daten, Geräte oder Personen, muss bekannt sein, ebenso wie der Empfänger, um eine angemessene Verwaltung der Zugangsrechte zu ermöglichen.
- Sicherheit: Der Zugang zu den Daten muss natürlich sicher sein, da selbst eine einfache, ungesicherte Raumtemperatur zu einer problematischen Schwachstelle werden kann.
- Standort: Ein gemeinsames Standortreferenzsystem muss von allen Daten gemeinsam genutzt werden
- Ein R2S-Gebäude, das eine offene Infrastruktur und ein Governance-Informationssystem integriert, das die fünf vorgenannten Funktionalitäten zulässt, ist also ein Gebäude, das den ersten Schritt in Richtung Autonomie getan hat. Der zweite Schritt in Richtung Gebäudeautonomie besteht darin, die erzeugten Daten zu nutzen, um:
  – die Betriebskosten des Gebäudes dank intelligenter Dienste für Energieleistung oder Autonomie, effizienter vorausschauender Wartung, geringerer Planungskosten und der Durchführung von Verbesserungsarbeiten am bestehenden Gebäude zu senken.
  – Erhöhung des von den Mietern oder ihren Kunden wahrgenommenen Wertes durch die Skalierbarkeit der angebotenen Dienstleistungen und die Vielfalt dieser Dienstleistungen, die insbesondere eine Vervielfachung der Nutzungen und eine Optimierung der Belegungsraten ermöglichen. Es wird auch eine Vielzahl von Dienstleistungen entstehen, die das Leben der Gebäudenutzer erleichtern und andere Gebäude im Vergleich dazu weniger attraktiv machen.
- Ein dritter Schritt in Richtung Autonomie kann danach angedacht werden. Es wäre sogar der erste Schritt zur Autonomie in der Wertschöpfung. Je autonomer und intelligenter das Gebäude wird, desto mehr wird es in der Lage sein, die Bedürfnisse seiner Nutzer zu antizipieren. Über seine physische Hülle hinaus wird das Gebäude dank seiner Konnektivität in der Lage sein, sich mit einem ganzen Ökosystem gleichwertiger Gebäude zu vergleichen und sozusagen selbst Verbesserungen vorzuschlagen. Schließlich ist es das Gebäude, das seine Dienste der Außenwelt anbietet und seine Rolle als Plattform übernimmt. Die von ihm erzeugten Daten sind ebenso wie die von ihm erzeugte Energie Quellen von Wert für die Außenwelt oder können zu solchen werden:

- Ein Herausgeber von Struktursimulatoren muss möglicherweise wissen, wie sich das Gebäude im Laufe der Zeit je nach seiner Nutzung verhält
- Ein Nachbargebäude benötigt möglicherweise einen Energieüberschuss, wenn das erste mehr Energie erzeugt als es verbraucht
- Fachleute in dem Gebiet müssen möglicherweise die Belegungsrate des Viertels (und damit der darin befindlichen Gebäude) kennen, um ihre eigenen Geschäftstätigkeiten zu planen All diese Dienste, die mit dem Gebäudeökosystem verbunden sind, sind ohne massiven Datenaustausch, komplexe Verarbeitung, konsolidierte Konnektivität und somit ohne KI nicht denkbar (vgl. SBA 2021).

2.4 Bedeutung und Potenziale von KI und Blockchain

Künstliche Intelligenz (KI) und Blockchain (BC) sind zwei der bedeutendsten bahnbrechenden Technologien unserer Zeit, die große Auswirkungen auf zukünftige Gesellschaften und Volkswirtschaften haben werden. Als Querschnittstechnologien können KI und Blockchain potenziell eine Vielzahl von Sektoren verändern und werden wahrscheinlich eine zentrale Rolle für den Erfolg von Europas grünem und digitalem Wandel sowie für die Stärkung seiner technologischen Souveränität spielen. Regionen, die im Wettlauf mit der KI hinterherhinken, werden wahrscheinlich in mehreren Branchen – vom Finanzwesen über den elektronischen Handel bis hin zum verarbeitenden Gewerbe und zum Bergbau – an globalen Marktanteilen einbüßen. Investitionen in die KI-Forschung und -Entwicklung (FuE) sind auch für die Sicherheit und Verteidigung von entscheidender Bedeutung, sodass zu geringe Investitionen die nationale Sicherheit Europas untergraben könnten. Es wird erwartet, dass KI erhebliche Auswirkungen auf die Fortschritte bei der Erreichung der Ziele für nachhaltige Entwicklung (SDGs) haben wird, insbesondere im Hinblick auf das Klima, aber auch auf Vielfalt und Inklusion, insbesondere auf die „geschlechtergerechte" technologische Entwicklung. Sowohl KI als auch Blockchain haben ihren eigenen Grad an Komplexität, aber ihre Entwicklung kann sich gegenseitig verstärken, zum Beispiel bei der Integration von maschinellem Lernen (ML). 2019 wurde geschätzt, dass das globale Bruttoinlandsprodukt (BIP) aufgrund der beschleunigten Entwicklung und Einführung von KI bis 2030 um bis zu 14 Prozent (umgerechnet 13,3 Billionen Euro) steigen könnte. Auch für Blockchain wurde prognostiziert, dass sie bis 2025 weitreichende Auswirkungen auf das BIP haben wird. Beide Technologien können die Digitalisierung in praktisch allen Wirtschaftssektoren vorantreiben. Darüber hinaus gehen Forscher und Praktiker gleichermaßen davon aus, dass die Konvergenz von KI und Blockchain zu zunehmenden Umwälzungen führen und die Grundlage für eine vollständig digitale Wirtschaft schaffen wird. Unternehmen und Regierungen in Europa investieren im Vergleich zu anderen führenden Regionen deutlich zu wenig in KI und Blockchain, und es hat sich gezeigt, dass die Europäische Union Schwierigkeiten hat, ihre wissenschaftliche Exzellenz in geschäftliche Anwendungen und wirtschaftlichen Erfolg umzusetzen. Im Vergleich zu anderen großen Wirtschaftssystemen gibt es in der Wirtschaft der Europäischen

Union keine grundlegenden strukturellen Unterschiede, die eine geringere Nachfrage der Unternehmen nach dem Einsatz dieser Technologien und der digitalen Transformation rechtfertigen könnten (vgl. EU Commission 2019).

Noch wird das Potenzial für KI und Blockchain im Immobilien-Bereich in der EU im Vergleich zu anderen Regionen als eher gering angesehen. Die USA und Japan haben hier mehr zu bieten, wenn es um erfolgreiche Unternehmen geht, die im Bau und Betrieb von Immobilien bereits Lösungen und Anwendungen im Markt haben (vgl. EU Commission 2019). Nichtsdestotrotz spielen Blockchain Technologien und insbesondere Smart Contracts in der Immobilienwirtschaft auch in Europa eine immer größere Rolle, wenn es um die Verfügbarkeit und (Aus-)Nutzung von Daten geht (vgl. Treleaven et al. 2020). Gleiches gilt auch für den automatisierten Betrieb von Gebäuden oder ganzer Regionen. Über Blockchain sind alle Vorgänge dokumentiert und nachvollziehbar und per Smart Contract Lösungen automatisch realisierbar und abrechenbar. Das steigert die Effizienz, senkt die Prozess- und die Transaktionskosten und zahlt darüber hinaus auf viele Aspekte der Nachhaltigkeit im Gebäudebetrieb wie auch im gesamten Quartiersmanagement ein.

Die Möglichkeiten, die KI- und BC-Technologien bieten, werden wahrscheinlich in Verbindung miteinander angewandt werden und in neuartigen Plattformen, Produkten und Dienstleistungen zusammenfließen. Ihre Integration mit Systemen der geräteübergreifenden Internetkonnektivität (IoT) kann zu noch größeren Möglichkeiten führen. Bei dieser technologischen Konvergenz kann das IoT als der „erkennende" Teil, die KI als der „denkende" Teil und Blockchain als der „erinnernde" Teil betrachtet werden. Für groß angelegte neue Anwendungsfälle wie intelligente Städte können konvergierte Technologien in der Infrastruktur eingesetzt werden, um kritische Systeme zu verwalten und die Lebensqualität der Bewohner durch sicherere und besser gestaltete städtische Umgebungen zu verbessern. Sowohl IoT als auch Blockchain können als wichtige Voraussetzungen für die Entwicklung und Umsetzung von KI eingesetzt werden, indem sie die großen Datensätze bereitstellen, die für das Lernen von KI erforderlich sind. Das Internet of Things ist ein Schlüsselelement für die Datengenerierung und -erfassung; da IoT-Geräte immer billiger werden und immer häufiger zum Einsatz kommen, werden sie immer größere Datenmengen liefern. Blockchain kann als großer Speicher für validierte Datensätze dienen und so das Lernen von KI unterstützen. In Kombination können IoT und Blockchain die Kosten der Datenerhebung erheblich senken und so die Konzentration von KI-Anwendungen auf wenige große Akteure vermeiden. Das dezentrale Netzwerksystem von Blockchain-Technologien kann Möglichkeiten bieten, den Bedürfnissen von Unternehmen und Einzelpersonen nach Sicherheit, Schutz der Privatsphäre und Widerstandsfähigkeit im Zusammenhang mit KI und IoT gerecht zu werden. Mit der zunehmenden Verbreitung des IoT werden mehr Verbraucherdaten gesammelt, wodurch der Bedarf der Gesellschaft an Sicherheit und Datenschutz steigt. Blockchain könnte die IoT-Infrastrukturen skalierbarer und robuster machen, sichere Prüfpfade für Informationen bereitstellen und die Interoperabilität von IoT-Geräten durch die Bereitstellung einer vertrauenswürdigen, gemeinsamen Kommunikationsschicht verbessern. Blockchain könnte auch die Schaffung offener, dezentraler Märkte unterstützen, auf denen Datenproduzenten ihre Daten, KI-Modelle und

2.4 Bedeutung und Potenziale von KI und Blockchain

Ressourcen verkaufen, vermieten oder gemeinsam nutzen können. Die Kombination von Künstlicher Intelligenz, Blockchain und IoT kann neue operative und kommerzielle Möglichkeiten eröffnen.

> **Beispiel**
>
> Mögliche künftige Beispiele für kombinierte Anwendungen sind:
>
> - Einzelhandel: KI kann prädiktive Maßnahmen auf der Grundlage von Daten ermöglichen, die von IoT-Geräten gesammelt werden (zum Beispiel Essensbestellungen), während BC eine sichere Transaktionsverarbeitung unterstützen kann
> - Gesundheitswesen: KI kann die Überwachung medizinischer Daten, die frühzeitige Erkennung von Anomalien und die automatische Planung von Terminen ermöglichen, während BC eine sichere, genaue Krankengeschichte bereitstellen kann
> - Cybersecurity: KI kann eine schnelle, genaue Datenanalyse, logische Entscheidungen und autonome Aktionen ermöglichen, während BC eine sichere Aufzeichnung potenzieller Beweise speichern kann
> - Fertigung: KI kann eine umfassende Fernüberwachung des Zustands und der Leistung von Maschinen auf der ganzen Welt, eine ML-gestützte proaktive Wartung und die Zuweisung des am besten geeigneten Technikers mit Ersatzteilen ermöglichen, während BC einen sicheren Weg für den Einkauf bieten kann. ◄

Umgekehrt birgt die kombinierte Anwendung dieser Technologien Risiken und Herausforderungen, die es zu berücksichtigen und abzumildern gilt. Aus technologischer Sicht wird diese Konvergenz die Schwierigkeit mit sich bringen, Milliarden von Zugangspunkten im Internet of Things zu schützen. Sie wird auch die rechtlichen und regulatorischen Komplexitäten, zum Beispiel in Bezug auf den Datenschutz, verschärfen und Herausforderungen im Zusammenhang mit der Einhaltung von Governance, Datenschutz und Datenethik schaffen (vgl. EU Commission 2019, S. 45 ff.). Unabhängig davon finden aber alle oben genannten Tätigkeiten und Geschäftigkeiten wenn auch in unterschiedlichen Bereichen und Branche, so doch immer und überall in irgendeiner Art von Gebäude statt. Das bedeutet zwangsläufig, dass sich die Gebäude an die neuen Möglichkeiten und Anforderungen der beschleunigten Digitalisierung anpassen müssen und dass hier neue Potenziale für weiter entwickelte Nutzungsszenarien und Geschäftsmodelle entstehen.

Ein weiterer Schritt oder eher Sprung in der technologischen Leistungsfähigkeit und der Digitalisierung zeichnet sich bereits heute schon deutlich ab. Quantencomputing wird auch einen echten „Quantensprung" bedeuten (vgl. Fraunhofer 2020). Quantencomputer verarbeiten Information, die in Form von Quantenbits (Qubits) dargestellt wird. Hieraus ergibt sich ein entscheidender Vorteil, denn Qubits können im Vergleich zu ihrem klassischen Analogon – den Bits – viel mehr Information gleichzeitig repräsentieren und verarbeiten somit in jeder einzelnen Rechenoperation mehr Daten. Dies hat disruptives Potenzial und bietet große Chancen für die Wertschöpfung: Für eine Vielzahl praktisch relevanter Anwendungen ergeben sich drastisch beschleunigte Algorithmen, die es erlauben, Probleme anzugehen, die so komplex sind, dass sie bisher nur näherungsweise oder gar nicht lösbar waren. Beispielsweise versprechen Simulationen atomarer Prozesse, die auf Quantencomputern durchgeführt werden können, neue Ansätze für die Entwicklung von Materialien und Medikamenten und somit einen hohen Mehrwert für die Chemie- und Pharmaindustrie. Logistik und Finanzwesen werden von Quantenalgorithmen profitieren, die es erlauben, sehr aufwändige Optimierungsprobleme zu lösen. Effiziente Quantenalgorithmen zur Lösung massiver linearer Gleichungssysteme bieten neue Möglichkeiten im Maschinellen Lernen und bei der Arbeit mit Differenzialgleichung, die für die Simulation von Wetter- und anderen Strömungssystemen relevant sind. Nicht zuletzt existieren Quantenalgorithmen zur Primzahlfaktorisierung, die größte Auswirkungen auf die Kryptografie und sichere, verschlüsselte Kommunikation im Internet haben könnten.

Auch in der Immobilienwirtschaft wird Quantencomputing große Auswirkungen entfalten. Das gilt insbesondere in folgenden Bereichen und Szenarien (vgl. Fraunhofer 2020):

- Dynamische Systeme und Vorhersagen: Das Wetter oder die Strömung von Flüssigkeiten sind dynamische Systeme. Städte oder Regionen könne ebenso als dynamische Systeme verstanden werden. Oder auch Gebäude-Ensembles mit allen in und zwischen ihnen ablaufenden Aktionen und Interaktionen. Das Verhalten solcher dynamischer Systeme vorherzusagen ist wegen ihrer Komplexität und der Dynamik schwierig. Zur Lösung dieser Aufgabe werden mathematische Methoden wie die Vektorrechnung und Verfahren zur Lösung von Gleichungssystemen eingesetzt. Auch Verfahren des Maschinellen Lernens, beispielsweise zum Finden einer optimalen Lösung, basieren häufig auf dem Lösen großer Gleichungssysteme. Wegen der Menge an Daten, die uns heutzutage zur Verfügung stehen, und weil dynamische Systeme in beliebig großen Dimensionen untersucht werden können, kann das Ausführen der entsprechenden Rechnungen mit klassischen Computern sehr zeitaufwändig sein, weswegen solche Rechnungen oft nur mit Supercomputern durchführbar sind. Der für Quantencomputer entwickelte HHL-Algorithmus, benannt nach Harrow, Hassidim und Loyd, ist dafür gemacht, Systeme linearer Gleichungen zu lösen und könnte daher für eine deutliche Beschleunigung derartiger Berechnungen sorgen. Wann der HHL-Algorithmus jedoch zur Lösung von praktischen Aufgaben tatsächlich eingesetzt werden kann, ist weiterhin sowohl eine theoretische als auch eine praktische Forschungsfrage. Wenn es soweit ist, wird erwartet, dass Verfahren des Maschinellen Lernens, wie beispielsweise Stützvektormaschinen oder die Hauptkomponentenanalyse,[deutlich beschleunigt werden können. Solche Vorhersagen in dynamischen Systeme sind insbesondere bei Fragen und Herausforderungen der Nachhaltigkeit relevant. Denn die Nachhaltigkeitswirkungen von Prozessen beispielsweise in Gebäuden oder in Regionen sind ja eben nicht direkt sichtbar und messbar und setzen sich letztlich aus einer Vielzahl sich gegenseitig beeinflussender Faktoren zusammen.
- Optimierung: Optimierungsprobleme sind alltäglich. Sie tauchen häufig in der Logistik oder im Finanzwesen auf. Auch Bau- und Entwicklungsprojekte können und sollten

2.4 Bedeutung und Potenziale von KI und Blockchain

optimiert werden. Der Betrieb von Immobilien steht ebenfalls unter Optimierungsdruck; sowohl was die betriebswirtschaftlichen Kennzahlen angeht, als auch die Optimierung auf Nachhaltigkeitsziele hin. Aus mathematischer Sicht bestehen solche Probleme darin, aus einer Menge von möglichen Lösungen die Beste zu finden. Dazu wird die Qualität einer Lösung durch eine Belohnungsfunktion beschrieben. Für die Optimierung einer Route könnte die Belohnungsfunktion beispielsweise die Länge der Route sein. In diesem Beispiel ist die Lösung mit dem niedrigsten Wert der Belohnungsfunktion die gesuchte optimale Lösung, also die kürzeste Route. Verfahren des Maschinellen Lernens suchen oft ebenfalls optimale Lösungen. Ein künstliches neuronales Netz beispielsweise lernt eine beliebige Funktion, indem es mathematische Gewichtungen der Verbindungen zwischen Neuronen optimiert. Eine häufig angewendete klassische Strategie zur Minimierung einer Belohnungsfunktion ist der Versuch, Schritt für Schritt zu Punkten niedrigeren Wertes zu gelangen und sich so langsam dem Minimum anzunähern. Quantenalgorithmen verfolgen den umgekehrten Ansatz. Sie starten am minimalen Punkt eines einfachen Problems und verändern es langsam, bis es dem eigentlichen Problem entspricht. Dies ist das Prinzip des sogenannten adiabatischen Quantencomputings. Wenn ein quantenmechanisches System zu Beginn eines Vorgangs an einem minimalen Punkt ist, diktiert uns die Physik, dass es dies auch am Ende ist, sofern die Veränderung nur langsam genug, also adiabatisch, erfolgt. Somit erhalten wir die gesuchte optimale Lösung des Problems. Adiabatisches Quantencomputing ist jedoch nur ein möglicher Ansatz zur Lösung von Optimierungsproblemen.

- Simulationen: Die molekulare Struktur bestimmt das Verhalten aller Materialien und Wirkstoffe. Das gilt in der Chemie, in der Pharmazie oder eben auch ganz klar, wenn es um Bauen und Betreiben von Immobilien geht. Um zu ermitteln, welche dieser Strukturen welche Eigenschaft und welches Verhalten erzeugen, sind Simulationen ein gängiges Werkzeug. Letztlich sind digitale Zwillinge von Gebäuden auch nichts anderes als Simulationen. Klassische Computer spielen dabei eine wichtige Rolle. Allerdings sind klassische Simulationsverfahren nur für Moleküle bis zu einer beschränkten Größe einsetzbar. Rechnungen dieser Art sind sehr zeitaufwändig oder für größere Moleküle sogar unmöglich. Der Quantencomputer dagegen teilt das quantenmechanische Fundament und insbesondere die Phänomene der Superposition und Verschränkung der Moleküle und ist daher deutlich besser geeignet für diese Simulationsaufgaben. Es steht zur Aussicht, dass durch Quantum Computing gestützte Simulation für deutlich größere Moleküle anwendbar ist. Die ursprüngliche Idee von Quantum Computing war tatsächlich, diese Methoden zu nutzen, um quantenmechanische Systeme zu simulieren und so an Erkenntnisse über ihr Verhalten und ihre Eigenschaften zu gelangen. Somit kann die Simulation als die natürlichste und auch am sichersten Ertrag produzierende Anwendung gesehen werden. Ein Beispiel für Quantum Simulation ist die Bestimmung der Grundzustandsenergie eines Moleküls. Der Grundzustand ist der Zustand mit der niedrigsten Energie, den ein Molekül annehmen kann. Ist dieser Wert bekannt, lassen sich Reaktionsmechanismen mit anderen Molekülen und eine Reihe anderer Eigenschaften schlussfolgern. Kommen in Zukunft große Quantencomputer zum Einsatz, so steht die Lösung einer Reihe von Problemen auf der Agenda: beispielsweise die effiziente Herstellung von Düngemitteln oder die Ermittlung von Eigenschaften von Proteinen und deren räumliche Struktur in Form von Faltungen. Im Bereich der Künstlichen Intelligenz kommt dem Simulieren möglicher Zukunftsszenarien zur Strategieplanung große Bedeutung zu. Solche Zukunftsszenarien sind enorm wichtig, wenn es um Folgenabschätzungen und Beurteilungen von Nachhaltigkeitsaspekten geht, beispielsweise für bebaute Gebiete, Siedlungen, Städte oder Regionen.

Für das letztgenannte spielen Quantum Machine Learning und Quantenalgorithmen eine besondere Rolle. Unter Quantum Machine Learning verstehen wir solche Systeme, die Quantenalgorithmen zum Maschinellen Lernen verwenden. Zunächst wird Quantum Computing voraussichtlich in Kooperation mit einem klassischen Computer funktionieren. Ein solcher Ansatz charakterisiert auch die erste Phase des Quantum Machine Learnings, in der klassische Daten aus unseren alltäglichen Geschäftsprozessen analysiert und auch hybride quantenklassische Algorithmen eingesetzt werden. Wegen des fundamentalen Unterschieds bezüglich der Information, die Bits und Qubits speichern, müssen bei diesem Ansatz die Daten aus einem klassischen System in ein Quantensystem überführt und nach der Berechnung zurück transformiert werden. Dieser Schritt kostet zusätzlich etwas Zeit. Daher ist für jeden Einsatz abzuwägen, ob sich die Überführung in ein Quantensystem lohnt. Ist ein Quantenalgorithmus deutlich schneller als ein klassischer, so könnte die Übertragung sinnvoll sein und für die gesamte Berechnung ein Zeitvorteil resultieren. Häufig werden klassische Daten in Datenbanken gespeichert. Wie sich solche Datenbanken in möglichst effiziente Qubit-basierte Repräsentationen überführen lassen, ist Gegenstand aktiver Forschung. Auch eine universelle Darstellung für Daten in Quantensystemen gilt es noch zu finden (vgl. Fraunhofer 2020).

2.5 Data Marketplaces oder Federated Learning in der Immobilienwirtschaft (?)

Die effektivste Nutzung von Daten ist nach Meinung vieler Wissenschaftler und Praktiker die Schaffung eines Datenmarktplatzes, also eine Plattform, die Anbieter und Nachfrager von Datensätzen und Datenströmen miteinander verbindet und im Idealfall hohe Qualität, Konsistenz und Sicherheit gewährleistet. Datenanbieter können den Marktplatz ermächtigen, ihre Daten in ihrem Namen zu lizenzieren und die Einhaltung strenger Bedingungen zu gewährleisten. Die Verbraucher können auch anbieten, ihre eigenen Daten an den Marktplatz zu vermieten oder zu verkaufen. Dritte können Tools anbieten, um die Daten zu analysieren oder Vorhersagen daraus abzuleiten. Die Komplexität des Aufbaus eines solchen Marktplatzes sollte nicht unterschätzt werden. Microsoft hat den Azure DataMarket, eine cloudbasierte Stammdatenlösung, die eine vertrauenswürdige Sicht auf kritische Geschäftsdaten schaffen sollte, nach sieben Jahren eingestellt. Als grundlegende Hindernisse, die das volle Potenzial verhindern, wurden identifiziert:

2.5 Data Marketplaces oder Federated Learning in der Immobilienwirtschaft (?)

- die meisten Daten sind unstrukturiert;
- es gibt keinen Konsens über Methoden zur Strukturierung;
- die Preismodelle für Daten sind komplex und hängen von einer Reihe von Variablen ab, darunter Genauigkeit, Umfang, Inhalt, Alter und Grad der kommerziellen Sensibilität (vgl. Treleaven et al. 2020; Building Minds o. J.)

Die Vorteile, die Datenmarktplätze den verschiedenen Nutzern bieten, sind in der Immobilienbranche noch nicht umgesetzt worden. Ein sinnvolles und nachhaltiges Modell müsste die Immobilie von ihrer Entstehung und Errichtung bis hin zu ihrer Verwaltung und endgültigen Stilllegung abdecken können. Ein solcher Real Estate Data Marketplace wäre eine digitale, dezentrale Online-Plattform, auf der verschiedene Nutzer wie Datenanbieter und -verbraucher auf der Grundlage von Lizenzen, Service Level Agreements und Bedingungen arbeiten. Der Real Estate Data Marketplace würde selbstständig neue Daten in einem strukturierten und skalierbaren Format aufnehmen. Diese Daten werden mit Metadaten angereichert, die durch künstliche Intelligenz bereitgestellt werden. Daher erzeugt der vorgeschlagene Marktplatz für Immobiliendaten einen wertvollen Zyklus der Datennutzung, bei dem die Nutzer, sobald neue Daten sicher gesammelt wurden, sicher auf die Informationen zugreifen können.

Hintergrundinformation
Die wichtigsten Funktionen des Datenmarktplatzes wären also:

- Verwaltung aller Daten auf einer einzigen dezentralen Plattform: Alle Informationen aus den verschiedenen werden von den verschiedenen Nutzern des Datenmarktplatzes über Blockchain und Distributed-Ledger-Technologien orchestriert und validiert. Dieser Prozess erhöht die Qualität und damit den Wert der Daten.
- Ein automatisierter Datenservicekatalog mit technischen und immobilienbezogenen Metadaten, der Daten organisiert, beschreibt und analysiert. Dieser Prozess wird autonom mit Hilfe von künstlicher Intelligenz durchgeführt.
- Die Entwicklung von Standards zur Definition der Metadaten, zum Beispiel kann ein abstrahierter Mietvertrag mit klaren Definitionen von „Kopfmiete" und „Effektivmiete" verstanden werden.
- Sichtbarkeit und Rückverfolgbarkeit von Daten und Informationen über die gesamten RIBA-Phasen, in denen Ursprung, Entwicklung und Bedeutung der Daten verfolgt werden. Informationen werden validiert, verifiziert, gesichert und durch vereinbarte Service Level Agreements und Service License Agreements geregelt.
- Die Architektur ist skalierbar in Bezug auf die Plattform, die Nutzer, die Daten und die Dienste in einer dezentralen Struktur für hohe Leistung.

Das Geschäftsmodell des Datenmarktplatzes basiert, wie letztlich bei jedem Marktplatz, auf dem Vertrauen der Datenkonsumenten, dass die Informationen validiert und überprüft werden. Lösungen mit Blockchain und dezentraler Ledger-Technologie (DLT) schaffen Vertrauen in jede Transaktion, bei der Informationen von den Teilnehmern des Ökosystems kryptografisch validiert werden. Das Modell definiert den Handel zwischen privaten Einrichtungen auf einem privaten Markt, wenn die Daten vertraulich bleiben sollen, und auch zwischen öffentlichen Einrichtungen auf einem öffentlichen Markt, wenn die Daten offen sein können oder müssen. Das Wirtschaftsmodell des Datenmarktplatzes ist eine Kombination von Einnahmeströmen, die auf folgenden Faktoren basieren:

- Traditionelle Lizenzierung: Unternehmen kaufen Daten und Informationen auf der Grundlage maßgeschneiderter Verträge. Diese Methode wird hauptsächlich von Versicherern verwendet, die aktuelle und faktische Daten benötigen, um das Immobilienrisiko zu bewerten.
- On-demand: Datenkonsumenten erwerben Daten nach Zugang, Zeit oder Umfang als Abonnementmodell. Dieser Ansatz wird von der künstlichen Intelligenz und dem Internet der Dinge genutzt, um Informationen vom Datenmarktplatz abzurufen. Auch Mieter und Vermieter können diesen Ansatz nutzen, um Informationen über die Immobilie und ihre Nutzung zu erhalten.
- Kollaboration: Datenanbieter sind Datenkonsumenten und umgekehrt. Das kollaborative Modell ermöglicht es den verschiedenen Projektbeteiligten, einschließlich Planern und Auftragnehmern, die Informationen gegenseitig zu validieren. Je mehr Validierungen, desto wertvoller ist der Datenmarktplatz. Digitale Kanäle für die Rechnungsstellung ziehen die Zahlungen und Einnahmen von den verschiedenen Marktplatznutzern ein. Konzept Market Place (vgl. Treleaven et al. 2020).

Der Ansatz eines Data Marketplace bietet also viele Vorteile und Pluspunkte. Dennoch muss man fragen, wie realistisch es ist, dass bei der bestehenden Markstruktur ein solcher Marketplace entstehen kann, der die kritische Größe erreicht, um die Skalierungs- und Verbundvorteile ausspielen zu können. Der zu betreibende Aufwand dafür ist extrem hoch. Die großen Internetkonzerne der Welt wie Google, Apple, Facebook oder Amazon heben dafür Jahrzehnte gebraucht.

Ein alternativer Ansatz zu großen Datenplattformen liegt im noch relativ neuen Konzept des Federated Learning. Föderiertes Lernen (FL) (vgl. McMahan et al. 2017) ist ein neuer Forschungsbereich im Bereich des maschinellen Lernens, das darauf abzielt verteilten Edge-Geräten (oder Nutzern) zu ermöglichen, gemeinsam ein gemeinsames Vorhersagemodell zu trainieren, während ihre persönlichen Daten geschützt und geheim bleiben.

Hintergrundinformation
Auf einer abstrakten Ebene wird dieses „föderierte Lernen" erreicht durch die Wiederholung dreier grundlegender Schritte:

1. Aktualisierung lokaler Parameter für ein gemeinsames Vorhersagemodell auf jedem Edge-Gerät,
2. Senden der lokalen Parameteraktualisierungen an einen zentralen Server zur Aggregation, und
3. Rückempfang des aggregierten Modells für die nächste Runde der lokalen Aktualisierungen.

Während in traditionellen Modellen und Konzepten also der Grundsatz gilt, die Daten zur Verarbeitung zu bringen oder sie auf einer Plattform zu sammeln, gilt im Federated

2.5 Data Marketplaces oder Federated Learning in der Immobilienwirtschaft (?)

Learning der Ansatz, die Verarbeitung und Analyse zu den Daten zu bringen. Federated Learning kann als ein Zusammenspiel zwischen globalen und lokalen Berechnungen beschrieben werden. Globale Berechnungen werden auf der Serverseite ausgeführt und sind für die Orchestrierung des Lernprozesses über eine Reihe von verfügbaren Clients verantwortlich. Lokale Berechnungen werden auf einzelnen Clients ausgeführt und haben Zugang zu den tatsächlichen Daten, die für das Training oder die Bewertung der Modellparameter verwendet werden.

Auf der Serverseite gibt es im Federated Learning, wie beispielsweise im sogenannten Flower Framework, drei Hauptkomponenten: Die FL-Schleife, den RPC-Server und eine (vom Benutzer anpassbare) Strategie. Clients verbinden sich mit dem RPC-Server, der für die Überwachung dieser Verbindungen und für das Senden und Empfangen von Flower-Protokollnachrichten zuständig ist. Die FL-Schleife ist das Herzstück des FL-Prozesses: Sie orchestriert den gesamten Lernprozess und sorgt dafür, dass Fortschritte gemacht werden. Zusammengefasst fordert die FL-Schleife die Strategie auf, die nächste Runde von FL zu konfigurieren, sendet diese Konfigurationen über den RPC-Server an die betroffenen Clients, empfängt die daraus resultierenden Client-Aktualisierungen (oder Ausfälle) von den Clients über den RPC-Server und delegiert die Ergebnisaggregation an die Strategie. Es verfolgt den gleichen Ansatz für föderiertes Training und föderierte Auswertung, mit der zusätzlichen Möglichkeit der serverseitigen Auswertung. Die Client-Seite ist (architektonisch) insofern einfacher, als sie nur ihre eigene Verbindung zum Server verwalten und auf die empfangenen Nachrichten reagieren muss, indem sie vom Benutzer bereitgestellte Trainings- und Evaluationsfunktionen aufruft. Clients können Gebäude sein oder Datenbanken mit Gebäudedaten oder auch einzelne Geräte oder verbaute Systeme in den Gebäuden. Es ist also mit dem Federated Learning Ansatz nicht mehr notwendig, die Daten der einzelnen Teilnehmer, seien es nun gesamte Immobilien oder Teile davon, auf einer Plattform zu versammeln, bevor sie verwertbar und nutzbar sind. Federated Learning ermöglicht die Schaffung eines offenen Ökosystems: Entwickler und Nutzer können neue Strategien vorschlagen und sie als eigenständige Bibliotheken anbieten, und Anwendungsentwickler können die vorgeschlagenen Strategien mit dem Kern-Framework und ihrer individuellen Arbeitsbelastung kombinieren.

Das ist ein echter Fortschritt. Denn bisher versuchen Immobilienbetreiber jeweils einzeln, beispielsweise die Klimabilanz ihrer Gebäude mit Datenauswertungen zu verbessern. Dazu werden in erster Linie Tabellenkalkulationen, (Power)BI Lösungen und eher selten auch ERP-Systeme verwendet. Data Science und Künstliche Intelligenz werden bisher nicht eingesetzt, da die Digitalisierung in den meisten Unternehmen nicht weit genug entwickelt ist und weil eine ausreichend große Datenbasis dafür in den einzelnen Unternehmen allein nicht gegeben ist. Zudem fehlen etablierte und akzeptierte Nachhaltigkeitskennzahlen und ESG-Systematiken in der Branche, an denen sich Immobilienbetreiber orientieren könnten. Bisher prägen also diverse Einzellösungen den Markt, mit jeweils wenig „Impact" auf die Nachhaltigkeit und den Klimaschutz im Immobilienbetrieb insgesamt.

Auch im Bereich der sogenannten „Proptechs" gibt es bisher jeweils Einzellösungen für die Optimierung und Steuerung einzelner Bereiche im Immobilienbetrieb, die auch an einzelnen Stellen die Klimabilanz von Gebäuden verbessern können. Auch diese Entwicklungen lösen nicht das bereits oben genannte Grundproblem von relativ kleinen und getrennten Datenbeständen und fehlenden Vergleichs- und Kennzahlen als systematische Orientierung in der Branche zur Verbesserung der Klimabilanz sowohl einzelner Gebäude, als auch ganzer Bestände beziehungsweise der Immobilienwirtschaft insgesamt. Zudem sind auch hier die einzelnen Proptech-Lösungen nicht vernetzt, sodass letztlich auch bei neuer Technologie weiter in Daten-Silos gearbeitet wird, ohne einen nennenswerten Gesamteffekt zu erzeugen.

Bisher sind die relevanten Daten in der Immobilienwirtschaft für KI Anwendungen nicht ausreichend verfügbar. Grund: Getrennte Datenbanken, „Daten-Silos" und keine Kooperation und Teilung von Daten aus Wettbewerbsgründen und Gründen des Datenschutzes. Es bedeutet, dass Daten zwar irgendwo im Unternehmen vorhanden sind, jedoch in unterschiedlichen Formen, Qualitäten und nicht miteinander kompatibel. So kommt man natürlich nur schwer auf eine kritische Masse, um daraus eine gut funktionierende KI zu erstellen, die Erkenntnisse aus Daten zieht. Die Folgen: Genannte Datensilos, weitgehend singuläre Analytics, keine Vernetzung und Synergieeffekte in digitalen Anwendungen und zu geringe Datenmengen für sinnvolle KI-Anwendungen.

Die Immobilienbranche ist zudem im Vergleich zu anderen Branchen wie Industrie, Logistik oder Konsumgütern, geprägt von relativ wenigen Projekten und langen Lebenszyklen. Der Vorteil im Immobilienbetrieb (Property und Facility Management) im Vergleich zum Bau oder dem Projektmanagement ist hier, dass es bei aller Unterschiedlichkeit der Immobilien viele ähnliche oder sogar strukturell gleiche Prozesse und Abläufe im Betrieb gibt, die sich auch regelmäßig wiederholen. So entstehen wertvolle Datenbestände, die sich per Data Analytics gezielt auswerten und auf definierte (Nachhaltigkeits-)Ziele hin optimieren lassen.

Eine weitere Herausforderung ist die Tatsache, dass Kooperationen und das Teilen von Daten zwischen Unternehmen der Branche genau nicht zum Standard im Markt gehören. Im Immobilienmarkt herrscht hoher Wettbewerbsgeist, es geht um sehr hohe Investitionssummen und finanzielle Risiken und es geht um Geschäftsgeheimnisse, die über das Zustandekommen oder Scheitern von Projekten entscheiden. Hinzu kommen noch Datenschutzvorschriften und Geschäftsgeheimnisse. Es ist also durchaus verständlich, dass zwar gern die Kooperation beschworen wird, das Offenlegen, Teilen und gemeinsame Nutzen von Daten aus Sicht der einzelnen Unternehmen aber keinen Sinn machen oder sogar als gefährlich eingeschätzt werden.

Über Federated Learning können die genannten Bremsen und Hürden umgangen werden, sodass der Weg für auch wirtschaftlich sinnvolle KI Use Cases frei wird. Weiter gedacht besteht für mehr Nachhaltigkeit im Immobilienbetrieb zudem eine Notwendigkeit für größere, komplexe Einheiten wie zum Beispiel ganze Quartiere oder Stadtteile. Schließlich ist Nachhaltigkeit immer ein systemischer Ansatz, der zwar am einzelnen Gebäude beginnen, aber sicher nicht dort enden kann. Doch Quartiere und Stadtteile können nur sehr schwer und sehr aufwändig auf einem Marketplace zusammengefasst werden, um Nachhaltigkeitszahlen zentral zu messen und auf Nachhaltigkeitsziele hin zu optimieren.

Auch hier erscheint der Föderierte Ansatz überlegen. Verstärkt wird das noch zusätzlich durch die bereits weiter oben beschriebenen Tatsachen, dass KI, Blockchain und Quantum-Computing zentrale Datenbanken und Instanzen weitgehend überflüssig machen und diese zentralen Plattformen sogar eher hinderlich für die Möglichkeiten und Potenziale dieser Technologien sein könnten.

2.6 Digitalisierung von Immobilien Geschäftsmodellen

Auf den vorigen Seiten wurde eher allgemein ausgeführt, dass die Digitalisierung zwangsläufig Änderungen in den Geschäftsmodellen von Immobilienunternehmen mit sich bringen wird. Konkreter soll darum im Folgenden auf die Geschäftsmodelle von Bauunternehmen, Projektentwicklern, Maklern und Immobilienbetreibern geschaut und die grundsätzlich von Änderungen betroffenen Bereiche der Geschäftsmodelle herausgearbeitet werden, wie es zuletzt in „Bits & Bricks – Digitalisierung von Geschäftsmodellen in der Immobilienwirtschaft" dargestellt worden ist (vgl. Moring et al. 2018).

2.6.1 Geschäftsmodelländerungen im Bau

Building Information Modeling, Logistik 4.0 und E-Commerce sind wohl die drei wichtigsten digitalen Trends, die heute und zukünftig einen Einfluss auf das Baugewerbe haben werden. In allen Bereichen verhelfen Informations- und Kommunikationstechnologien eine zunehmende Vernetzung zu erzielen, Prozesse zu automatisieren sowie Daten und Kundenzugänge zu digitalisieren. Im Folgenden wird nun diskutiert, welche Auswirkungen diese Wertschöpfungskette des Baugewerbes haben.

Die Auswirkung von BIM auf die Wertschöpfungskette des Baugewerbes macht sich demnach in einer Intensivierung der Planungsphase bemerkbar, in der jetzt ein deutlich größerer Wert für die anschließenden Schritte geschaffen wird und die insgesamt zu einer Verkürzung der gesamten Bauzeit führt. Zudem wird eine verstärkte Zusammenarbeit zwischen den Beteiligten während des gesamten Bauablaufs begünstigt. Dadurch wird außerdem der Kreis der in die Planung Involvierten vergrößert und besteht nicht mehr nur aus dem Architekten, wodurch mehr Wissen gebündelt werden kann. Entscheidend für die Wertschöpfungskette ist neben der stärkeren Gewichtung der Planungsphase die konsistente Nutzung der zur Verfügung stehenden Information. Somit ist es nicht mehr nötig in jeder Bauphase neuen Informationen zu generieren, sondern diese stehen unmittelbar zur Verfügung und der Fokus liegt auf den ausführenden Arbeiten. Bisherige Kommunikationsprobleme und Informationsasymmetrien können auf diese Weise minimiert werden. Dieser Aspekt hat neben Bauunternehmen natürlich auch für Projektentwickler im Immobilienbereich eine besonders hohe Bedeutung.

Logistik 4.0 hilft im Baugewerbe den anliefernden Unternehmen mittels Telematik ein erhöhtes Maß an Kontrolle und Standardisierung zu realisieren sowie die Akteure und

Objekte miteinander zu vernetzen. Im Transportmanagement führt das insbesondere zu einer Optimierung der Touren- und Routenplanung, wodurch die Flexibilität und Sicherheit einer termingerechten Lieferung von Materialien gesteigert wird. Des Weiteren werden mithilfe mobiler Endgeräte die Kommunikation zwischen Fahrer und Disponent sowie der Austausch zwischen den Fahrern untereinander erleichtert und intensiviert, wodurch Missverständnisse verringert, Wissen geteilt und die Abläufe insgesamt beschleunigt werden. Daneben ermöglicht die RFID-Technologie eine größere Transparenz im Informationsfluss und umgeht durch die digitalisierte Dokumentation Medienbrüche. Durch die Ausstattung von Bauobjekten mit RFID-Tags, welche sowohl beschrieben als auch gelesen werden können, werden diese intelligent und können den beteiligten Akteuren wertvolle Informationen liefern und den Baufortschritt dokumentieren, was zu einer erheblichen Zeitersparnis führt. Zusätzlich bleiben die Informationen in den Bauteilen sogar über die Nutzungsphase hinaus bestehen und bilden dadurch einen vorher nicht vorhandenen Mehrwert. Das autonome Fahren hingegen beeinflusst die Wertschöpfungskette des Baugewerbes derzeit noch nicht, bleibt jedoch ein für die Zukunft relevantes Thema in diesem Bereich.

Für die Wertschöpfungskette verändern sich aufgrund von Logistik 4.0 zum einen die Rahmenbedingungen für die Distribution und die Fahrer. Diesen stehen durch Telematik-Lösungen Tools zur Verfügung, welche bisher zeitaufwändige Aufgabenbereiche wie die Koordination abnehmen oder erleichtern, wodurch sich auf die eigentliche ausführende Tätigkeit fokussiert werden kann. Zudem steht den auf der Baustelle tätigen Personen das benötigte Material zunehmend just-in-time zur Verfügung, was vor dem Hintergrund begrenzter Lagermöglichkeiten weitere Koordinationsarbeit abnimmt. Zum anderen verändert die RFID-Technologie die Art und Weise der Dokumentation auf der Baustelle selbst, indem eine Vielzahl manueller bzw. personeller Tätigkeiten entfällt. Des Weiteren fällt der Prozess der Informationsbeschaffung weg, welcher beschleunigt und direkt an den entsprechenden Objekten abläuft. Dadurch sind die auf der Baustelle tätigen Mitarbeiter weniger von der Disposition abhängig und können so schneller und eigenständiger agieren. An dieser Stelle müssen sich die entsprechenden Personen mit der dafür nötigen Technik vertraut machen und informationstechnisches Wissen aufbauen.

Weitere Auswirkungen bietet der E-Commerce als Erweiterung des stationären Geschäftes. Mittels Online-Werbung machen Unternehmen auf sich aufmerksam und erreichen somit eine deutlich größere Zielgruppe, wodurch auch potenziellen Interessenten eine größere Auswahl an Anbietern zur Verfügung steht. Diese können sich dadurch bereits online einen Überblick über das Produkt- und Leistungsangebot machen und weitere Services in Anspruch nehmen, wie zum Beispiel Produktempfehlungen zu ausgewählten Artikeln, die im Zusammenhang mit dem Produkt sinnvollerweise erworben werden könnten. Hierdurch steigt tendenziell der Einkaufswert. Weiterhin können die Produkte und Leistungen mit einem vorhandenen Web-Shop sogar direkt vertrieben werden, wobei dem Kunden gänzlich neue Zahlungsmöglichkeiten zur Verfügung stehen. Darüber hinaus begünstigt die Berücksichtigung des Mobile Commerce sowohl den Wechsel zwischen verschiedenen Geräten als auch zwischen Offline und Online, wodurch man dem veränderten Konsumentenverhalten gerecht werden kann.

Insgesamt führt der E-Commerce dazu, dass die Wertschöpfungskette bereits an einem früheren Zeitpunkt ansetzt und die Vertriebsprozesse verschlankt werden. Indem dem Kunden mit dem Internet – unabhängig davon, ob mobil oder nicht mobil – ein weiterer viel genutzter Kanal zur Verfügung gestellt wird, beginnt der Kaufprozess bereits vor der direkten Kontaktaufnahme mit dem Unternehmen. Mit der Bereitstellung von Informationen sowie der Möglichkeit von zu Hause oder mobil einzukaufen wird dem Kunden ein zuvor nicht dagewesener Wert geschaffen, welcher auf der anderen Seite aber auch einen entscheidenden Wettbewerbsvorteil für das jeweilige Unternehmen darstellt. Das betrifft nicht nur die Präsenz, indem man als bevorzugter Anbieter in Erscheinung tritt, sondern auch die Einsparung von Beratungsleistungen, die sich gegebenenfalls durch den Besuch der Corporate Website erübrigen. Hinzu kommt, dass die Kaufentscheidung nicht nur nach dem Preis getroffen wird, sondern anhand von Bewertungen und Rezensionen auch die Qualität der Leistungen mit einbezogen wird.

Alles in allem besitzen alle drei digitalen Trends (BIM, Logistik 4.0 und E-Commerce) einen Einfluss auf die Wertschöpfungskette des Baugewerbes, welcher durch den Einsatz von Informations- und Kommunikationstechnologien hervorgerufen und insbesondere durch die Nutzung mobiler Endgeräte getrieben wird. Durch die Digitalisierung von Informationen werden Medienbrüche vermieden und damit einhergehend Fehler reduziert. Zudem stärkt eine zunehmend automatisierte Vernetzung von Menschen und Objekten die Zusammenarbeit, welche aufgrund der Vielzahl von am Bau Beteiligten erfolgsentscheidend ist. Gemeinsam sind allen Technologien eine Qualitäts- und Effizienzsteigerung und eine dadurch resultierende zeitliche Verkürzung der Wertschöpfungskette insgesamt sowie Kosteneinsparungen. Darüber hinaus werden zusätzliche Kanäle ermöglicht, was die Wertschöpfungskette in der Anfangsphase erweitert. Besonders bemerkbar sind die Auswirkungen in der Reduzierung manueller und administrativer Nebentätigkeiten, sodass sich auf die eigentlichen Kerntätigkeiten des Gebäudebaus fokussiert werden kann.

Zusammenfassend führt die Digitalisierung zu einer Bedeutungsverschiebung zugunsten planerischer Aufgaben innerhalb der nun früher ansetzenden Wertschöpfungskette des Baugewerbes, welche dadurch insgesamt verschlankt wird und in der die beteiligten Fachbereiche aufgrund einer starken Vernetzung intensiver zusammenarbeiten.

Aufbauend auf die vorangegangenen Analysen und Überlegungen sollen die Erkenntnisse, welche über die drei Technologien BIM, Logistik 4.0 und E-Commerce erlangt wurden, auf die praktische Anwendbarkeit in einem Beispielunternehmen des Baugewerbes übertragen werden. Es wird untersucht, welche Effekte zu verzeichnen sind und wie das zukünftige Geschäftsmodell gestaltet werden kann. Denn im Gegensatz zum ersten Teil dieser Arbeit, wo das Baugewerbe bzw. die Wertschöpfungskette digital transformiert wird, geschieht das bei Unternehmen mit dem Geschäftsmodell.

Beim Umgang mit Informations- und Kommunikationstechnologien gewinnen sowohl die dafür nötigen Systeme an Bedeutung als auch das Know-how der Mitarbeiter, welche die Fähigkeiten besitzen müssen diese zu bedienen. Das betrifft insbesondere die Bereiche

BIM und Logistik und vor allem die auf der Baustelle tätigen Mitarbeiter, deren Berührungspunkte mit IKT bisher sehr gering waren. Bei BIM bezieht sich das unter anderem auf die Software zur Berechnung des Bodenaushubs, für welche die Mitarbeiter das entsprechende Wissen aufbauen müssen, um damit arbeiten zu können. Eine effiziente Logistik, auf der anderen Seite, wird zukünftig nur gewährleistet, wenn beispielsweise eine passende Software wie MAN TeleMatics zur Verfügung steht und Fahrer sowie Disponent diese bedienen können. In der Folge verändern sich auch die Schlüsselaktivitäten, was den Umgang mit genau diesen Technologien betrifft. Besonders hervorzuheben ist hierbei die Zusammenarbeit mit anderen am Bau beteiligten Unternehmen, welche durch BIM grundlegend verändert und durch ein gemeinsames Koordinationsmodell ermöglicht wird. Des Weiteren wird die Zeit, die für diverse Arbeiten benötigt wird, wie die Angebotserstellung, durch den Einsatz der Tools deutlich reduziert.

Da auf der einen Seite der Umfang der IT-Anforderungen zunimmt, was zum Beispiel die Architektur oder die Wartung betrifft, meist kleinere und mittlere Bauunternehmen auf der anderen Seite aber nicht genügend Bedarf besitzen, um entsprechenden Stellen mit eigenen Mitarbeitern zu besetzen, nimmt die Bedeutung externer IT-Dienstleister zu, welche demnach die Rolle erfolgskritischer Schlüsselpartner einnehmen. Die Kosten hierfür steigen zwar auch stetig, sind allerdings, im Verhältnis zu anderen großen Kostenblöcken in Bauunternehmen, nicht hoch genug, als dass sie die Kostenstruktur grundsätzlich verändern. Zudem kann in anderen Bereichen mit abnehmenden Kosten gerechnet werden, zum Beispiel mit sinkenden Werkstattkosten resultierend aus einem digital optimierten Fahrzeugmanagement.

Alles in allem bewirken BIM, Logistik 4.0 und E-Commerce eine begrenzte digitale Transformation des Geschäftsmodells von Bauunternehmen in der kurzen und mittleren Frist. Die Technologien selber stellen dabei eine neue elementare Schlüsselressource dar, wobei für deren Nutzung das entsprechende Know-how aufgebaut werden muss. Zudem verhelfen sie den veränderten Anforderungen beim Umgang mit Kunden sowie anderen am Bau beteiligten Unternehmen gerecht zu werden. Insgesamt gewinnt das Geschäftsmodell an Effizienz, Effektivität und Qualität.

Ziel dieses Abschnitts war es zu analysieren, welche Bedeutung die Digitalisierung für das Baugewerbe hat, ob dieses vor einer digitalen Transformation steht und welche technologischen Felder hierfür die größte Relevanz besitzen. Hierzu wurden zunächst das Baugewerbe und dessen Trends dargestellt, um die Bedeutung der Digitalisierung einschätzen zu können. Anschließend wurden mithilfe eines Trendradars die hierfür relevanten Technologien identifiziert. Zuvor wurde die Wertschöpfungskette des Baugewerbes beschrieben, um diese im Anschluss auf die Auswirkungen durch die digitale Transformation untersuchen zu können.

Dabei hat sich gezeigt, dass das Baugewerbe nach wie vor einer der bedeutendsten Wirtschaftszweige Deutschlands ist. Dessen Wertschöpfungskette wird unter anderem durch die Einzigartigkeit der Bauprojekte und eine Arbeitsteilung geprägt, welche oft zu Kommunikationsproblemen und Informationsasymmetrien führt.

2.6 Digitalisierung von Immobilien Geschäftsmodellen

Dabei begünstigt insbesondere der Wohnungsbau, durch einen erhöhten Bedarf an Wohnraum, eine positive Umsatzentwicklung in den letzten Jahren. Zudem stellen das nachhaltige Bauen, die zunehmende Verwendung von Fertigbauteilen und der Fachkräftemangel derzeit prägende Themen dar. Weiterhin ist die Entwicklung des Baugewerbes von einer stagnierenden Produktivität gekennzeichnet und hat damit einen Rückstand gegenüber anderen Branchen. Als Lösung der zuletzt genannten Herausforderung gilt die Digitalisierung, allen voran BIM, welche neben dem Thema Nachhaltigkeit die größte Relevanz in der Branche einnimmt.

Die Wirkung dieser Technologien wird daran erkennbar, dass Daten und Kundenzugänge digitalisiert, Systeme und Prozesse automatisiert sowie Objekte und Personen vernetzt werden. Die Technologien, die dabei helfen diese Wirkungen zu erzielen, wurden anschließend identifiziert.

Daneben steht BIM insbesondere für eine Intensivierung der Zusammenarbeit zwischen den Projektbeteiligten, welche eine größere Koordination erfordern. Das führt zu neuen Rollen und Berufsbildern, wie dem strategisch orientierten BIM-Manager oder dem operativen BIM-Koordinator. Deren elementare Aufgabe ist die Zusammenführung verschiedener Fachmodelle zu einem gemeinsamen Koordinationsmodell, bei der beispielsweise Kollisionsprüfungen durchzuführen sind. Die zentrale Dokumentation führt letztlich auch dazu, dass relevante Informationen auch für erst später am Projekt Beteiligte jederzeit und leicht auffindbar zur Verfügung stehen. Auf diese Weise können zudem Doppelarbeiten reduziert werden.

Die Nutzung dieser Vorteile erfordert allerdings das Vorhandensein entsprechender Software. Das Spektrum der genutzten Programme ist aufgrund der verschiedenen Anforderungen und Schwerpunkte einzelner Fachdisziplinen jedoch sehr groß. Die prominenteste Software ist dabei die Modellierungssoftware für Architekten, mit der die Konstruktion von Gebäuden möglich ist. Damit auch andere Fachbereiche dieses Modell als Basis für ihre Arbeit nutzen können, um eine konsistente Datenbasis zu haben, ist die Integration in Drittsoftware zu gewährleisten. Hierzu dienen einheitliche Formate zur verlustfreien Übertragung. Als Standard gilt dabei das vom buildingSMART e. V. entwickelte und ISO-zertifizierte Austauschformat IFC.

Beim zweiten Kernthema Logistik liegt der Fokus auf der Distributionslogistik und die Material- und Informationsflüsse im Rahmen der Baulogistik. Diese zeichnet sich durch einige Charakteristika wie die eingesetzten Güter und Fahrzeuge aus. In Bezug auf Logistik 4.0 wird dieser Bereich durch eine zunehmende Vernetzung, basierend auf Informations- und Kommunikationstechnologien, angereichert. Eine Grundlage stellt dabei die zunehmende Intelligenz von bisher entscheidungsunfähigen Objekten dar, welche unter anderem durch Sensorik ermöglicht wird.

Fundamental sind hierfür Telematik-Systeme, deren Basis eine im LKW verbaute technologische Architektur bildet. Diese ermöglicht ein umfassendes Transport- und Fahrzeugmanagement, wobei Letzteres primär zur Überwachung der wirtschaftlichen Fahrweise und zur Identifikation von Verschleißteilen genutzt wird. Interessanter ist das Transportmanagement, bei dem eine Touren- und Routenoptimierung mithilfe von Algorithmen und dynamischer Verkehrsinformationen möglich ist. Ergänzend können in die Planung Frachtenbörsen integriert werden, um Leerfahrten zu vermeiden. Obendrein kann auch die Kommunikation zwischen Fahrer und Disposition durch mobile Endgeräte und vorgefertigten Textmakros erleichtert werden, wobei insgesamt die Auswirkungen auf soziale Handlungs- und Kommunikationsprozesse berücksichtigt werden müssen. Um die Kompetenz der Fahrer nicht herabzustufen, bieten sich beispielsweise Plattformen an, über die Informationen und Erfahrungen ausgetauscht werden können.

Ein weiteres Feld ist die Nutzung von Auto-ID-Systemen, um den Informationsfluss zu verbessern und Medienbrüche zu vermeiden. Dabei stellt RFID ein geeignetes System für das Baugewerbe dar, da es unabhängig von Verschmutzungen und Witterung funktioniert. Hierfür sorgt die funkwellenbasierte Datenübertragung vom Lese- bzw. Schreibgerät zum Transponder. Beim Tracking und Tracing können so Sendungen verfolgt werden und kann deren mögliches Eintreffen vorhergesagt werden. Daneben hilft RFID auch in der Personallogistik, um die geleisteten Stunden zu erfassen oder die Schutzausrüstung zu kontrollieren. Des Weiteren können mithilfe eines Lesegerätes Informationen aus mit RFID-Tags ausgestatteten Bauteilen ausgelesen werden, wodurch Suchprozesse deutlich reduziert werden. Sensoren ermöglichen darüber hinaus das Einsehen von Zustandsinformationen der Bauteile, wie zum Beispiel die Temperatur von Beton.

Im dritten für das Baugewerbe relevanten technologischen Feld, dem E-Commerce, hat sich gezeigt, dass die Bedeutung für die Branche derzeit noch relativ gering ist, es aufgrund des veränderten Konsumverhaltens allerdings immer wichtiger wird. Dies belegt der Trend ROPO, der impliziert, dass Manschen sich vor dem Offline-Kauf zunehmend online informieren, was besonders für das stationäre Baugewerbe eine Relevanz hat. Dennoch steht beim E-Commerce der Verkauf von Gütern über das Internet im Fokus, wobei auch alle dazugehörigen Prozesse wichtig sind. Dabei ist aktuell die Verschmelzung von Online- und Offline- zu No-Line-Systemen von großer Bedeutung, welche durch die zunehmende Verwendung des Smartphones begünstigt wird.

Die Basis für alle diese eben genannten Themen bildet die unternehmenseigene Website, die dazu genutzt werden muss den (potenziellen) Kunden zu informieren und mit ihm zu interagieren. Die Funktion mit der größten Gewichtung ist jedoch der Verkauf von Waren oder Dienstleistungen über einen Online-Shop. Dieser kann in den für den Kunden sichtbaren Teil (Frontend) und die im Hintergrund liegenden technischen Prozesse (Backend) eingeteilt werden. Die im Backend gesammelten Kundendaten können beispielsweise dafür genutzt werden, im Frontend Cross-Selling-Potenziale auszuschöpfen. Ein weiteres für das Frontend relevante Thema ist die Usability, die unter anderem mit der Präsentation der Angebote oder der Navigation so benutzerfreundlich wie möglich gestaltet werden soll. Erfolgskritisch für den Kaufabschluss sind zudem die Bezahlmöglichkeiten. Hier sind zukünftig vor allem E-Payment-Anbieter zu berücksichtigen. In diesem Zusammenhang achten Kunden darüber hinaus auf eine sichere Informationsübertragung, beispielsweise durch eine SSL-Verschlüsselung.

Der Mobile Commerce hat durch die praktisch flächendeckende Nutzung von Smartphones stark an Bedeutung gewonnen, was unter anderem an der besseren Verfügbarkeit des mobilen Internets liegt. Neben der mobil optimierten Website besteht ebenfalls die Möglichkeit, eine betriebssystemspezifische App zu entwickeln. Diese bietet zwar insgesamt eine bessere Usability, ist allerdings vergleichsweise teuer und daher erst in späteren Schritten zu empfehlen. Daneben spielen im Mobile Commerce auch Location-based Services eine immer größere Rolle, um Impulskäufe anzuregen. Darunter fällt zum Beispiel die Beacon-Technologie, welche dem Kunden ortsbezogene Informationen zuspielen kann. Ein weiteres Feld ist die NFC-Technologie, die insbesondere zur mobilen Zahlung mit dem Smartphone eingesetzt wird. Diese Anwendungen sind allerdings im B2C-Geschäft und hier vor allem für Bauausstatter und Zulieferer wie beispielsweise Baumärkte deutlich mehr von Bedeutung, als für Bauunternehmen.

Vor dem Hintergrund von ROPO ist es aber auch für Bauunternehmen immer wichtiger online wahrgenommen zu werden, weshalb auch das Online-Marketing einen wichtigen Aspekt des E-Commerce im Baugewerbe bildet. Da die Informationssuche vorwiegend über Suchmaschinen erfolgt, wurde sich auf die Suchmaschinenoptimierung (SEO) und Suchmaschinenwerbung (SEA) konzentriert. Hierfür stellt die Identifikation von suchrelevanten Keywords eine elementare Grundlage dar.

Perspektivisch lohnt ein Blick auf die langfristig möglichen Änderungen. Das betrifft in erster Linie das autonome Fahren, bei dem in den kommenden Jahren weitere Fortschritte zu erwarten sind. Insbesondere aufgrund der Relevanz des Fachkräftemangels für das Baugewerbe handelt es sich hierbei um ein wichtiges Zukunftsthema, da dem durch fahrerlose Fahrzeuge entgegengewirkt werden kann. Aber auch bei BIM ist mit Verbesserungen zu rechnen, wie zum Beispiel bei der Vereinheitlichung des Austauschformats, was besonders im Tief- bzw. Erdbau wichtig sein wird. Darüber hinaus können neben BIM, Logistik 4.0 und E-Commerce noch weitere für das Baugewerbe relevante digitale Trends definiert werden, die allerdings erst langfristig durchschlagen werden. Das sind der Einfluss von Robotik, also der Ersatz von menschlicher Arbeitskraft durch Maschinen am Bau und der 3D- und 4D-Druck.

Prinzipiell möglich, aber nicht den Kern des aktuellen Geschäfts von Bauunternehmen betreffend, kann zudem auch an Modelle gedacht werden, in denen neue oder transformierte Player selber gar nicht (mehr) aktiv am Baugewerbe teilnehmen, sondern eine neutrale Rolle, wie eine Vermittlungsplattform, für Bauprojekte einnehmen. Dies ist zwar als radikales Veränderungsmodell für das ein oder andere Bauunternehmen denkbar, liegt aber dem aktuellen Geschäft und den Kompetenzen von Immobilienmaklern und Projektentwicklern näher.

Die Darstellung eines repräsentativen Geschäftsmodells im Baugewerbe orientiert sich hierbei am Konzept der Business Model Canvas (BMC). Gleiches gilt für die folgenden Geschäftsmodelle. Strategische Geschäftsmodelle dienen grundsätzlich dazu, die generelle Logik eines Unternehmens abzubilden und die hierfür relevanten Elemente zu visualisieren. Als Standard hierfür hat sich die Business Model Canvas von Osterwalder und Pigneur herausgebildet. Danach beschreibt ein Geschäftsmodell das Grundprinzip, nach dem eine Organisation Werte schafft, vermittelt und erfasst. Hierzu wurde ein Template

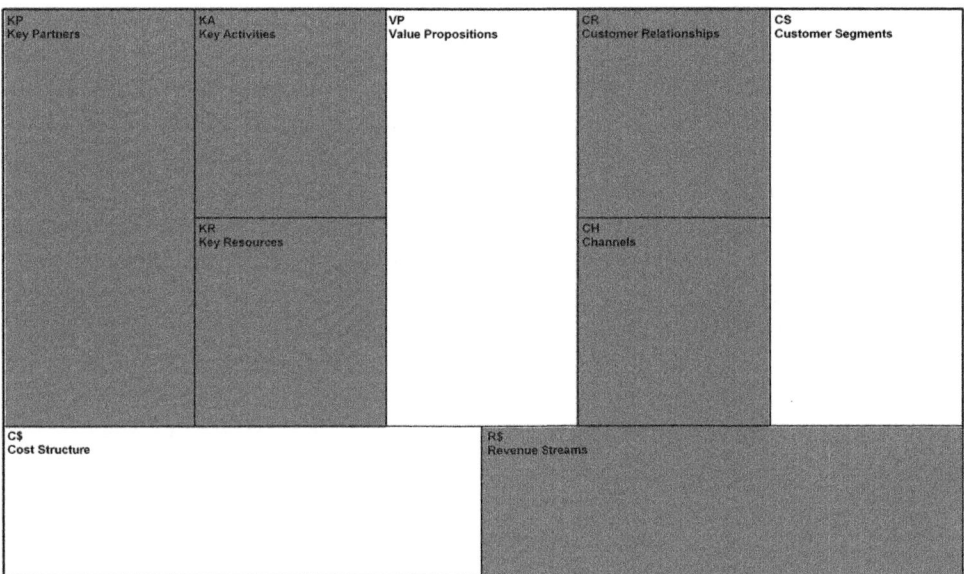

Abb. 2.1 Auswirkungen der Digitalisierung auf das Geschäftsmodell Immobilienbau. (Quelle: eigene Darstellung)

entwickelt, welches aus neun Bausteinen besteht und dabei hilft die wesentlichen Elemente eines Geschäftsmodells zu beschreiben (vgl. Abb. 2.1).

Die Einführung der im Verlauf der Untersuchung vorgestellten Technologien hat direkte Auswirkungen auf das beschriebene Geschäftsmodell von Bauunternehmungen. Dieses gewinnt insgesamt an Effizienz und Effektivität hinsichtlich ausführender Tätigkeiten auf der Baustelle, planerischer Aufgaben in der Logistik und des Kundenzugangs. Um dies zu verdeutlichen, wurden diejenigen Segmente des Geschäftsmodells in Rot hervorgehoben, die sich durch den Einfluss der digitalen Technologien verändert haben oder neu hinzugekommen sind. Das bedeutet allerdings nicht, dass die dabei weggefallenen Inhalte des bisherigen Geschäftsmodells hinfällig sind. Hierbei soll lediglich der Fokus auf die Veränderungen gelegt werden, welche durch die digitale Transformation verursacht wurden.

> **Übersicht**
>
> Mit Blick auf das Geschäftsmodell von Bauunternehmen ergeben sich durch die Digitalisierung Änderungen in folgenden Bereichen (vgl. Abb. 2.1):
>
> Customer Relationships: Keine wesentlichen Veränderungen
> Customer Segments: Keine wesentlichen Veränderungen
> Channels: Digitale Kommunikation und verschiedene Formen es E-Commerce gewinnen an Bedeutung; persönlicher Kundenkontakt verliert leicht an Bedeutung

> Value Proposition: Das Wertangebot bleibt grundsätzlich erhalten; Aspekte der Nachhaltigkeit und der Kreislaufwirtschaft gewinnen an Bedeutung
> Key Activities: keine wesentlichen Veränderungen; zunehmender Einsatz von digitalen Technologien, Tools und Systemen zur Prozesssteuerung und Ausführung; perspektivisch Einsatz von (teil-)autonomen Maschinen
> Key Ressources: Human Resources und Know-How in Data Analytics, KI, Predictive Analytics; Mess- und Steuerungssysteme für das Baustellenmanagement und die Gesamtsteuerung bei Generalunternehmern
> Key Partners: System- und Cloudanbieter für BIM, Data Analytics und Predictive Analytics; Zulieferer „intelligenter" Baumaterialien und Bauteile
> Cost Structure: Höherer Anteil an Technologie-Kosten; sinkende Kosten für laufende Prozesse durch digitale Optimierung
> Revenue Streams: grundsätzlich gleiche Vergütungsmodelle; mehr variable Anteile anhand von Kennzahlen und Zielerreichung in Bezug auf Zeit, Kostenrahmen und Nachhaltigkeit im Bau

2.6.2 Geschäftsmodelländerungen bei Projektentwicklern

Mit Blick auf die Tätigkeiten und die Wertschöpfungsketten bei Projektentwicklern lassen sich konkrete Technologien und Transformationen benennen. Die Schwerpunkte liegen dabei in den Bereichen Analysen, Vertragswesen und Projektsteuerung.

Ein Großteil der Tätigkeiten und Aufgaben von Projektentwicklern besteht in dem eigentlichen Bau vorausgehenden Analysen und Risikobewertungen. Analysen und Bewertungen basieren auf Daten. Je mehr Daten zur Verfügung stehen, um so verlässlicher lassen sich Ergebnisse darstellen und Entscheidungen begründen. Hier spielen die Trends und Technologien rund um Big Data und Predictive Analytics für Projektentwickler eine besondere Rolle. Typisch hierfür ist, dass maschinelle Systeme und Rechner besser und genauer arbeiten, je größer die Datenmenge ist. Menschen dagegen sind dagegen in der Lage eine begrenzte Menge an Informationen auszuwerten und sinnvoll analysieren zu können. In den verschiedenen Analysephasen und bei der Risikobewertung kommt es allerdings für Projektentwickler darauf an, ein höchstmögliches Maß an Sicherheit zu erreichen. Und das möglichst schnell. Denn je länger die Analysephase dauert, desto höher die Kosten, die sich noch dazu bei negativer Bewertung von Projektoptionen als „Sunk Costs" erweisen können und über andere positive Projekte erst einmal wieder hereingeholt werden müssen.

Hier kann die Digitalisierung zu enormen Fortschritten und einer Optimierung der Tätigkeiten auf dieser Wertschöpfungsstufe beitragen. Der Einsatz von umfangreichen und automatisierten Big Data Analysen mit entsprechenden Verifikationen spart Zeit, Geld und kommt zu besseren Ergebnissen. Gleiches gilt für den Einsatz von Predictive Analytics, insbesondere wenn es darum geht, Aussagen über die künftige Nutz- und Verwertbarkeit von Immobilienprojekten zu machen. Weiter getrieben werden kann diese Änderung sogar noch durch den künftigen Einsatz von Künstlichen Intelligenzen und selbstlernenden Systemen. Dies könne in der Lage sein, nach einer Zeit des Vorlaufs, selbstständig Kriterien und Gewichtungen zu erstellen, anhand derer dann Analysen und Bewertungen in großen Datenbeständen gefahren werden. Bei heutigen (Big) Data Science Anwendungen und Predictive Analytics werden diese Kriterien und Gewichtungen meistens noch von Menschen vorgegeben. Ein Großteil der heutigen meist standardisierten und immer wieder gleich ablaufenden Tätigkeiten und Wertschöpfung von Projektentwicklern in der Vorbereitung und Planung von Projekten kann also im Zuge der Digitalisierung in großem Umfang und möglicherweise komplett digitalisiert und automatisiert werden und dabei bessere Ergebnisse als aktuell hervorbringen. Voraussetzung dafür ist, dass die notwendigen Daten auch für eine Nutzung durch Projektentwickler beziehungsweise deren Tools und Technologien zur Verfügung stehen. Besondere Bedeutung kommt hier der weiteren Entwicklung von E-Government in Deutschland und Europa zu, denn viele wichtige Daten liegen bei öffentlichen Stakeholdern wie Ämtern und Behörden.

Eine zweite Auswirkung der Digitalisierung ist mit der bereits zuvor beschriebenen Blockchain Technologie verbunden. Für Projektentwickler sind die sogenannten „Smart Contracts" wichtig. Smart Contracts sind internetbasierte Verträge, deren Vertragsbedingungen mittels einer Programmiersprache festgelegt werden. Nachdem der Vertrag abgeschlossen wurde, prüft er fortlaufend und selbstständig, ob eine der vorher definierten Vertragsbedingungen eingetreten ist. Sobald dies der Fall ist, erfüllt er den anderen Teil automatisch. Hierdurch verspricht man sich schnelle und kosteneffiziente Verträge, die zudem einen deutlichen Mehrwert an Rechtssicherheit gewähren. Mehrere Smart Contracts können auch zusammengefasst werden, sodass sie sich gegenseitig bedingen oder ausschließen. Prinzipiell könnte so ein komplett autonom handelndes, dezentrales Unternehmen entstehen.

Smart Contracts sind jedoch nicht die einzige Anwendungsmöglichkeit für die Blockchain. Die sogenannte Ethereum-Blockchain ermöglicht es Anwendern, eigene digitale Token zu erstellen. Diese Token können wiederum mit einem Smart Contract verbunden werden. Dies ermöglicht es beispielsweise, das Eigentum an realen Gütern sicher über eine Blockchain nachzuvollziehen. Auch staatliche Register können durch digitalisierte Assets ersetzt werden. Anwendungsbeispiele hierfür sind beispielsweise das Patentregister oder das Grundbuch. Anstatt eines zeitraubenden Prozesses vor dem Notar und dem Grundbuchamt, dauert die Übereignung eines Grundstückes so nur noch Sekunden. Das Vorverhandeln von Verträgen und das Festsetzen und Vereinbaren von grundsätzlichen Kriterien wird weiter originäre Tätigkeit von Projektentwicklern bleiben, die Ausarbeitung und der Abschluss von Verträgen, sowie deren Dokumentation und die Abwicklung aller Registrierungs- und Verwaltungsprozesse kann und wird dagegen zunehmend digitalisiert und beschleunigt werden. Dies betrifft die beiden vorher genannten Wertschöpfungsstufen Grundstücksakquisition und Erlangung des Baurechts sowie den Verkauf an Investoren kurz vor Abschluss der Bautätigkeiten oder danach.

Die beschriebenen Logiken und Zusammenhänge betreffen auch alle vertraglichen Regelungen zwischen Projektentwicklungsgesellschaften und den ausführenden Bauunternehmen und weiteren am Projekt beteiligten Partnern. Die Wahrscheinlichkeit, Kostensteigerungen bei Bauprojekten aufzuschlagen, wird künftig tendenziell stark bis sehr stark abnehmen, da durch den Einsatz von digital basierten Optimierungen im Bauablauf und den Einsatz von Smart Contracts Unsicherheiten minimiert werden können. Der hier zuvor beschriebene Einsatz von Big Data Auswertungen und Predictive Analytics vermindert ebenfalls Risiken und Unsicherheiten beziehungsweise erhöht andersherum betrachtet die Planungs- und Kostensicherheit für Projektentwickler.

Prinzipiell dieselben Effekte ergeben sich auch durch die zunehmende Digitalisierung unter dem Stichwort Internet of Things, welches bereits ganz am Anfang des Buches in Kap. 1 beschrieben worden ist. Durch die zunehmende Vernetzung aller möglichen Dinge und Prozesse und Datenauswertungen in Echtzeit, kann und wird auch die operative Projektsteuerung optimiert werden. Das beschleunigt Projekte allgemein, führt zu einer deutlichen Effizienzsteigerung der eingesetzten Ressourcen und vermindert wiederum Risiken für den Projektentwickler. Weitgehend standardisierte Bereiche des Projektcontrollings wie beispielsweise Terminkontrolle oder Bestätigungen von Meilensteine im Projekt oder von Lieferungen könnten sogar vollständig automatisch gesteuert und abgewickelt werden bis hin dazu, dass autonome und intelligente Systeme eigenständig Entscheidungen treffen, um sozusagen „on demand" Abläufe und Fortgang des Projektes laufend zu optimieren.

Eine weitere Folge der beschriebenen Änderungen ergibt sich für die jeweiligen Manager und Projektleiter. Für sie werden Kenntnisse und Fähigkeiten in den Bereichen Programmierung und Data Science zunehmend zu unverzichtbaren Kompetenzen. Dieses Know-how wird zu einem neuen wichtigen Träger der Wertschöpfung in den Prozessen von Projektentwicklern. Diese sind notwendig, um die teils rapide Abnahme an Wertschöpfung in den eben betrachteten Bereichen Analyse und Bewertung, Vertragswesen und Projektsteuerung auszugleichen und damit Erlöse und Margen zu sichern.

> **Übersicht**
> Mit Blick auf das Geschäftsmodell von Projektentwicklern ergeben sich durch die Digitalisierung Änderungen in folgenden Bereichen (vgl. Abb. 2.2):
>
> Customer Relationships: Zunehmende Automatisierung in den Kontakten zu Kunden und Partnern
> Customer Segments: Keine wesentlichen Veränderungen
> Channels: umfangreichere und teils exklusive Nutzung von digitalen Kanälen für alle Tätigkeiten in den Bereichen Analyse, Vertragswesen, Planung und Verkauf
> Value Proposition: Geschwindigkeit und sehr hohe Verlässlichkeit gewinnen als Value Proposition an Bedeutung

Key Activities: Die heutigen Kernaktivitäten Analyse und Bewertung werden zunehmend bis vollständig digitalisiert und automatisiert; Gleiches gilt für das Erarbeiten, Abschließen und Beglaubigen von Verträgen; die operative Projektsteuerung wird deutlich technisiert und automatisiert; die richtige und verlässliche Nutzung von digitalen Technologien und Instrumenten als Dienstleistung für die eigene Projektentwicklungsgesellschaft und/oder einen Auftraggeber gewinnt klar an Bedeutung

Key Partners: keine wesentlichen Veränderungen; Data Analytics Partner und Dienstleister gewinnen an Bedeutung

Key Ressources: Human Ressources und Know-how in den Bereichen Data Mining, KI und Blockchain gewinnt an Bedeutung

Cost Structure: Kosten für die Aufgaben Analyse, Bewertung, Vertragswesen und Projektsteuerung sinken; Kosten für digitale Infrastruktur steigen

Revenue Streams: Margen für die digitalisierten und automatisierten Tätigkeiten sinken; dieser Margendruck kann durch zunehmende Geschwindigkeit, Flexibilität und Risikominimierung bzw. Verlässlichkeit bei der Leistungserbringung kompensiert werden

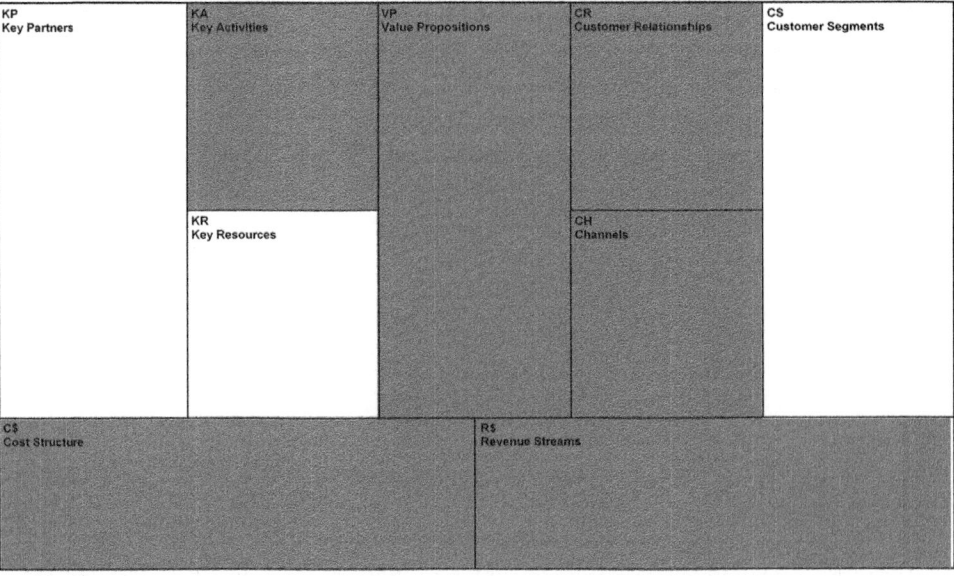

Abb. 2.2 Auswirkungen der Digitalisierung auf das Geschäftsmodell Immobilien- und Projektentwicklung. (Quelle: eigene Darstellung)

2.6.3 Geschäftsmodelländerungen bei Immobilienmaklern

Geht es um den Vertrieb von Immobilien, so gehört die Immobilienbewertung zu den Kernaufgaben des Maklers und besteht aus zwei zentralen Elementen. Im ersten Schritt werden eines oder mehrere der drei standardisierten Wertermittlungsverfahren gemäß Immobilienwertermittlungsverordnung angewendet. Dabei handelt es sich um das Vergleichswertverfahren, das Sachwertverfahren und das Ertragswertverfahren. Während das Vergleichswertverfahren einen Wert anhand vergleichbarer Immobilien ermittelt, findet beim Sachwertverfahren der Wert der baulichen Anlagen Beachtung. Das Ertragswertverfahren wiederum wird für die Wertermittlung von Renditeimmobilien genutzt. So unterschiedlich die drei Verfahren in ihren Ansätzen auch sind, der Verlauf ihrer jeweiligen Anwendung ist einheitlich durch die Immobilienwertermittlungsverordnung standardisiert.

Nachdem der Makler ein passendes Verfahren ausgewählt und einen Wert ermittelt hat, wird dieser im zweiten Schritt durch die persönliche Einschätzung des Maklers an die aktuelle Marktsituation angepasst. Während die Wertermittlungsverfahren vor allem quantitative Faktoren berücksichtigen, umfasst die persönliche Anpassung des Maklers die qualitativen Faktoren der Immobilie, wie Zustand, Ausblick oder Lage. Sie kann sowohl eine Erhöhung als auch eine Reduzierung des Preises beinhalten, je nachdem, was der Makler auf Basis seiner Erfahrung für notwendig hält. Der Preis für diese Dienstleistung ist je nach Immobilienmakler unterschiedlich. Einige bieten die Marktwerteinschätzung kostenlos an, mit der Hoffnung daraus Vermittlungsaufträge akquirieren zu können, andere wiederum berechnen dem Eigentümer eine Summe zwischen 500 und 2000 Euro, welche obsolet wird, wenn es zur Beauftragung kommt.

Doch die Zeiten, in denen Makler die Immobilie besichtigen und dann in mehreren Stunden Arbeitszeit, unter Zuhilfenahme von den gängigen Wertermittlungsverfahren, Tabellen, Formeln und ihrer eigenen Erfahrung eine Zahl ermitteln, werden nach dem Wunsch von webbasierten Wertermittlungsplattformen schon bald der Vergangenheit angehören. Dem Umstand geschuldet, dass die unterschiedlichen Wertermittlungsverfahren vollständig standardisiert sind, sehen Proptechs eine Gelegenheit, Immobilieneigentümern ein attraktives Angebot zu unterbreiten, indem sie die Möglichkeit schaffen, eine Wertermittlung bequem von zuhause aus, ohne die Hinzunahme eines Maklers, durchzuführen.

Sowohl die großen Immobilienportale wie Immobilienscout24 oder Immowelt als auch Start-ups haben diesen Trend erkannt und geben bereits heute auf ihrer Website oder App, nach Eingabe von bis zu 200 Eigenschaften der Immobilie, eine Werteinschätzung ab. Diese Services sind für den Eigentümer geringfügig bepreist oder kostenfrei. Die digitalen Anbieter nutzen hierfür die gleichen Verfahren wie die Makler, jedoch bekommt der Eigentümer unmittelbar nach Eingabe der Daten einen Wert mitgeteilt und nicht mit mehreren Tagen Verzögerung. Allerdings sind die Ergebnisse dieser webbasierten Wertermittlungen bislang durch große Spannen von mehreren zehntausenden Euro gekennzeichnet und somit für Eigentümer, die an einem genauen Wert interessiert sind, nicht mehr als eine grobe Schätzung. Die Gründe hierfür liegen darin, dass die Plattformen bis dato nur über eine unzureichende Menge an relevanten Daten verfügen, um Immobilien jedes Typs an jedem Standort detailliert bewerten zu können. Zusätzlich fehlt den Anbietern die Fähigkeit, die qualitativen Faktoren einer Immobilie einschätzen zu können, oder salopp gesagt, die Einschätzung eines Fachmanns, der das Objekt persönlich besichtigt hat.

Der große Vorteil der webbasierten Wertermittlungen sind die stetig wachsenden Datenmengen. Mit jedem hinzugefügten Datensatz, sei es durch die User, die Immobilienportale mit ihrer Übersicht von Angebot und Nachfrage, die Suchmaschinen oder die Gutachterausschüsse, werden die Algorithmen der Anbieter präziser. Jedoch gilt es zu beachten, dass einige Datensätze mit der Zeit veralten und schnell nicht mehr aussagekräftig sind. Ein Beispiel hierfür sind die Kaufpreise und Mieten in den Großstädten, die in den letzten Jahren massiv angestiegen sind und dafür sorgen, dass wenige Jahre alte Verkaufsfälle bereits nicht mehr als Vergleichsobjekt zur Wertermittlung herangezogen werden können. Diesem Problem können die webbasierten Anbieter nur aus dem Weg gehen, wenn sie eine solche Menge an relevanten Daten sammeln und auswerten, dass auch ohne die veralteten Datensätze valide Auskünfte gegeben werden können. So sind heutzutage die Makler mit ihren Einschätzungen noch näher am Markt, aber es scheint nur eine Frage von wenigen Jahren, wann die Algorithmen aufgrund des schier unerschöpflichen Datenflusses die Leistungsfähigkeit einer physischen Person übertreffen werden.

Durch die Entwicklungen der Blockchain-Technologie erscheint es als ein realistisches Szenario, dass dieser Prozess in Zukunft digitalisiert wird. Die Technologie eignet sich insbesondere dann, wenn mehrere Parteien miteinander Daten austauschen möchten, diese Daten verifiziert werden sollen und dieser Austausch zur Abwicklung eines Transaktionsgeschäfts dient. Bisher musste bei solchen Geschäftsvorfällen auf einen Mittelsmann, wie zum Beispiel einen Notar zurückgegriffen werden oder die beteiligten Parteien laufen im direkten Austausch Gefahr, dass ihr Gegenüber die Daten absichtlich oder unabsichtlich manipuliert.

Ein Effekt der Blockchain ist, dass diese Mittelsmänner zukünftig eingespart und Kosten gesenkt werden können, und gerade die Immobilienwirtschaft ist wie kaum eine andere Industrie durch eine Vielzahl von Mittelsmännern, vertraglichen Beziehungen und kleinteiligen Buchungen geprägt.

So resultiert aus der Blockchain eine Entwicklung, der die Immobilienbranche in jedem Fall Beachtung schenken muss – die Smart Contracts. Bei Smart Contracts handelt es sich um Verträge, die standardisiert und „selbsterfüllend" sind. Der Vertrag überprüft seine Bedingungen selbstständig und handelt automatisiert. Beispielsweise ist es in einigen Gegenden der Welt heute schon Praxis, Grundstückskaufverträge ohne Notar über das elektronische Zertifizierungsverfahren abzusichern. Dies wäre auch in Deutschland zunächst für Standardverträge denkbar. Dadurch werden Szenarios möglich, in denen ein Short Term Rental Appartement gemietet wird, indem der Mieter einfach mit seinem elektrischen Schlüssel eine freie Wohnung betritt. Nachdem er die Wohnung wieder verlassen hat ist das Mietverhältnis wieder beendet. Die Buchung entfällt, die Abwicklung ist komplett automatisiert.

2.6 Digitalisierung von Immobilien Geschäftsmodellen

Zunächst wurde bei der bisherigen Analyse ersichtlich, dass es schwer ist über einen längeren Zeithorizont als fünf Jahre eine Prognose zur Entwicklung der Branche und zum Einfluss digitaler Trends zugeben. Bei vielen vorgestellten Technologien wie zum Beispiel Virtual Reality war vor fünf Jahren noch nicht abzusehen, wann mit einer Marktreife zu rechnen ist, dementsprechend gibt es auch heute Technologien, deren Einfluss wiederum erst in einigen Jahren sichtbar wird. Ein Beispiel hierfür ist die Blockchain. Die Chancen, die diese Technologie mit sich bringt, sind bereits heute bekannt, doch wann die Blockchain im Mainstream ankommt und die rechtlichen Rahmenbedingungen dafür geschaffen werden, ist nur schwer einschätzbar. Somit lässt sich die Frage, ob Makler in den nächsten zwanzig Jahren durch Computer ersetzt werden, nicht abschließend beantworten. Einen Ausblick auf die nächsten fünf Jahre zu geben, erscheint im Rahmen der gesammelten Erkenntnisse jedoch möglich.

Mit Bezug auf die Aufgaben eines Immobilienmaklers wurde deutlich, dass durchaus Prozesse existieren, die in Zukunft durch den Einsatz von Technologie automatisiert werden könnten. Seien es die webbasierten Bewertungen oder aber die Betreuung des Eigentümers über Chat-Bots. Diese Dienstleistungen, die bislang viele Ressourcen des Maklers gebunden haben, könnten zukünftig auf ein Minimum an Aufwand reduziert werden. Es ist aber nicht zu erwarten, dass sich die einzelnen Prozessschritte der Immobilienvermittlung radikal verändern werden. Sei es die Bewertung des Objekts oder die Durchführung von Besichtigungen – all diese einzelnen Schritte werden auch in Zukunft noch Bestandteil der Vermittlung von Immobilien bleiben. Allerdings werden evolutionäre Innovationen und die daraus resultierende Automatisierung zur Folge haben, dass sich der Aufwand, den ein Immobilienmakler pro Objekt hat, verringern und er daher in der Lage sein wird eine größere Anzahl Objekte zu betreuen oder zusätzliche Leistungen anzubieten.

Es ist nicht davon auszugehen, dass der Makler in der näheren Zukunft durch die digitalen Trends ersetzt wird. Prozesse werden automatisiert, wo sie automatisiert werden können und es dadurch für Eigentümer und Käufer einfacher wird einen Immobilienverkauf abzuschließen. Gerade Chat-Bots, Virtual Reality oder Big-Data-basierte Immobilienbewertungen werden gemäß der vorangegangenen Analyse in naher Zukunft zum Alltag eines Maklers gehören. Gleichwohl ist es mit dem heutigen Wissen nicht zu erwarten, dass die Rolle des Vermittlers dabei verschwindet. Bereits heute bedarf es für keinen einzelnen Prozessschritt eines Maklers. Sei es für die Zusammenstellung der benötigten Dokumente, die Vermarktung oder den Abschluss eines Kaufvertrags. Zwar sind dies alles Dienstleistungen, bei denen Makler einen Eigentümer unterstützen können, doch theoretisch kann er seine Immobilie auch ohne die Hilfe dieses Intermediär veräußern. Es überrascht also nicht, dass bereits heute 50 Prozent aller Immobilientransaktionen im Wohnimmobilienbereich ohne die Einbindung eines Maklers abgewickelt werden.

Im Umkehrschluss bedeutet dies aber auch, dass bei jeder zweiten Transaktion ein Makler beauftragt wird und es somit zahlreiche Eigentümer gibt, die es sich entweder nicht zutrauen ihre Immobilie ohne einen Fachmann zu verkaufen, keine Zeit bzw. Lust dazu haben oder auf das Netzwerk an vorgemerkten Kunden eines Maklers hoffen. Und es ist nicht zu erwarten, dass sich an dieser Denkweise durch die vermehrte Nutzung der digitalen Technologien etwas ändern wird. Der Einfluss der Technologien wird sich darauf beschränken einzelne Prozesse zu automatisieren und zu beschleunigen, was dazu führen wird, dass die Arbeit der Makler effizienter wird und Kosten gesenkt werden können. Es wird für Eigentümer zunehmend einfacher ihre Immobilie selbst zu verkaufen, doch demgegenüber stehen die Makler, die durch den Einsatz der digitalen Technologien die Chance erhalten neue Kunden zu gewinnen. Wie beschrieben, handelt es sich jedoch eindeutig um evolutionäre und nicht um disruptive Innovationen.

Wie weiter oben detailliert herausgestellt wurde, wird die Kernaufgabe für Makler in erster Linie darin liegen, die Prozesse im Rahmen der Immobilienvermittlung weiter zu standardisieren und mit Hilfe von Technologie zu automatisieren. Das gängigste Beispiel hierfür ist die Einbindung eines CRM-Systems. Diese Systeme bieten Maklern nicht nur die Möglichkeit ihre Kunden- und Objektdaten zu verwalten, sondern zusätzlich Prozesse vorzudefinieren. Dies kann auf unterschiedlichen Ebenen von Nutzen sein, zum Beispiel könnten E-Mails formuliert werden, die von der Software am Geburtstag des Kunden versendet werden oder Anfragen für Immobilien automatisch mit dem Versand des Exposés beantwortet werden. Diese Prozessketten lassen sich bereits heute ohne großen Aufwand von CRM-Systemen automatisieren.

In Zukunft wird die Digitalisierung weitere Möglichkeiten bieten den Alltag eines Maklers zu vereinfachen. Im Folgenden werden drei konkrete Technologien präsentiert, deren Einbindung empfohlen wird, da diese Trends Vermittlern von Nutzen sein werden, ohne dass dabei ein Rückschritt in der Beratungsqualität in Kauf genommen werden muss.

> **Übersicht**
> Für das Geschäftsmodell von Maklern ergeben sich folgende Änderungen (vgl. Abb. 2.3):
>
> Customer Relationships: Der Kundenkontakt beginnt zunehmend zu einem späteren Zeitpunkt, wenn Kunden nach Onlinerecherche in Kontakt zu einem Makler treten
> Customer Segments: Keine wesentlichen Änderungen
> Channels: Online-Kanäle, von der klassischen Webseite über Social Media bis hin zu Chat-Bots gewinnen im Kundenkontakt beständig an Bedeutung
> Value Proposition: Die Immobilienbewertung verliert an Bedeutung; Das reibungslose Abwickeln von technischen Standardprozessen ohne extra Abstimmung zwischen Makler und Kunde gilt als Mindestanforderung; professionelle Online-Vermarktung kommt als neue Value Proposition hinzu
> Key Activities: Die mit den beschriebenen Standardprozessen verbundenen Aktivitäten werden weitgehend automatisiert und machen einen kleineren Teil der operativen Aktivitäten aus. Das Entwickeln und Betreiben von Online-Marketing und Software-Tools und Plattformen gewinnt an Umfang und Bedeutung

2.6 Digitalisierung von Immobilien Geschäftsmodellen

Key Ressources: Bei den Ressourcen werden Zugriff auf Softwarelösungen und technische Infrastrukturen für Makleranwendungen wichtiger oder gar erfolgsentscheidend; Know-how und Humankapital in Technik und Onlinemarketing werden ebenso zu wichtigen Ressourcen

Key Partners: Technische Dienstleister und Cloud-Service-Provider nehmen in ihrer Bedeutung als Partner zu; neue Kooperationen und Partnerschaften zwischen Groß- und Systemmaklern und Klein- oder Einzelmaklern

Cost Structure: höhere Kosten für Technologien, Onlinemarketing und Customer Relationship Marketing; geringere Kosten bei der Abwicklung von Standardprozessen; geringere Personalkosten in der grundsätzlichen (Erst-)Betreuung und Beratung von Interessenten und Kunden

Revenue Streams: weniger bis keine Erlöse für die Immobilienbewertung; höhere Honorare Margen für individuelle Beratungs- und Marketingleistungen; Festpreismodelle; neue Einnahmen aus SaaS-, PaaS, IaaS-Geschäften für Groß- und Systemmakler

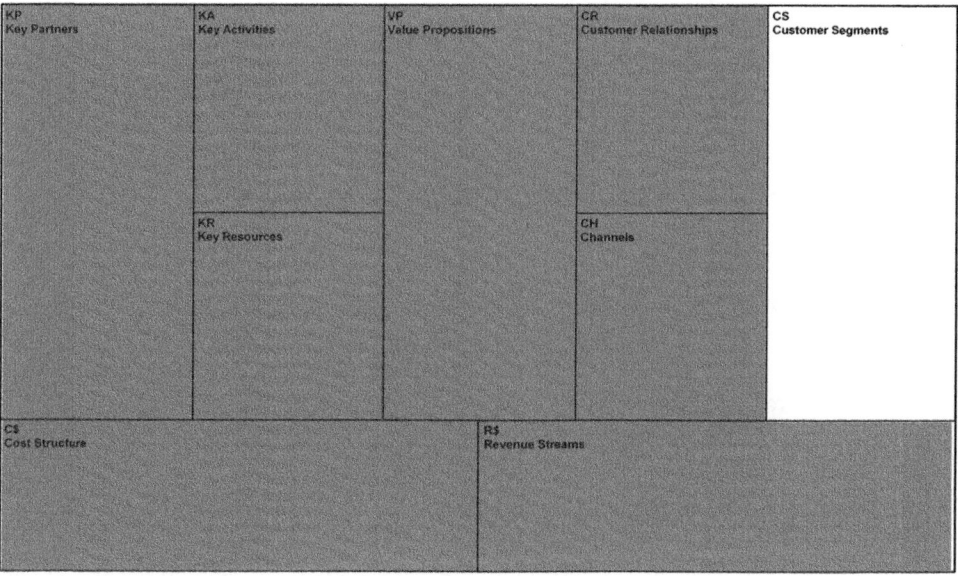

Abb. 2.3 Auswirkungen der Digitalisierung auf das Geschäftsmodell Immobilienmakler. (Quelle: eigene Darstellung)

2.6.4 Geschäftsmodelländerungen im Immobilienbetrieb

Im Bereich des Property und Facility Management, also im Betrieb von Immobilien aller Art, ergeben sich durch die Digitalisierung ebenfalls Änderungen, wie in den bisher betrachteten Bereichen Bau, Entwicklung und Vertrieb. Die Auswirkungen der Digitalisierung stellen sich hier ebenfalls vielfältig dar, da es im Immobilienbetrieb letztlich und hauptsächlich um Dienstleistungen geht, die per se einen nicht physischen Charakter haben – auch wenn sie in der Umsetzung natürlich real und unter Nutzung von menschlicher und maschineller Arbeitskraft erbracht und umgesetzt werden. Dienstleistungen und die mit ihnen verbundenen Geschäftsmodelle lassen sich grundsätzlich besser digitalisieren, als physisch oder industriell geprägte Geschäftsmodelle. Gleichzeitig besteht bei der Erbringung von Dienstleistungsprozessen ein hohes Maß an Optimierung durch den Einsatz digitaler Tools und Systeme, es gibt viele vergleichbare Abläufe, Kennzahlen und Benchmarks. Und damit auch Daten, die die Grundlage für alle Digitalisierungsschritte und -Möglichkeiten bilden. Im Betrieb liegt gleichzeitig auch ein großes Potenzial im Sinne einer verbesserten und optimierten Nachhaltigkeit. Das liegt zum einen daran, dass die Betriebsphase nun mal die längste Phase im Lebenszyklus einer Immobilie ist. Und es liegt daran, dass es im Betrieb und der Nutzung einer Immobilie sehr viele verschiedene Ansatzpunkte und Notwendigkeiten für das Messen, Bewerten und Optimieren von Nachhaltigkeitsaspekten gibt.

Unter Property-Management versteht man einen ganzheitlichen Ansatz der aktiven, ergebnis- und renditeorientierten Bewirtschaftung von Immobilienportfolios bzw. -teilportfolios unter Einhaltung der Zielvorgaben des Investors bzw. Eigentümers.

Das im Wesentlichen kaufmännische und interdisziplinär ausgerichtete Property-Management übernimmt dabei die treuhänderische Wahrnehmung der Eigentümerfunktionen. Zu den Kernaufgaben im Property Management gehören:

- Eigentümervertretung/operative Mieterbetreuung
- Verantwortung für die operative Umsetzung der Objektstrategie, (ggf. Erarbeitung der Bewirtschaftungsstrategien/Instandhaltungsstrategie)
- Sicherstellen einer reibungslosen technischen und infrastrukturellen Objektbewirtschaftung durch externen FM Dienstleister
- Immobiliencontrolling (Kostenplanung und -kontrolle, Budgetierung, wertorientierte Steuerung)
- Steuerung der Vermietungs-/Vermarktungsaktivitäten und der verantwortlichen Institutionen/Personen
- Überprüfung der Miet- und Bewirtschaftungsverträge bereits während der Implementierungsphase; aktives Aufzeigen von Handlungsnotwendigkeiten
- Frühestmögliche Überprüfung der Optimierung der Umlagefähigkeit von Bewirtschaftungskosten in bestehenden Mietverhältnissen
- Nebenkostenabrechnung

Der häufigste Ansatz der Vergütung im Property Management findet sich in der Wahl von Prozentsätzen der Mieterträge, einer sogenannten Management-Fee. Hierbei sind die Bemessungsgrundlagen unterschiedlich und die Höhe der Fee richtet sich nach dem Leistungsumfang, der Größe des Portfolios und eventueller Besonderheiten. Im Falle von Wohnen liegt die Fee typischerweise zwischen 0,8 und 6 Prozent der Miete. Dabei geht der Trend der Vergütung hin zu einer Mischung aus erfolgsunabhängiger und erfolgsabhängiger Vergütung (bspw. Cash-Flow des Portfolios) sowie Bonus-Malus-Systeme.

Das Facility Management (FM) ist eine Managementdisziplin, die durch ergebnisorientierte Handhabung von Facilities und Services (Dienstleistungen, die neben Facilities für die Durchführung von Facility Prozessen benötigt werden, zum Beispiel Ver- und Entsorgungsdienstleistungen, Transportdienstleistungen, Sicherungsdienstleistungen, Erhaltungs-, Reinigungs- und Pflegedienstleistungen, Planungs- und Beratungsdienstleistungen) im Rahmen geplanter, gesteuerter und beherrschter FACILITY PROZESSE (Prozess, der unter Einbeziehung von Facilities und Services im Rahmen des Facility Management-Systems Eingaben in Facility Produkte umwandeln, zum Beispiel Objekte ver- und entsorgen, Objekte reinigen und pflegen, Objekte schützen und sichern) eine Befriedigung der Grundbedürfnisse von Menschen am Arbeitsplatz. Unterstützung der Unternehmens-Kernprozesse und Erhöhung der Kapitalrentabilität erwirkt. Hierzu dient die permanente Analyse und Optimierung der kostenrelevanten Vorgänger und um bauliche und technische Anlagen, Einrichtungen und im Unternehmen erbrachte (Dienst-) Leistungen, die nicht zum Kerngeschäft gehören.

Dabei wird unterschieden in:

- Kaufmännisches FM mit den Bestandteilen
  - Vertragspflege
  - Versicherungswesen
  - Mietanpassung
  - Mietflächenbetreuung
  - Objektbuchhaltung
  - Mahnwesen
  - Berichtswesen
  - Kostenerfassung
  - Kostenplanung/-kontrolle
  - Abrechnung
  - Budgetierung
  - Inventarisierung
- Technisches FM mit den Bestandteilen
  - Heizungstechnik
  - Lüftungstechnik
  - Sanitär

- Kältetechnik
- Mess-, Steuer und Regeltechnik
- Gebäudeleittechnik
- Gebäudeautomation
- Nachrichtentechnik
- Elektrotechnik
- Sicherheitstechnik
- Schließanlagen
- Energiemanagement
• Infrastrukturelles FM mit den Bestandteilen
  - Hausmeisterdienste
  - Außenreinigung
  - Sicherheitsdienste
  - Gebäudereinigung
  - Entsorgung
  - Catering
  - Fuhrparkservice
  - Empfang, Telefonzentrale
  - Zustelldienste
  - Winterdienst
  - Umzüge

Durch die genannten Charakteristika ist die Prozessorientierung im Facility- und Property-Management sehr hoch und für den unternehmerischen Erfolg wie auch für die Nachhaltigkeit entscheidend.

In Bezug auf Organisation und Regelungen von Immobilien-Betriebsleistungen gibt es unterschiedliche Modelle der Beauftragung. Die Verrichtungsorientierte Beauftragung legt den Fokus der Betrachtung liegt auf der Ausführung der Tätigkeit. Die Leistungsverzeichnisse sind sehr umfangreich mit exakten Beschreibungen des Dienstleistungsprozesses sowie der einzelnen Tätigkeiten. Die Vergütung erfolgt meist auf Stückbasis anhand von Quadratmetern oder der Anzahl der Anlagen etc. Die Ergebnisorientierte Beauftragung stellt das operational überprüfbare Ergebnis und damit die Qualität der erbrachten Leistung in den Vordergrund. Als Voraussetzungen für eine ergebnisorientierte Vergabe gelten gemeinhin innovative Lösungen der FM-Anbieter und eine intensive Auseinandersetzung mit den Zielen der Dienstleistungsvergabe, der Festlegung seiner eigenen Qualitätsanforderung und der Definition der operationalen Messgrößen. Service Level Agreement wiederum sind Vereinbarungen zwischen dem Auftraggeber beziehungsweise Kunden und dem Leistungserbringer über die Leistung, deren Messung und die Bedingungen der Erbringung der Dienstleistungen (Def. DIN EN 15221-1). Es gibt verschiedenen Arten von Service Level Agreements

- Inputorientierte SLA: Standardisierung des Inputs (Vorgaben für eingesetzten Qualitäten und Quantitäten) zum Beispiel geforderte Qualifikation und Anzahl die Mitarbeiter
- Verrichtungs-und prozessorientierte SLA: der Prozess ist standardisiert (eine vorgegebene Tätigkeit wird in einem vorgegebenen Intervall erbracht) zum Beispiel Konkrete Vorgaben die Reinigungsintervalle
- Outputorientierte SLA: festgelegte Kennzahlen (zum Beispiel KPI) zur Beurteilung der Qualität der Dienstleistung zum Beispiel konkrete Vorgaben der gewünschten Raumtemperatur

In diesem Zusammenhang besitzen die Lebenszykluskosten eine besondere Rolle. Darunter wird die Berücksichtigung aller Kosten, die über den gesamten Lebenszyklus von Immobilien oder anderen Produkten anfallen, verstanden. Das Ziel besteht in der Optimierung von Immobilienkonzepten durch ganzheitliche Analyse und Prognose aller über den Lebenszyklus anfallenden Kosten. Dabei gibt es viele Gründe für die Implikation von Lebenszykluskosten und deren Kalkulation wie beispielsweise, dass die Anforderungen des Kerngeschäfts an die Immobilie steigen, dass die Erhöhung des Technisierungsgrades von Immobilien die Folge von höheren Bau-und Baufolgekosten zeitigt, dass es bisher kaum eine Betrachtung der Baufolgekosten in der Projektinitiierung und Planung einer Immobilie gibt, dass die architektonische Gestaltung im Vordergrund der Immobiliengestaltung und -Entwicklung steht und dass mit Inbetriebnahme häufig noch keine konkreten Konzepte zur Steuerung und Koordination der Sekundärprozesse (FM-Dokumentation, Organisation, Betreiberkonzepte etc.) vorhanden sind.

Eine Frühzeitige Betrachtung und Optimierung der Betriebsphase ermöglicht rechtzeitiges Erkennen und planerisches Ausschalten von Kostentreibern und verbessert die Vermarktbarkeit von Immobilien sowie auch die Geschäftspotenziale von Property- und Facility-Management Dienstleistern. Entscheidende Faktoren hierfür sind:

- Bau/Technik: Bauqualität, Gebäudekubatur und Technisierungsgrad Dienstleistungsqualität: Leistungszyklen, Leistungsprofil und die Art der Leistungsbeschreibung
- Risikokosten: Zyklusvorgaben und Instandhaltungsstrategie
- Und: Das Nutzerverhalten

Bei allen genannten Punkten spielen die Verfügbarkeit von Daten und die Möglichkeiten der Analyse und Prognose durch digitale Technologien eine besondere Rolle. Das gilt in der (Vor-)Kalkulation und ebenso im laufenden Betrieb. Und es bezieht sich auch hier wieder auf alle drei Dimensionen der Nachhaltigkeit: Ökonomisch, Sozial und Ökologisch.

Die Wahl des Betrachtungszeitraums beziehungsweise die Festlegung der Zeitspanne der Nutzungsphase hat einen enormen Einfluss, denn die Lebensdauer bestimmter Elemente wie zum Beispiel technischer Anlagen kann 15 bis 25 Jahre Nutzungsdauer betragen. Zudem müssen technische und wirtschaftliche Nutzungsdauer und die Dauer von

Vertragsverhältnissen bekannt sein, sowie der Zeitpunkt einer Modernisierung oder Nutzungsänderung. Dabei erhöht sich Prognoseunsicherheit mit zunehmendem zeitlichen Abstand und schafft das Problem bei Betrachtung langfristiger Zeiträume in Bezug auf Nutzeranforderungen zukünftiger Nutzer an Ausstattung, Raumstruktur und technische Anlagen bei Modernisierung oder Umnutzung, die nach 25 oder 30 Jahren schwer zu prognostizieren sind. Gleichzeitig gibt es Probleme bei der Betrachtung kurzfristiger Zeiträume. So können sich Investition möglicherweise als unvorteilhaft darstellen, wenn diese sich erst nach 25 oder 30 Jahren amortisieren beziehungsweise rentieren. Die Prognose der künftigen Ereignisse im Lebenszyklus des Betrachtungsgegenstandes stützen sich meist auf die Grundlage von Kennzahlen, die auf Erfahrungswerten basieren. Die Modellierung eines Szenarios künftiger Prozesse und Zahlungen wird dann meist aus den Kennzahlen abgeleitet. Dazu sind Aussagen zum zeitlichen Rhythmus der Wiederkehr eines Ereignisses (zum Beispiel der Instandsetzung) und zur Entwicklung von Verbräuchen und Preisen erforderlich. Die Abbildung von Entwicklungen kann dabei linear, exponentiell oder zyklisch erfolgen. Linear bedeutet hier eine unterstellte Zu- oder Abnahme eines Kriteriums oder einer Kennzahl um einen gleich bleibenden, absoluten Betrag. Exponentiell bedeutet die Zu-oder Abnahme um einen gleichbleibenden Prozentsatz (zum Beispiel durchschnittliche Inflationsrate). Zyklisch bedeutet die Zu-oder Abnahme in einem Zyklus (bspw. Immobiliennachfrage)

Hierbei gibt es natürlich Prognoseunsicherheiten, die Bestandteil der Berechnungen und Prognosen sind. Dazu gehören:

- Erreichen bzw. das Überschreiten der angenommenen Lebensdauer
- die Höhe der künftigen Kosten und Erlöse
- die technische Entwicklung
- die Entwicklung des Standortes
- die Änderung gesetzlicher und normativer Vorgaben

Grundsätzlich werden zwei Methoden zum Umgang mit diesen Unsicherheiten verwendet:

- Reduktion der Ergebnisrelevanz: Kurzer Betrachtungszeitraum, Hoher Kalkulationszinssatz (reduziert die relative Bedeutung zukünftiger Zahlungen)
- Dokumentation und Quantifizierung: Sensitivitätsanalyse, Erstellung von Best- und Worst-Case-Szenarien, Zuweisung von Wahrscheinlichkeiten zu Einzelereignissen

Aktuelle digitale Technologien wie die beispielsweise Big Data Analytics, Machine Learning oder in Zukunft auch Quantum Computing könne und werden hier zu großen Fortschritten und weiteren Möglichkeiten beitragen. Das gilt auch und insbesondere für die Prognosen und das Management von Nachhaltigkeitsaspekten, die ohne die genannten digitalen Tools und Systeme gar nicht realistisch möglich wären.

2.6 Digitalisierung von Immobilien Geschäftsmodellen

Übersicht

In Bezug auf das Geschäftsmodell von Property- und Facility-Management-Unternehmen lassen sich folgende Auswirkungen und Veränderungen konstatieren (vgl. Abb. 2.4):

Customer Relationships: Im Vertrieb und der Akquise halten sich die Veränderungen durch Digitalisierung in Grenzen; in der Kommunikation bei bestehenden Geschäftsverbindungen gewinnen digitale Instrumente und Plattformen an Bedeutung

Customer Segments: Keine wesentlichen Veränderungen

Channels: Online-Kanäle, von der klassischen Webseite über Social Media bis hin zu Chat-Bots gewinnen im Kundenkontakt beständig an Bedeutung

Value Proposition: Die zu erbringenden Leistungen bleiben grundsätzlich gleich, da es sich um die Instandhaltung, Pflege und Überwachung eines Gebäudes im Bestand handelt; Aspekte wie Effizienz, Qualitätsgarantien, Flexibilität und vor allem auch Nachhaltigkeit gewinnen an Bedeutung

Key Activities: Die Standardprozesse im Property und Facility Management bleiben in der Ausführung zunächst gleich; mittelfristig ist mit dem Einsatz von autonomen Systemen und Robotern oder Drohnen zu rechnen, um einfache und weniger komplizierte Aufgaben zu erfüllen (wie „kompliziert" eine Aufgabe dabei ist, hängt zum großen Teil von den baulichen und architektonischen Gegebenheiten der Immobilie ab); die Aktivitäten im auf der Management-Ebene verschieben sich zunehmend auf die Auswertung von Daten und Kennzahlen und die Optimierung oder Veränderung von Abläufen und Prozessen aufgrund von Analyseergebnissen und Prognosen

Key Ressources: Bei den Ressourcen spielen neben Humankapital zunehmend (teil-)autonome Maschinen und Systeme eine große Rolle; der Zugriff auf und die Nutzbarkeit von Daten gewinnt enorm an Bedeutung, wie auch das Know-How zu deren Analyse und Nutzung

Key Partners: Technische Dienstleister und Cloud-Service-Provider nehmen in ihrer Bedeutung als Partner zu; gleiches gilt auch für spezialisierte Partner in den Bereichen Data Analytics, KI und evtl. Blockchain; Partner für BOS-Lösungen gewinnen an Bedeutung (wenn PM/FM-Unternehmen diese nicht selbst entwickeln)

Cost Structure: höhere Kosten für Technologien, für Datenanalyse und Analysesysteme; geringere Kosten bei der Abwicklung von Standardprozessen; evtl. geringere Personalkosten durch Automatisierung und Maschinisierung

Revenue Streams: Gleichbleibende Erlösmodelle mit einem höheren variablen Anteil orientiert an Benchmarks und Vorgaben/Regularien zu Nachhaltigkeitszielen

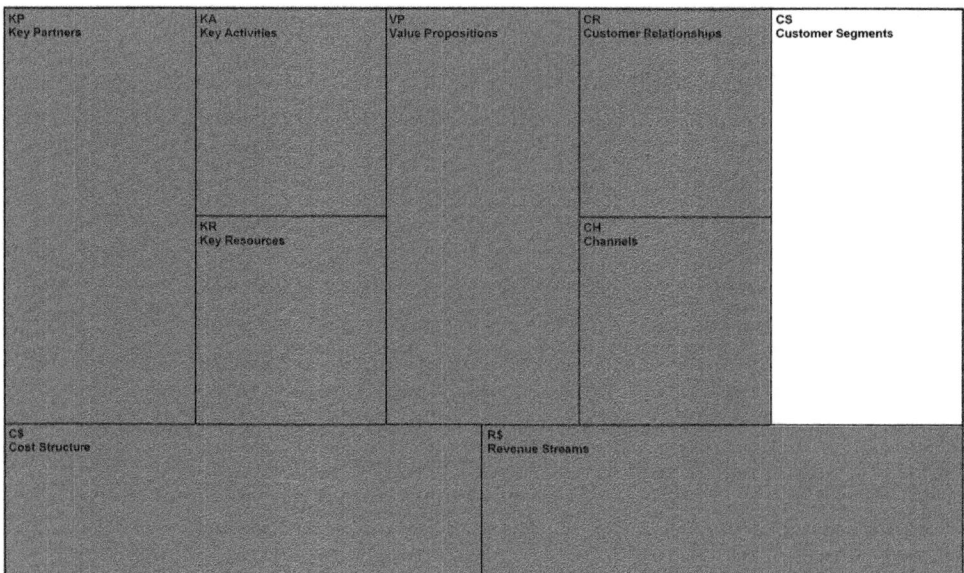

Abb. 2.4 Auswirkungen der Digitalisierung auf das Geschäftsmodell Immobilienbetrieb. (Quelle: eigene Darstellung)

2.7 Entwicklung und Optimierung digitaler Geschäftsmodelle

Was das erfolgreiche Entwickeln und Verbessern von digitalen Geschäftsmodellen betrifft, so gibt es hier eine Vielzahl an Modellen, Instrumenten und mehr oder weniger erfolgreich erprobten kreativen Methoden. Hier sollen zwei davon vorgestellt werden, die sich speziell auf die Immobilienwirtschaft sehr gut anwenden lassen. Das eine sind die 15 Regeln von Poleg (vgl. Poleg 2019) für eine digitale Immobilien Strategie. Das andere sind ebenfalls 15 Punkte des BIDAC Ansatzes des Autors zu Prüfung und Verbesserung von digitalen Geschäftsmodellen (in der Immobilienwirtschaft und anderswo)

Polegs 15 Regeln lauten:

1. Schau zurück: Was hat bisher den Wert im eigenen Geschäftsmodell ausgemacht? Auf welchen Annehmen beruht das? Haben sich diese Annahmen geändert?
2. Schau zur Seite: Innovationen, die die Immobilienwirtschaft verändern werden, werden nicht aus der Immobilienwirtschaft kommen. Es sind Innovationen, die die Art und Weise verändern, wie Menschen leben, arbeiten, wohnen, essen, einkaufen, Sport treiben, sich mit Freunden die Zeit vertreiben oder sogar, wie sie sterben.
3. Bedenke wo und wie sich Transaktionskosten verändern oder bald verändern werden: Die Wertschöpfung in der Immobilienwirtschaft liegt in den drei Bestandteilen Vermittlung, Transfer und Vertrauen. Sobald sich eines oder mehrere davon ändern, ändert sich auch der Markt und damit ein erfolgreiches Geschäftsmodell.

2.7 Entwicklung und Optimierung digitaler Geschäftsmodelle

4. Bedenke, wie Gelegenheiten verbunden und neu angeordnet werden können: Durch Technologien werden neue Gelegenheiten geschaffen, bisher getrenntes zusammen oder in anderen Kombinationen anzubieten. Das gilt vor allen Dingen für jede Art von Services.
5. Denke dynamisch: Es geht nicht nur um Angebot und Nachfrage, sondern um die Veränderungen von Anspruchs- und Erwartungshaltungen von Kunden, auf die Lieferanten (in diesem Falle Besitzer oder Betreiber von Immobilien) reagieren können müssen.
6. Welche „Jobs" will der Kunde erledigt haben: Es gibt Ansprüche von Kunden an Immobilien … Aber das eigentliche Ziel des (potenziellen) Kunden geht immer darüber hinaus. Je besser Immobilienanbieter diese „Jobs" verstehen, umso bessere Angebote können sie machen.
7. Wie sieht die Customer Journey des Kunden aus: Auch, wenn Immobilien natürlich nicht „reisen", so lässt sich das verhakten der Kunden und Nutzer der Immobilie doch als eine klassische Customer Journey beschreiben. Meistens beginnt diese eben nicht in der Immobilie und endet auch nicht dort. Sie ist mit der weiteren Umgebung verbunden. Das gibt wertvolle Anhalts- und Ansatzpunkte für neue, digitale Angebote.
8. Hinterfrage Deine Kunden: Wenn schon das eigene Geschäftsmodell kritisch hinterfragt werden muss, dann sollte man das auch einmal in Bezug auf seine Kunden tun. Sind es immer noch die gleichen, wie vor mehreren Jahren? Haben sie sich geändert? Gibt es andere Kunden und Zielgruppen, denen man ein attraktives Angebot machen kann?
9. Wertschöpfung aus Knappheit ziehen: Mit der Digitalisierung werden bestimmte Dinge immer und überall zugänglich und nutzbar. Eine einstmalige Knappheit ist beseitigt. Gleichzeitig entstehen aber immer wieder neue Dinge, die knapp sind beziehungsweise, die in der Wahrnehmung der Kunden als knapp eingestuft werden. Letztlich wandeln sich hier die Präferenzen der Kunden und Nutzer durch die Wirkung von neuen Technologien und Dienstleistungen. Hier lohnt eine systematische Orientierung an den bereits zu Anfang dieses Buches dargestellten drei Vorteilen oder Nutzenversprechen „Funktional, Erlebnis oder Symbolisch".
10. Achte auf Date und Privatsphäre: Wie bereits beschrieben, ist das Daten Sammeln und Tracking von Personen längst kein Online Phänomen mehr, es ist in der analogen Welt längst angekommen, Insbesondere bei Immobilien, in denen Menschen ihr Leben verbringen. Hier ergeben sich neue Erkenntnisse zu den Bedürfnissen von Menschen. Es ergeben sich aber auch neue Möglichkeiten, persönliche Informationen und Daten gerade zu schützen und nicht zugänglich zu machen und damit den Nutzern von Immobilien dadurch Garantien und echten Mehrwert bieten zu können.
11. Nutze Netzwerkeffekte: Bekannt und berüchtigt aus der digitalen Plattformökonomie, sind Netzwerkeffekte einer der großen Treiber von skalierbaren digitalen Geschäftsmodellen. Allein wird es schwer, groß zu werden. In der Verbindung und Kollaboration mit anderen liegt der schlüssle zum Erfolg.

12. Untersuche deine Struktur und Anreize: Sind die eigene Organisation und die Anreizsysteme so ausgerichtet, dass sie Innovation, Digitalisierung und nachhaltige Entwicklungen und Praktiken unterstützen?
13. Achte auf Vielfalt in der Organisation: Unterschiedliche Menschen mit unterschiedlichem Hintergrund, unterschiedlichem Wissen und unterschiedlichen Fähigkeiten steigern die Kreativität und die Innovationsfähigkeit einer Organisation. Das gilt insbesondere bei der Entwicklung neuer Angebote für neue Kundenbedürfnisse, das gilt (wie weiter oben beschrieben) für erfolgreiche Data Science Projekte und es gilt auch für das ganzheitliche Verstehen und Umsetzen von Digitalisierung, wirtschaftlichem Erfolg und Nachhaltigkeit, was heute meist noch als getrennte Welten verstanden wird.
14. Bleibe auf dem aktuellen Stand zu neuen Technologien und Geschäftsmodellen: Wer neue Technologien frühzeitig versteht, der kann auch schnell neue Use Cases für das eigene Geschäft finden. Ob die alle auch realisiert werden (müssen), ist eine andere Frage. Es bewahrt aber höchstwahrscheinlich davor, irgendwann von einem „Newcomer" gnadenlos disruptiert zu werden.
15. Achte auf die Risikokapital Investments: Die Investments und damit die Wetten von Kapitalgebern sind ein guter Anhaltspunkt zu künftigen Trends und Entwicklungen im Markt. Es macht Sinn als Immobilienunternehmen und damit selbst Investor, von der Erfahrung und dem Know-how anderer Investoren auf anderen Märkten zu profitieren.

BIDAC steht für Binary Innovation Accelerator Concept. Die folgenden 15 Regeln oder Kriterien sind alphabetisch geordnet. Dies ist der besseren Erinnerbarkeit für Anwender der Regeln geschuldet und folgt keinem logischen Aufbau dahingehend, dass eine Regel auf die jeweils vorhergehende aufbauen müsste oder dass erst ein Kriterium erfüllt sein müsste, bevor das folgende überhaupt erfüllt sein kann. Generell gilt aber: Je mehr der 15 Kriterien von einem Produkt, Service oder ganzem Geschäftsmodell erfüllt sind, desto innovativer und auch wirtschaftlich sinnvoller ist es – und damit auch erfolgreicher und lohnender.

1. Client or Company: An erster Stelle steht die konsequente Kundenorientierung und Kundenzentrierung eines Angebots. Die klar definierten Bedürfnisse und Wünsche der avisierten Kunden müssen den Dreh- und Angelpunkt des Angebots ausmachen. Egal, ob es sich um bewusste oder unbewusste Bedürfnisse und Wünsche handelt. Gleichfalls müssen das Kundenverhalten, die Gewohnheiten, Rituale und Prägungen das Angebot in seiner Ausrichtung und seinem Aufbau definieren. Das bedeutet im Umkehrschluss, dass die gegebenen Bedürfnisse oder Bequemlichkeiten in einem bestehenden Unternehmen (Company) eben nicht Ausgangspunkt und Anker für die Entwicklung echter innovativer Angebote sein dürfen[1]. Nicht die Organisation und die

---

[1] Hier liegt ein wichtiger Unterschied, ob von Innovationen oder von Weiterentwicklungen, also Optimierungen, die Rede ist. Im Falle von Optimierungen ist es dagegen sinnvoll und notwendig, dass die eingespielten und erprobten Abläufe, Prozesse, Organisationen und Strategien, den Rahmen und die Richtung bestimmen.

Historie des bestehenden Unternehmens geben die Richtschnur für Innovationen und neue Geschäftsmodelle vor, sondern die Historie der avisierten Kunden und die Organisation ihres Alltags und Verhaltens.

2. Competence or Crap: Kern des innovativen Angebots und damit auch des damit verbundenen Geschäftsmodells muss in einer eindeutigen Kompetenz des Unternehmens, besser gesagt des Gründers oder des Gründerteams, liegen. Diese Kompetenz oder diese Kompetenzen müssen auf einem überlegenen Leistungsniveau sein, ansonsten sind es keine nachhaltigen Wettbewerbsvorteile, sondern schon nach kurzer Zeit „Allerweltsfähigkeiten" und damit „Schrott" (Crap). Die eigenen Kompetenzen müssen aber nicht nur einzigartig und schwer kopierbar im Vergleich mit eventuellen Wettbewerbern sein und damit für diese relevant sein. Sondern vor allem muss die Kompetenz in Form eines erlebbaren Nutzens für die avisierten Kunden ebenfalls als relevant bewusst oder unbewusst wahrgenommen werden können. Ansonsten können sich Anbieter zwar eines durchaus vorhandenen Vorteils rühmen, der aber nicht wettbewerbsentscheidend ist, da er in Bereichen liegt, die für die Kunden irrelevant sind. Weiterhin entscheidend ist, ob diese Kompetenz(en) in irgendeiner Form gesichert und geschützt ist oder geschützt werden kann oder ob sie geheim gehalten werden kann. Hier liegt die Herausforderung darin, in der Realität und Praxis das richtige Maß des Schutzes und der Geheimhaltung (heraus) zu finden, da es hier eine Gegensätzlichkeit zum Kriterium der Offenheit (Open or Obstructed) gibt.

3. Converge or Cupel: Innovative Angebote und Geschäftsmodelle sind immer dann überlegen und erfolgreich, wenn sie unterschiedliche Fähigkeiten und Nutzerlebnisse kombinieren. Gerade in digitalen Märkten spielt die Konvergenz von bisher nur getrennt zu habenden Diensten eine besondere Rolle. Schlicht und einfach, weil es prinzipiell bei digitalen Produkten und Services einfacher möglich ist, als bei analogen. Falsch wäre es also, in digitalen und digitalisierten Märkten, Angebote zu kreieren, die die Trennung von Diensten in der analogen Welt auch im Digitalen beibehalten oder erzwingen wollen (Cupel). Den Fehler haben bisher leider viele Unternehmen in misslungenen Versuchen der digitalen Transformation ihres Geschäfts gemacht. Der Erfolg liegt vielmehr darin, bislang materiell gebundene Angebote so weit wie möglich zu dematerialisieren[2] und mit weiteren bisherigen einzelnen Leistungen zu verbinden.

4. Dialogue or Diction: Die Zeiten vorgegebener Nutzungswege und eindimensionaler Funktionsweisen sind, zumindest in digitalen Märkten, weitgehend vorbei. Vorschriften (Diction) sind out. Vielmehr kommt es darauf an, Menschen verschiedene

---

[2] Dematerialisierung bedeutet hier nicht unbedingt, das analoge Produkt durch eine digitale Version zu ersetzen. Vielmehr liegt die Dematerialisierung in der Frage, inwiefern ein Objekt zwar weiter bestehen kann, aber eigentlich ein Service verkauft wird, der mit dem Objekt verbunden oder dem Objekt inhärent ist. So kann beispielsweise Licht als Service verkauft werden und eben nicht nur die analoge Birne oder Leuchte. Eine andere Möglichkeit der Dematerialisierung ist die Trennung von Produkt und Vertriebsweg oder Trägermedium, wie es aus dem Musik- und Filmbusiness bekannt ist.

Wege und Alternativen in der Benutzung und im Einsatz von Produkten und Services zu bieten. Auswahl aus mehreren Vorgehens- und Erschließungsweisen ist ein entscheidendes Kriterium für die Akzeptanz bei Kunden und Nutzern. Wir kennen dies bereits im Grunde unter dem Begriff „Usability". Usability bezeichnet aber, kurz gesagt, Einfachheit und Verständlichkeit, was durchaus wichtig und erfolgsentscheidend ist. Darüber hinaus ist eine dialogische Nutzerführung und Funktionsweise mindestens genauso wichtig. Nutzer von Angeboten müssen immer das Gefühl haben, selbst das weitere Vorgehen zu bestimmen, also in einem Dialog mit dem Produkt oder dem System, die Richtung und das jeweils Folgende selbst zu bestimmen. Am simpelsten und am leichtesten für den Nutzer ist dies, wenn der Dialogpartner System, Produkt, Oberfläche etc. auf das Nutzerverhalten eingeht und sich daran anpasst. Was aber wiederum auf Anbieterseite eben nicht simpel und einfach, sondern im Zweifel sehr komplex, aufwendig und relativ teuer ist.

5. Data or Darkness: Eine wichtige Voraussetzung für beispielsweise das gerade eben Beschriebene ist, eine klare Übersicht und einen klaren Durchblick durch die Daten sicherzustellen und zu haben, die bei der Nutzung des jeweiligen Angebots entstehen. Das Tracking ist dabei ebenso von Bedeutung wie die Ablage, Organisation und Haltung der Daten. Ohne dies sind Anbieter digitaler Produkte und Services sozusagen im Blindflug oder agieren in der Dunkelheit (Darkness), weitgehend ohne Orientierung und damit auch ohne Wissen über die Sinnhaftigkeit des eigenen aktuellen Kurses. Um Licht ins Dunkel zu bringen, ist eine eindeutige Strategie und Praxis der Datenauswertung von Nöten. Daten an sich, gerade wenn sie in größten Mengen vorhanden sind, sagen erst einmal gar nichts aus. Erst wenn die richtigen Fragen gestellt werden, die richtigen Kriterien definiert werden, die passenden Vorgehensweisen in der Bearbeitung und Analyse definiert werden und die Ergebnisse auch für Menschen, die Entscheidungen treffen müssen, verständlich aufbereitet und dargestellt werden, erfüllen die Datenmengen einen strategischen und erfolgskritischen Sinn. Das gilt auch und gerade, wenn die eigenen Datenbestände eines Anbieters mit den Datenbeständen zweiter, dritter oder vierter Anbieter aus dem gleichen Markt oder auch anderen Märkten kombiniert werden können. Hier ergeben sich Muster, Abhängigkeiten und Verbindungen, die noch mehr Licht ins Dunkel bringen können. Und das sowohl, was das bisherige Nutzer- und Kundenverhalten anbelangt, als auch, was das zukünftige, wahrscheinliche Verhalten und die Interessen- und Bedürfnislage anbelangt. Deep Learning Systeme und Predictive Analytics sind prinzipiell umso besser und genauer, je mehr Datenmaterial ihnen zur Verfügung steht.

6. Gap or Grave: Angebotene Produkte und Services müssen konsequent auf die Bedürfnisse und das Verhalten der avisierten Kunden ausgerichtet sein, wie bereits m ersten Punkt dargelegt. Anbieter sollten aber sicher gehen, dass diese Kriterien noch nicht von anderen Anbietern weitgehend befriedigt werden oder es in naher Zukunft so weit ist. Nur eine klare Marktlücke im Kundebedarf lohnt den Entwicklungsaufwand und das mit jeder Innovation verbundene Risiko. Gleichbedeutend ist aber auch eine entsprechende Lücke bei den Entwicklungs- und Marktbearbeitungsmustern der an-

2.7 Entwicklung und Optimierung digitaler Geschäftsmodelle

deren Anbieter im entsprechenden Markt oder Marktsegment. Ist eine solche, sozusagen doppelte, Lücke nicht auch gleichzeitig vorhanden, so sind alle Anstrengungen am Ende nur dazu gut gewesen, sie früher oder später wieder als vergeblich zu begraben (Grave). Die Bereiche, Kriterien oder Merkmale eines Produkts oder Services, die bisher eher eine untergeordnete Rolle oder auch gar keine Rolle im Wettbewerb und der Vermarktung gespielt haben, bieten eine Lücke, genau dort anzusetzen und über innovative Ideen und Umsetzungen die wettbewerbsentscheidenden Kriterien bewusst dorthin zu verlagern. So kann es Innovatoren gelingen, die Lücke zwischen sich und den bisher vielleicht sogar marktführenden Wettbewerbern so weit zu vergrößern, dass die für einen langen Zeitraum nicht zu schließen sein wird.

7. Grow or Go: Innovationen sind dann in digitalen oder digitalisierten Märkten erfolgreich, wenn sie einen inhärenten Skalierungscharakter aufweisen. Das bedeutet, dass das Verhältnis von Umsatz- und Kostenwachstum mit zunehmenden Umsatz immer positiver wird, also der Deckungsbeitrag und damit der Gewinn überproportional steigt. Dafür ist Ausschlag gebend, womit letztlich Geld verdient werden soll. Dafür sind aber auch die bereits in Kap. 2 beschriebenen und auch in den anderen Kapiteln immer wieder auftauchenden Netzwerkeffekte Ausschlag gebend. Der sich selbst verstärkende Wachstumseffekt liegt also nicht nur unternehmensintern, sondern auch außerhalb, nutzerseitig in Business to Consumer Märkten wie auch in Business to Business Märkten. Sind diese Wachstumseffekte nicht gegeben, ist das Geschäftsmodell und das Angebot nicht nachhaltig in digitalen Märkten erfolgreich und wird salopp gesprochen den Abgang machen (Go). Dabei ist auch zu beachten, dass technische Entwicklungen und Gegebenheiten in der Leistungsfähigkeit der Infrastruktur ebenfalls für den Wachstumsschub sorgen können auf den sich Anbieter innovativer Produkte und Services aufsetzen können und sollten. Gleichfalls können Veränderungen in den Preisen und der Verfügbarkeit von technischen Gerätschaften einen solchen Wachstumsschub auslösen. Gemeinhin bezeichnen wir so etwas als Timing oder Momentum. Allerdings kann ein solches Momentum nur als Auslöser oder Verstärker dienen, jedoch nie mittel- und langfristig den oben beschriebenen inhärenten Wachstumscharakter ersetzen oder überflüssig machen.
8. Multi or Mono: Eigentlich schon eine Selbstverständlichkeit, dennoch eines der 15 entscheidenden Kriterien für den digitalen Geschäftserfolg, das öfter als gedacht eben nicht konsequent berücksichtigt und umgesetzt wird: Das Angebot muss den avisierten Kunden auf möglichst vielen möglichen Kanälen und Zugangswegen zur Verfügung gestellt werden. Also über den stationären Browser wie auch über dem mobilen, in Form von eigenen Applikationen für Geräte (iOS und Android Smartphones), über soziale Netzwerke wie bspw. Instagram, Facebook und Co., über andere für die Kunden relevante und für den direkten oder indirekten Vertrieb geeignete Plattformen oder andere mögliche Wege. Diese multiplen Wege sind nicht nur notwendig und sinnvoll, um auf die Vorlieben und unterschiedlichen Nutzungsgewohnheiten der Kunden einzugehen. Sie dienen gleichfalls der multiplen Kundenbindung aus Sicht des jeweiligen Anbieters. Bindung von potenziellen Kunden, da sie über multiple Ka-

näle besser zu erreichen und auch immer wieder anzusprechen und letztlich dann auch zu überzeigen sind. Bindung dann ebenfalls auch von bestehenden Kunden. Denn Loyalität wächst in dem Maße, wie einfach und oft und verlässlich das Produkt oder der Service immer und überall verfügbar und nutzbar ist. Zudem bieten multiple Touchpoints auch eine bessere Übersicht und Analyse und damit Bindungsmöglichkeit des jeweiligen Kunden in seiner Customer Journey. Und multiple Touchpoints liefern vielfältige Daten und Metadaten, die für eine strategisch sinnvolle Analyse und Auswertung genutzt werden können. Multi ist also eindeutig besser als Mono.

9. Open or Obstructed: Ähnlich vom Prinzip her wie die eben beschriebene multiple Ausrichtung, sollten Produkte und Services in digitalen Märkten prinzipiell offen angelegt sein. Das bedeutet, dass andere Zusatzangebote und Erweiterungen verhältnismäßig einfach an das Angebot angedockt und mit ihm verbunden werden können. Das gilt sowohl für eigene Erweiterungen und Verlängerungen, als auch für eben solche Erweiterungen und Verlängerungen von Dritten. Offene Schnittstellen sind also zumindest mittel- und langfristig ein Muss und unausweichlich, um das eigene Produkt oder den eigenen Service flexibel und attraktiv zu halten. Erst durch die Möglichkeit, eigene Zusätze und Erweiterungen entwickeln und einsetzen zu können, macht ein Angebot interessant für weitere Parteien und Teilnehmer. Diese einzubinden hat allein schon den Vorteil, sich Know-how und Erfahrungen zu Nutze zu machen, die der Anbieter des ursprünglichen Produkts oder des „Hauptprodukts" selbst nicht hat und nur unter relativ hohen Mühen beschaffen könnte. Neben Schnittstellen, API, bietet es sich also auch an, den Entwicklern von außerhalb eigene Developer Tools zur Verfügung zu stellen, um die Schwelle, etwas einzubringen, noch niedriger anzusetzen. Natürlich müssen die externen Entwickler auch einen Nutzen an ihrer Tätigkeit haben, also entweder eigene Umsätze mit ihren Erweiterungen erzielen können und/oder Daten der Nutzer erheben und ausnutzen zu können. Das Ganze folgt im Grunde dem relativ altbekannten Aal-Prinzip der Netzökonomie: Andere arbeiten lassen. Zugleich erhöht die beschriebene Offenheit, die Wahrscheinlichkeit, dass sinnvolle Erweiterungen und Zusätze erstellt werden, weil diese sozusagen aus dem Anbieter und Nutzermarkt zugleich kommen. Aus dem Anbietermarkt, weil die externen Zulieferer eine Geschäftschance sehen und nutzen wollen. Und aus dem Nutzermarkt, da diese externen Entwickler meist selbst einen Bedarf oder ein Problem bei Nutzern des Hauptprodukts gefunden haben, dass sie nun lösen wollen und das meistens auch können. Für den Anbieter des Hauptprodukts hat das den Vorteil, dass sein Angebot durch die Zusatzmöglichkeiten insgesamt attraktiver wird, dass die Entwicklungskosten und das Entwicklungsrisiko quasi outgesourced werden und dass so immer neue Kombinationsmöglichkeiten der einzelnen Bestandteile und Zusätze des Angebots produziert werden. Und all das ist eben nur mit einer solchen beschrieben Offenheit möglich nicht aber in geschlossenen und abgeschotteten Systemen (obstructed). Die Kunst besteht hier in dem Zusammenhang darin, das richtige Mittelmaß zu finden, zwischen der notwendigen und teilweise unumgänglichen Offenheit für andere und der ebenfalls vorhandenen Notwendigkeit, die eigenen Kernkompetenzen (siehe

2.7 Entwicklung und Optimierung digitaler Geschäftsmodelle

Competence or Crap) zu schützen, um weiter einen grundlegenden Wettbewerbsvorteil und Vorsprung zu haben und zu halten.

10. Package or Particular: Ebenfalls bereits in verschiedenen Zusammenhängen aufgetaucht, ist die Tatsache, dass variable und möglichst frei zusammensetzbare Paketangebote und unterschiedliche Versionen, ein Produkt attraktiver machen. Der Vorteil in digitalen Märkten mit digitalen Produkten ist, dass genau das mit nicht materiellen Angeboten viel einfacher und billiger machbar ist, als mit klassischen und physischen Produkten. Aber selbst in der guten alten industriellen Massenfertigung sind die Versionierung und das Baukastenprinzip schon Erfolgstreiber gewesen – wenn auch in geringerem Ausmaß. Paketangebote und möglichst von Nutzer nach den eigenen Kriterien frei wählbare Varianten (Dialogue or Diction) machen Angebote nicht nur aus Sicht von Kunden attraktiv. Sie sind auch aus Anbieter- oder Produzentensicht sinnvoll. In Paketangeboten lassen sich Einzelteile oder Teilleistungen besser mit verkaufen, als wenn sie einzeln angeboten werden würden. Und: Die Anzahl der Kombinations- und Erweiterungsmöglichkeiten ist prinzipiell unbegrenzt, vor allem wenn auch noch externe Dritte immer neue Erweiterungen und Zusätze entwickeln und zusteuern. Jede Erweiterungsmöglichkeit eröffnet auch immer einen neuen Ansatz zum Upselling und damit positivere Umsatzperspektiven bei kleinem oder ach gar keinem Risiko.

11. Platform or Product: Jede Innovation hat einmal als fokussiertes Produkt begonnen. Denn jede erfolgreiche Innovation ist, wie bereits mehrfach in diesem Buch beschrieben, aus einer Problemerkenntnis und einer klaren und eindeutigen Lösung dafür hervorgegangen. Grundsätzlich sind solche Innovationen also nicht breit und allgemein angelegt und bieten somit zunächst nicht den typischen Plattformcharakter, den wir an vielen Stellen und Beispielen in digitalen Märkten als äußerst erfolgreichen sehen können. Es geht also darum herauszufinden, ob eine Innovation in seiner möglichen Weiterentwicklung und Erweiterung das Potenzial zu einer Plattform hat oder nur als Einzelprodukt gedacht und entwickelt werden kann. Wenn letzteres der Fall ist, dann ist das auch kein „Todesurteil", denn beispielsweise über die oben beschriebenen funktionalen Erweiterungen und das Entwickeln von Paketangeboten, kann auch ein Produkt attraktiv und erfolgreich sein. Eine Innovation und ein Geschäftsmodell mit Plattformpotenzial ist aber noch etwas besser, denn hier kommt der inhärenten Wachstums- und Skalierungscharakter am stärksten zum Tragen, den wir weiter oben beschrieben haben (Grow or Go). Und über eine Plattform lassen sich Paketangebote einfacher erstellen, Plattformen sind leichter zu öffnen für externe Entwickler und Zulieferer (Open or Obstructed) und sie sind natürlich auch per se besser adaptierbar für Multikanal-Konzepte und multiple Kundenbindung (Multi or Mono). Plattformen bieten anderen Marktteilnehmer wie Nutzern eine Infrastruktur auf der diese konsumieren und ebenso produzieren und Geschäfte abwickeln können. Zu deren eigenem Nutzen und Vorteil – aber natürlich profitiert dabei auch immer der Plattformbetreiber selbst. Das Nutznießerverhältnis ist also durchaus beidseitig oder gegenseitig angelegt. Für die Schaffung der Infrastruktur muss der Plattformbetreiber jedoch zunächst ein-

mal in Vorleistung gehen. Doch auch dann ist die Arbeit nicht getan, denn es geht darum, sowohl Kunden als auch Drittanbieter auf der Plattform zu halten. Am besten gelingt das, neben stabilen Prozessen und neuen Features, wenn auf oder mit der Plattform Protokolle und Standards etabliert werden können, auf die sich Kunden wie Drittanbieter verständigen und einlassen und sich dadurch binden.[3]

12. Plastic or Plumbum: So wichtig wie der Dialogcharakter für die einfache und angenehme Nutzung eines digitalen Produkts oder Services ist als Voraussetzung und sozusagen Partnerbedingung die Anpassbarkeit und Veränderbarkeit des Angebots. Plastisch sein heißt formbar sein, heißt veränderbar sein, heißt anschmiegsam sein. Eben nicht so starr und schwer und unbeweglich wie Blei (Plumbum). Diese Voraussetzung ähnelt auch dem Package or Particular Kriterium. Während es bei diesem um die Anpassbarkeit durch Kombination von einzelnen Paketbestandteilen geht, bezieht sich der plastische Charakter hier auf die Anschmiegsamkeit und Anpassbarkeit als Personalisierung und Individualisierung des Angebots. Muster im Nutzungsverhalten, Gewohnheiten und Vorlieben des Kunden, aber auch genauso Veränderungen davon müssen dazu analysiert, ausgewertet und genutzt werden, das Angebot immer weiter und unauffällig anzupassen und quasi in einer Art digitalen Symbiose und Evolution mit dem Nutzer seine Form und seine Erscheinung zu verändern.

13. Rebundle or Replicate: Erfolgreiche digitale Angebote und Geschäftsmodelle ziehen ihren Wettbewerbsvorteil aus dem Zusammenbringen (Converge) von bisher analog nur getrennt verfügbaren Leistungen. Sie nehmen zwar bekannte Leistungen aus analogen Märkten auf und kombinieren sie in neuer Form und über digitale Kanäle oder sie kombinieren analoge und digitale Leistungen zu neuen Angeboten. Diese neuen Angebot sind aber eben keine einfachen Kopien, sondern haben eigene, neue Leistungsmerkmale. Das bedeutet notwendigerweise auch, dass die Wertschöpfungslogik entsprechend neu zusammengesetzt und die einzelnen Teile der Wertschöpfungsketten aufeinander aufgebaut werden müssen (Rebundle). Eine Übersetzung oder eine Kopie, eine Replik der analogen Wertschöpfungsketten für neue, kombinierte digitale Angebote kann deswegen nicht erfolgreich sein. Hierin besteht einer der großen Fehler bei dem Versuch, etablierte Unternehmen und deren Angebote digital zu transformieren. Die bekannte Wertschöpfungs- und Produktions- und Vertriebslogik wird versucht in die digitale Welt hinüberzuretten, weil dafür geliebte und ja auch bisher durchaus erfolgreiche Gewohnheiten und Denkmuster nicht über Bord geworfen werden müssen und die Illusion aufrecht erhalten wird, eigentlich könne alles so weiter gehen wie bisher. Neugründungen sind da logischerweise weniger anfällig für diesen Fehler. Kundenkenntnis und eine klare Erkenntnis der relevanten Bedürfnisse (Client or Company) zeigen schon ziemlich klar, wo die Wert- und Nutzenbringer liegen. Diese müssen sich auch in der produktions- und vetriebsseitigen Wertschöpfungskette des Anbieters wiederfinden. Aber an Stellen und in Zusammenhängen, die den digita-

---

[3] Bestes Beispiel ist hier unter anderem die iOS Plattform von Apple oder Android von Google mit den entsprechenden Protokollen und Standards.

2.7 Entwicklung und Optimierung digitaler Geschäftsmodelle

len Märkten und ihren Gegebenheiten entsprechen und daran angepasst sind. Zudem liegen in den unternehmenseigenen Kompetenzen (Competence or Crap) die Wert- und Nutzentreiber, sodass auch dieses Kriterium eine große Hilfe und Orientierung beim „Rebundlng" der Wertschöpfungsketten zu einer neuen, digitalen Wertschöpfungskette ist.

14. Serving or Searching: Der schon mehrfach beschriebene Dialogcharakter und die Verwertung von Daten (Data or Darkness) machen es prinzipiell auch immer möglich, einem digitalen Angebot eine Unterstützungs- und Ratgeberaspekt zu geben. Das bezieht sich auf die Usability und auf inhaltliche Hilfestellungen. Je mehr sich ein Angebot an den Nutzer anpassen kann (Plastic or Plumbum), desto einfacher und intuitiver wird die Benutzung. Das digitale Angebot erleichtert dem Nutzer alle mit ihm verbundenen Tätigkeiten, bekommt einen dienenden Charakter (Serving) – und verlangt eben nicht von seinen Benutzern, sich mühsam zu orientieren und irgendwie durchzuklicken, also ständig die passende oder richtige Lösung und Bedienung suchen zu müssen (Searching). Was für die Usability gilt, gilt auch für inhaltliche Dienstbarkeit und Unterstützung. Bereits vielfach bekannte Hinweise und Tipps, sogenannte Recommendations, dienen genau dem Zweck und Ziel. Doch diese Orientierung und Unterstützung bei Entscheidungen muss sich nicht nur auf Produktempfehlungen beschränken. Es sind hier prinzipiell unzählige andere Varianten möglich, was wem wie wann warum zu welchem Zweck empfohlen und angeboten werden kann. Neben Produkten also auch verschiedene weitere Services oder auch Unterstützung bei dem Streben nach nicht materiellen, ideellen Zielen eines Menschen wie beispielsweise Bildung oder körperliche Fitness oder psychologische Stabilität.

15. Value or Vanish: Je öfter die Benutzung, desto höher das Nutzenerlebnis und Wertempfinden. So lässt sich das letzte der fünfzehn BIDAC Kriterien auf einen Satz bringen. Hierfür sind wieder die klaren Kundenbedürfnisse des ersten Kriteriums „Client or Company" relevant. Manche Bedürfnisse nutzen sich in gewisser Weise ab durch die Inanspruchnahme von dafür kreierten Dienstleistungen und Produkten, andere wiederum nicht. Das Ansprechen letzterer Art, sei es gezielt oder als weiteres Feature zu einem anderen Angebot, ist mittel und langfristig erfolgreicher, weil es Kunden bindet. In angewandelter Form entspricht das auch dem Kriterium „Platform or Product". Plattform- und Netzwerkeffekte führen zu einem steigenden Nutzungswert (Value) und zu sogenannten Lock-In Effekten und das Nutzenerlebnis und das bewusste oder unbewusste Verlangen nach der Befriedigung des entsprechenden Bedürfnisses verfliegt und verschwindet (Vanish) in dem Fall eben genau nicht. Je mehr sich ein digitales Angebot in die Rituale und Gewohnheiten von Menschen integriert und zu deren Bestandteil wird, desto stärker und stabiler ist dieser „Value"-Effekt und erhält sich im besten Falle aus sich selbst und durch sich selbst am Leben.

Die oben beschriebenen 15 BIDAC Regeln sollen der Einordnung und Bewertung von innovativen Ideen für Produkte, Services oder auch ganze Geschäftsmodelle dienen. Und zwar schnell.

Tab. 2.1 BIDAC Bewertungsbogen Muster

BIDAC Rule	0/1 (Yes/No)	Why?
1. Client or Company		
2. Competence or Crap		
3. Converge or Cupel		
4. Data or Darkness		
5. Dialogue or Diction		
6. Gap or Grave		
7. Grow or Go		
8. Multi or Mono		
9. Open or Obstructed		
10. Package or Particular		
11. Plastic or Plumbum		
12. Platform or Product		
13. Rebundle or Replicate		
14. Serving or Searching		
15. Value or Vanish		

Dazu werden die Kriterien quasi als Fragen mit einer Idee oder einem Konzept gespiegelt und überprüft (Tab. 2.1).

1. Dient die Idee einem definierten Kundenbedürfnis und richtet sich konsequent daran aus? Warum (nicht)?
2. Baut die Idee auf einer wirklichen Kompetenz der Gründer auf? Ist diese Kompetenz gut geschützt? Warum (nicht)?
3. Werden in dem Vorschlag unterschiedliche Services, Produkte oder Aspekte davon zusammengebracht, die bisher nicht gemeinsam zu bekommen waren? Warum (nicht)?
4. Sagt der Vorschlag etwas darüber aus, wie sinnvoll und realistisch Daten gesammelt und ausgewertet werden sollen? Warum (nicht)?
5. Ist die Konzeption so angelegt, dass die Nutzung einen dialogischen Charakter aufweist, der dem Nutzer oder Kunden das Gefühl gibt, selbstbestimmt zu handeln? Warum (nicht)?
6. Zielt die Idee auf eine Lücke sowohl im Konsumentenmarkt der angepeilten Zielgruppe(n), als auch auf eine Lücke in den bisherigen Innovations- und Optimierungsschwerpunkten der marktbeherrschenden Anbieter in den betroffenen Märkten und Segmenten? Warum (nicht)?
7. Hat die Idee einen inhärenten Wachstums- und Skalierungscharakter, der sich (ab einer kritischen Schwelle) aus sich selbst heraus verstärkt? Warum (nicht)?
8. Wird der Service oder das Produkt auf mehreren Kanälen den avisierten Kunden zugänglich gemacht und gibt es eine multiple Kundenbindung? Warum (nicht)?

9. Können über Schnittstellen Erweiterungen und Zusatzangebote auch von Dritten für das Produkt oder den Service geliefert und angebunden werden? Warum (nicht)?
10. Bietet das Konzept die Möglichkeit, das Angebot in Form von frei und unterschiedlich kombinierbaren Bausteinen als Pakete zu vertreiben? Warum (nicht)?
11. Hat die Idee für den Service oder das Produkt einen plastischen, formbaren Charakter, sodass es sich an die individuellen Gewohnheiten und Präferenzen der Nutzer anpasst und anschmiegsam wird? Warum (nicht)?
12. Hat das Konzept das Potenzial, einen Plattformcharakter zu entwickeln, Netzwerkeffekte und Lock-In Effekte zu entfalten und für Drittanbieter attraktiv zu sein? Warum (nicht)?
13. Kombiniert das Konzept des Produktes oder des Services in der eigenen Wertschöpfungslogik die Bestandteile etablierter, meist analoger, Wertschöpfungsketten in neuer Form und mit neuer Gewichtung? Warum (nicht)?
14. Weist das Produkt oder der Service einen für den Nutzer dienenden und inspirierenden Charakter auf? Warum (nicht)?
15. Steigt mit der Nutzung des Produkts oder der Dienstleistung das Nutzen- und Wertempfinden für den Kunden? Warum (nicht)?

Die 15 BIDAC Kriterien dienen somit als eine Art Checkliste zum Abhaken. Erstes Resultat ist eine Übersicht wie viele und welche Kriterien erfüllt sind. Sozusagen ein erster Punktestand. Zudem als zweites Resultat eine Übersicht, warum die jeweiligen Kriterien erfüllt sind und warum auch nicht. Die Testbewertung zeigt, wo Potenziale liegen, die noch weiter verbessert werden können und sollten. Bei allen Punkten, die als nicht erfüllt erkannt worden sind, müssen nun die Fragen gestellt werden:

1. Welche Möglichkeiten kann es geben, dieses Kriterium zu erfüllen?
2. Wo und wie kann das Konzept umgebaut und angepasst werden, um das Kriterium zu erfüllen?
3. Wenn das Konzept angepasst wird, um das jeweilige Kriterium zu erfüllen, werden damit unter Umständen wiederum andere bereits erfüllte Kriterien konterkariert?

Zum Finden möglicher Weiterentwicklungen und Alternativen kann wiederum auf die bereits in diesem Buch beschriebenen Methoden und Herangehensweisen der Innovationsentwicklung zurückgegriffen werden, sodass sich hier ein in sich geschlossener und logischer Kreislauf einstellen kann. Die originäre Konzeption wird damit agil und flexibel in einem evolutionären Prozess weiterentwickelt. Dabei kommt es nicht in erster Linie darauf an, die 15 Kriterien sozusagen „voll zu machen". Manche Kriterien können unter Umständen nicht erfüllt werden, weil materielle oder juristische Restriktionen das nicht zulassen. Kriterien können unter Umständen auch nicht erfüllt werden, weil es aus unternehmensstrategischen Gründen vielleicht sinnvoll sein kann, sie erst zu einem späteren Zeitpunkt zu realisieren, weil erst dann die optimalen Voraussetzungen dafür gegeben sein mögen. Es kommt also nicht darauf an, die Höchstpunktzahl zu erreichen. Es geht vielmehr darum alle Möglichkeiten und vorhandenen Potenziale zu erkennen, zu testen und zu eruieren und in diesem Sine keine Vorteile und Erfolgstreiber zu vergessen oder zu verschenken. Grundsätzlich gilt dabei aber trotzdem: Je mehr Kriterien erfüllt sind, desto besser sind die Ausgangsvoraussetzungen und Erfolgschancen in digitalen und digitalisierten Märkten.

Ebenso gut kann das BIDAC System auch auf Transformationsvorhaben von etablierten und hauptsächlich analogen Produkten, Services und Geschäftsmodellen angewendet werden. Hier lautet dann die Leitfrage bezogen auf das jeweilige Geschäft, Produkt oder den Service: Wie kann und soll das bestehende Produkt oder die bestehende Leistung verändert und entwickelt werden, damit möglichst viele der 15 BIDAC Kriterien erfüllt sind? Und auch hier dienen die beschriebenen Methoden der Kreativitäts- und Innovationsentwicklung als Instrumente und Katalysatoren, die notwendigen Ideen und Ansätze zu erarbeiten und zu formulieren und zu testen.

Der BIDAC Ansatz kann und sollte also auch auf Geschäftsmodelle und digitale Innovationen in der Immobilienwirtschaft bezogen werden. Hier spielen die bereits zuvor beschriebenen drei Nutzen- und Vorteilskategorien (funktionale Vorteile, Erlebnis Vorteile, symbolische Vorteile) eine enorme Rolle für das Verständnis von Möglichkeiten in Verbindung mit den genannten BIDAC Kriterien, die sich in verschiedenen Dimensionen fast immer auf Nutzenerlebnisse und Nutzenerwartungen beziehen. Die ebenfalls zuvor beschriebenen Methoden und Möglichkeiten der Datenanalyse und Datenverwertung spielen hier ebenfalls eine entscheidende Rolle: Daten geben Aufschluss darüber, was Menschen tun, wie sie sich verhalten, was sie suche, was sie brauchen. Die BIDAC Kriterien zusammen mit dem „Wissen" aus Immobilien-, Betriebs- und Nutzungs-Daten sind die Grundlage für eine erfolgreiche Entwicklung von neuen Geschäftsmodellen, die in allen drei Dimensionen nachhaltig sind. Auf dieser Grundlage geschieht die Definition verschiedener digitaler Subsets für die digitale Plattform Immobilie, die dann nachhaltig gestaltet und optimiert werden können und müssen.

Literatur

Bibri, Simon Elias; Krogstie, John (2018): The Big Data deluge for transforming the knowledge of smart sustainable cities. A Datamining framework for urban analytics, SCAMS 18, Tetouan, Morocco

Building Minds (Hrsg.): Nachhaltigkeit in der Immobilienwirtschaft, o. J.

European Commission (Hrsg.) (2019): Artificial Intelligence, Blockchain and the future of Europe. How disruptive technologies create opportunities for a green and digital economy, Brussels

Fraunhofer Allianz Big Data und Künstliche Intelligenz (Hrsg.) (2020): Quantum Machine Learning. Eine Analyse zu Kompetenz, Forschung und Anwendung, Sankt Augustin

Kamis, Alcay (2019): Digitalisierung in der Wohnungs- und Immobilienwirtschaft. Proptechs, Fintechs, Connected Home, Big Data, Freiburg

McMahan, B.; Moore, E.; Ramage, D.; Hampson, S.; Arcas, B.A.: Communication-effiicient learning of deep networks from decentralized data, in: Singh, A.; Zhu, X.J. (Ed) (2017): Proceedings of the 20th international conference on artificial intelligence and statistics, Fort Lauderdale

Moring, Andreas; Maiwald, Lukas; Kewitz, Timo (2018): Bits and Bricks: Digitalisierung von Geschäftsmodellen in der Immobilienbranche, Wiesbaden

Provost, Foster; Fawcett, Tom (2013): Data Science for Business: What you need to know about data mining and data-analytic thinking, London

Poleg, Dror (2019): Rethinking Real Estate. A Roadmap to Technology's Impact on the world's largest Asset Class, New York

SBA Smart Buildigs Alliance for smart cities (2021): L'Intelligence artificielle au service de batiments smart & green, Paris

Treleaven, Philip; Barnett, Jeremy; Serrano, Will (2020): Real Estate Data Marketplace, SSRN Electronic Journal

Vornholz, Günter (2021): Digitalisierung der Immobilienwirtschaft, Berlin

ZIA, EY: Smart, Smarter, Real Estate. Zweite Digitalisierungsstudie von ZIA und EY Real Estate, o. J.

Nachhaltigkeit in der Immobilienwirtschaft 3

Zusammenfassung

Um Nachhaltigkeit zu erreichen gibt es mehrere mögliche Strategien. Um Nachhaltigkeit nachzuweisen, gibt es mittlerweile auch mehrere Zertifizierungen. Die wichtigsten auf dem europäischen und internationalen Markt werden darum hier vorgestellt und analysiert. Daneben spielen sogenannte Ökobilanzen eine immer größere Rolle bei der Beurteilung und Bewertung der Nachhaltigkeit von Immobilien. Praktisch alle Zertifizierungen und Bilanzierungen beziehen sich auf den Bau von Immobilien und unterstellen, dass der folgende Betrieb sich an die formulierten und extrapolierten Szenarien auch hält. Das ist fast immer aber eben nicht der Fall. Im Betrieb von Bestandsimmobilien liegt also der größte Hebel für Nachhaltigkeit. Messung, Controlling und Steuerung des Betriebs funktioniert über Daten und mit digitalen Instrumenten und Systemen. Und das ist keine Zukunftsmusik, sondern es gibt bereits viele Beispiele, die zum einen zeigen, was möglich ist und die zum anderen auch schon einen Blick darauf erlauben, was alles möglich sein wird.

3.1 Verständnis von Nachhaltigkeit

„Nachhaltigkeit" beschreibt in seinem ursprünglichen Sinn die Nutzung eines regenerierbaren, natürlichen Systems in einer Weise, dass dieses System in seinen wesentlichen Eigenschaften erhalten bleibt und sein Bestand auf natürliche Weise nachwachsen kann. Der Begriff der Nachhaltigkeit tauchte erstmals im Jahre 1713, durch Carl von Carlowitz, in der Forstwirtschaft auf. Er stellte fest, dass es wichtig ist, die vorhandenen Ressourcen nicht komplett zu erschöpfen und eine Ressourcenbasis zu erhalten. In Bezug auf die Forstwirtschaft war es wichtig, stetig neue Bäume zu pflanzen, damit der Baumbestand erhalten bleibt und die Ressourcen nicht erschöpft werden. Damit entwickelte er bereits damals ein Konzept zur nachhaltigen Nutzung des Waldes. Nachdem der Ursprung der nachhaltigen Entwicklung der Forstwirtschaft zuzuschreiben ist, stellt sich die Frage, wann die Nachhaltigkeitsdiskussion in der gesamten Wirtschaft und Gesellschaft an Stellenwert gewann.

Der 1968 gegründete „Club of Rome" veröffentlichte 1972 einen Bericht von Dennis und Donella Meadows mit dem Titel „Limits to Growth" („Grenzen des Wachstums"). Der Bericht löste heftige Diskussionen aus und in Folge dessen fand 1972 die erste große Umweltkonferenz der UN in Stockholm statt. In der Geschichte der relevanten Einflüsse auf den Nachhaltigkeitsbegriff folgte daraufhin der sogenannte „Brundtland-Bericht". Dieser erschien im Jahre 1987 und trägt zudem den Titel „Our Common Future". Bis heute gilt es als eines der wichtigsten Nachschlagewerke zum Thema der nachhaltigen Entwicklung. Die Autoren des Berichtes erkannten, wie wichtig es ist, die Übernutzung der natürlichen Ressourcen zu stoppen. Sie waren die ersten, die die ökologische Ebene des Umweltschutzes mit der ökonomischen Ebene der wirtschaftlichen Entwicklung miteinander verbanden. Sie machten deutlich welche Umweltschäden auf die Menschheit zukommen würden und dass, wenn nichts am Verhalten der Menschheit geändert wird, das Wohlergehen der Bevölkerung in der nahen und der ferneren Zukunft bedroht ist. Der Bericht setzte sich als Ziel, die großen Herausforderungen der Zukunft zu bewältigen. Die Autoren hofften, dass diese bis zum Jahre 2000 gelöst werden konnten (vgl. Gerasimova 2017).

In der deutschen Version des Brundtland-Berichts wurde die Definition von Nachhaltigkeit wie folgt übersetzt: „Nachhaltige Entwicklung ist Entwicklung, die die Bedürfnisse der Gegenwart befriedigt, ohne zu riskieren, dass künftige Generationen ihre eigenen Bedürfnisse nicht befriedigen können." Trotz der Definition enthält der Brundtland Bericht keine Konzepte zur konkreten Umsetzung der Ziele. Diesen Gedanken greift das „Tripple-Bottom-Line" Konzept auf. Dieses besagt, dass Nachhaltigkeit nur unter der Beachtung der drei Dimensionen Ökonomie, Ökologie und Soziales funktionieren kann. Dafür muss ein dauerhafter Ausgleich der ökologischen, ökonomischen und sozialen Leistungen gewährleistet werden.

Das Leitbild des Nachhaltigkeitsbegriffes gewann in der Folge international an Popularität. Dies geschah im Jahre 1992 in Folge der UNCED-Konferenz in Rio de Janeiro. Bei Betrachtung und Verfolgung der aktuellen Entwicklung der Nachhaltigkeitsdebatte, wird bewusst, wie wichtig es für Nationen, Organisationen, Unternehmen und Haushalte ist, Nachhaltigkeitsprinzipien anzuwenden. Rechtlich, ethisch und sozial betrachtet gewinnt der Nachhaltigkeitsgedanke immer mehr an Bedeutung. Vor allem für Unternehmen, die einem ständigen Wettbewerbsdruck ausgesetzt sind, ist es, um weiterhin erfolgreich zu bleiben, unausweichlich, Nachhaltigkeitsstrategien anzuwenden und ihre Unternehmensstruktur und Strategie anzupassen (vgl. Pufé 2017).

Vor allem der Begriff der Nachhaltigkeit entwickelte sich im 20. Jahrhundert zum Megatrend. Wenn die Jahre 2001 und 2007 verglichen werden, zeigt sich, dass die Google Einträge zum Thema Nachhaltigkeit von 40.000 Einträgen (stand Februar 2001) auf 6,6 Millionen Einträge (stand September 2007) gestiegen sind Aktuell im September 2020,

3.1 Verständnis von Nachhaltigkeit

liegt der Wert der Einträge bei ca. 145 Millionen. Der Wert ist in den letzten 13 Jahren um knapp das 22-fache angestiegen. Dies zeigt noch mal die Relevanz und die explosionsartige Entwicklung des Nachhaltigkeitsdiskurses.

Insgesamt lassen sich die Ziele von Nachhaltigkeit wie folgt umreißen (vgl. Pufé 2017):

- Sicherung der menschlichen Existenz
- Bewahrung der globalen ökologischen Ressourcen als physische Lebensgrundlage
- Erhaltung des gesellschaftlichen Produktivpotenzials
- Gewährleistung der Handlungs- und Entwicklungsmöglichkeiten heutiger wie zukünftiger Generationen weltweit.

Das Bild der drei Säulen (vgl. Abb. 3.1) wird langsam von der fortgeschrittenen Interpretation der drei Dimensionen abgelöst. Damit wird klar, dass die drei Begriffe der Ökologie, Ökonomie und das soziale nicht parallel nebeneinander verlaufen, sondern dass ein weitflächig verwobenes In- und Miteinander der Dimensionen existiert. Die neue Wahrnehmung der Dimensionen wird als Leitbild adaptiert und zeigt noch einmal die Ganzheitlichkeit und Wechselwirkung der drei Bereiche. Um eine nachhaltige Entwicklung zu gewährleisten, sollten bei jedem Projekt die drei Dimensionen der Nachhaltigkeit mit einbezogen werden. Das Drei Säulen Modell stützt sich auf den Gedanken, dass eine nachhaltige Entwicklung nur dann sichergestellt werden kann, wenn die ökologische, ökonomische und soziale Dimension gleichwertig betrachtet werden. Der Begriff der „Tripple Bottom Line", der von John Elkington in den Neunzigerjahren festgelegt wurde, beschreibt das gleiche Modell und besagt, dass Nachhaltigkeit der dauerhafte Ausgleich der ökonomischen, ökologischen und sozialen Dimension ist. Die drei Säulen Methode soll

Ökonomisch	Ökologisch	Sozial
Sicherung der menschlichen Existenz	Erhaltung des gesellschaftlichen Produktivpotenzials	Bewahrung der Entwicklungs- und Handlungsmöglichkeiten
Schutz der menschlichen Gesundheit	nachhaltige Nutzung erneuerbarer Ressourcen	Chancengleichheit im Hinblick auf Bildung, Beruf, Information
Gewährleistung der Grundversorgung	nachhaltige Nutzung nicht-erneuerbarer Ressourcen	Partizipation an gesellschaftlichen Entscheidungsprozessen
selbstständige Existenzsicherung	nachhaltige Nutzung der Umwelt als Senke	Erhaltung des kulturellen Erbes und der kulturellen Vielfalt

Abb. 3.1 SDG Ziele und Regeln. (Quelle: eigene Darstellung)

die Gesellschaft davon abbringen, nur an die ökologische Nachhaltigkeit zu denken. Die Konzentration auf nur einen Bereich der Nachhaltigkeitsdimensionen würde zu einem Zusammenbruch der anderen Dimensionen führen. Daher ist es essenziell, sich dauerhaft auf alle drei Bereiche der nachhaltigen Entwicklung zu konzentrieren, da sie ein iterativer Prozess ist. Das heißt, dass die ökonomischen, ökologischen und sozialen Systeme nur im Gleichgewicht zueinander und nicht alleinstehend funktionieren.

Das Ziel der ökologischen Nachhaltigkeit orientiert sich an der Erhaltung des ökologischen Systems, ohne das der Mensch nicht lebensfähig ist. Für die ökonomische Nachhaltigkeit ist es wichtig, die Lebensqualität der Menschheit durch eine starke Wirtschaftskraft zu gewährleisten. Dies funktioniert vor allem durch Innovationen, Anlageinvestitionen und steigende Arbeitsproduktivität. Die soziale Nachhaltigkeit ist genauso bedeutend, wie die ökologische und ökonomische. Zu den Zielen der sozialen Nachhaltigkeit gehören der gesellschaftliche Zusammenhalt in Humanität, Freiheit und Gerechtigkeit. Dazu gehört auch der Zugang zu sozialen Grundgütern, vor allem in Bezug auf sozial schwache Individuen. Betrachtet man die die drei Dimensionen fällt auf, dass bislang die ökologische und ökonomische Dimension von größerer Bedeutung waren. Dabei ist die soziale Dimension extrem wichtig für die Erhaltung des Sach-, Natur- und Humankapitals. Je intensiver die drei Dimensionen zusammenarbeiten, desto stärker steigt die Lebensqualität der Bevölkerung an (vgl. Hauff 2014).

3.2 Cradle to Cradle

Im letzten Jahrhundert wurden so viele Ressourcen gefördert wie nie zuvor. Enorme Energiemengen wurden aufgebracht, Wälder wurden abgeholzt, Erdreich wurde abgetragen und große Materialströme entstanden. Dabei wurde zunächst nicht an die tief greifenden Folgen und Schäden in unserer Natur gedacht. Das Cradle-to-Grave-System, welches übersetzt „von der Wiege bis zur Bahre" bedeutet, hatte sich in den Köpfen der Bevölkerung festgesetzt. Das System bestand aus den Prozessen Ausnehmen, Nutzen und Produzieren sowie schließlich Wegwerfen. Da die Rohstoffe der Erde begrenzt sind, musste früher oder später ein neues, nachhaltigeres System entwickelt werden.

Das Cradle to Cradle Prinzip, welches übersetzt „von der Wiege zur Wiege" bedeutet, wurde im Jahre 1990 von dem deutschen Chemiker Michael Braungart und dem amerikanischen Architekten William McDonough entwickelt. Da auch die Natur Emissionen verursacht, kam man zu dem Schluss, dass sich Emissionen nicht vermeiden lassen. Bei der Natur handelt es sich um geschlossene Stoffströme, bei denen kein Abfall entsteht, da es sich bei den natürlichen Stoffströmen um Kreisläufe handelt, sind die Abfälle zugleich Nährstoffe. Wenn man das System der Kreisläufe auf die Produktionskreisläufe in der Wirtschaft anwendet, muss man zwischen einem technischen und einem biologischen Kreislauf unterscheiden (vgl. Abb. 3.2).

Zu dem biologischen Kreislauf gehören ausschließlich Produkte, die sich in der Natur vollständig zersetzen können, keine Schadstoffe ausstoßen und biologisch abbaubar sind.

3.3 Sustainable Development Goals

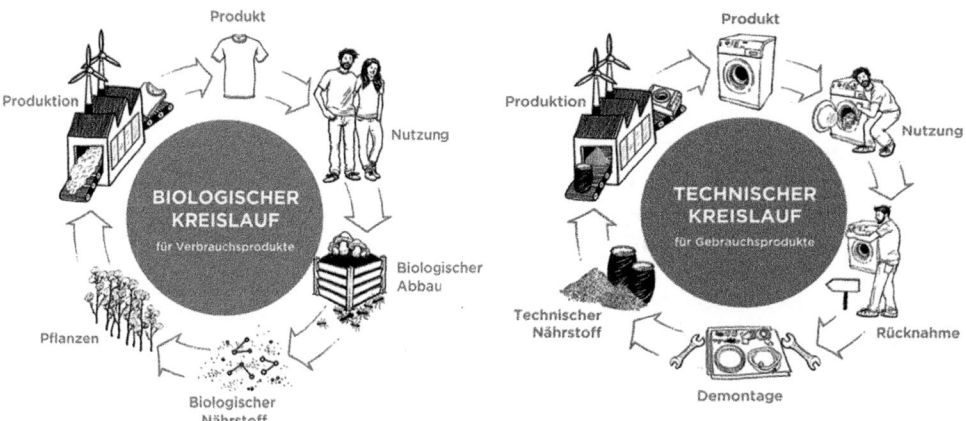

Abb. 3.2 Biologischer und technischer Kreislauf. (Quelle: Cradle to Cradle NGO, https://c2c.ngo)

Die Produkte die zum technischen Kreislauf gehören sind nicht biologisch abbaubar und müssen anders betrachtet werden. Wichtig für den technischen Kreislauf ist, dass die Produkte in ihre einzelnen Bestandteile zerlegt werden können. So gehen keine wertvollen Materialien verloren und es entstehen keine Abfälle. Die Nährstoffe, die in diesem Kreislauf zirkulieren, erhalten ihren Wert während der Zyklen aufrecht. Die alten Teile dienen als Rohstoffe für neue Produkte und wandeln sich somit von Abfall zu etwas Wertvollem und Positivem. Der negative Fußabdruck verringert sich und der positive Fußabdruck wird größer. Wichtig ist, dass man sich jetzt und in Zukunft bei der Entwicklung neuer Produkte bereits im vornherein Gedanken darüber macht, wie man das Produkt nach seiner Nutzungsdauer in einzelne Bestandteile zerlegen kann (vgl. Neugebauer 2014)

3.3 Sustainable Development Goals

Vorläufer der Sustainable Development Goals (SDGs) waren die Millennium Development Goals (MDGs). Die MDGs wurden im Jahre 2000 formuliert und verfolgten das Ziel, die weltweite Armut zu halbieren. Neben diesem Ziel waren auch noch die Friedenserhaltung und der Umweltschutz als Hauptziele festgeschrieben (vgl. Pufé 2017). Die SDGs orientierten sich an den MDGs. Diese hätten eigentlich bis zum Jahre 2015 erfüllt werden sollen. Da dies nicht erreicht werden konnte, dienten die MDGs als Quelle und Leitfaden zur Erstellung der SDGs. Alle Dimensionen der Nachhaltigkeit sind in den Zielen miteinbezogen. Als Priorität Nummer 1 gilt bei den SDGs, wie schon vorher bei den MDGs, die Bekämpfung der Armut. Wie auch schon vorher bei den MDGs, beträgt der Zeitplan zum Erreichen der Ziele 15 Jahre. Der größte Unterschied zwischen den MDGs und den SDGs liegt darin, dass sich die Ziele der MDGs ausschließlich auf die Entwicklungsländer bezogen und die SDGs für alle Länder gleichermaßen gelten (vgl. Teichert und Buchholz 2016) Die im September 2015 formulierten und am 1. Januar 2016 in Kraft getretenen SDGs umfassen 17 Ziele, die bis 2030 erreicht werden sollen. Die Kernbotschaft und Handlungsfelder der SDGs kann man mit 5Ps benennen. People, Planet, Property, Peace und Partnership.

Hintergrundinformation
Zu den zentralen Aspekten der Sustainable Development Goals gehören neben der Reduzierung von Disparitäten in Entwicklungsländern, der allgemeine Wohlstand an natürlichen Ressourcen, die ein funktionierendes Ökosystem für die künftigen Generationen gewährleisten soll (vgl. Göllinger 2012).

Die Agenda 2030 besteht aus fünf Teilen:

(I) Der Präambel, die das Anliegen der Agenda zusammenfasst,
(II) Der Erklärung der Prinzipien, auf denen die Agenda aufbaut,
(III) Den Zielen einer nachhaltigen Entwicklung, den SDGs, die 17 Ziele und 169 Unterziele umfassen,
(IV) Der Bekräftigung der globalen Partnerschaft mit dem Ziel der Mobilisierung und Bereitstellung entsprechender Mittel für die effiziente und effektive Umsetzung der Ziele und

(V) Einem Rahmenwerk für Monitoring, Berichterstattungen und Überprüfungen der Umsetzung der Agenda.

Die 17 Sustainable Development Goals (SDGs) reichen von der Armutsbekämpfung und einer hochwrtigen Bildung über bezahlbare und saubere Energie bis hin zu verantwortungsvollem Konsum und nachhaltiger Produktion sowie dem Aufbau von Partnerschaften zur Erreichung der Ziele. (Teichert und Buchholz 2016) Die Ziele der Agenda beziehen sich allgemein auf die nationale Ebene. Nach näherer Betrachtung zeigt sich aber, dass die relevanteren Ebenen die Bundesländer und Kommunen sind. Um die Einhaltung der Ziele bis 2030 zu gewährleisten und zu überwachen, wurde ein Indikatorensystem entwickelt. In fast allen Bundesländern, außer in Mecklenburg-Vorpommern, sind mittlerweile Nachhaltigkeitsstrategien auf unterschiedlichen Niveaus vorhanden. Nachhaltigkeitsindikatorensysteme sind zusätzlich in fast allen Bundesländern mit Ausnahme von Bayern, Brandenburg und Bremen vertreten.

Der Bau wie der Betrieb von Immobilien betrifft dabei in vielen Feldern und Bereichen die Sustainable Development Goals beziehungsweise sind diese für den Bau und den Betrieb von Relevanz. Die Deutsche Gesellschaft für Nachhaltiges Bauen (DGNB) konstatiert, dass beim nachhaltigen Bauen von Gebäuden und Quartieren bis zu 15 SDGs angesprochen werden. Dabei kristallisieren sich sechs Themen als besonders relevant heraus. (DGNB Bauen für eine bessere Welt)

- Gesundheit und Wohlergehen (SDG 3)
- Bezahlbare und saubere Energie (SDG 7)
- Nachhaltige Städte und Gemeinden (SDG 11)
- Nachhaltige/r Konsum und Produktion (SDG 12)
- Maßnahmen zum Klimaschutz (SDG 13)

- Partnerschaften zur Erreichung der Ziele (SDG 17)

Weiterer relevante SDG Ziele sind: Förderung von lokalen Arbeitsplätzen, menschenwürdiges Wirtschafts- und Wohlstandwachstum, Verringerung von Ungleichheiten, Stärkung von Institutionen, Innovation und Infrastruktur, Bildung und Bewusstsein für Nachhaltigkeit, sauberes Wasser und Sanitärinfrastruktur, Schutz des Lebens im Wasser und Schutz des Lebens an Land. Diese Übersicht veranschaulicht, dass bei Immobilien stets alle drei Dimensionen der Nachhaltigkeit betroffen sind und bei Bau und Betrieb mit einbezogen werden müssen.

3.4 Nachhaltigkeitsstrategien

Im Zuge der Nachhaltigkeitsdiskussion haben sich drei Nachhaltigkeitsstrategien entwickelt. Ziel der jeweiligen Strategie ist es, die ökologischen Belastungen zu vermindern. Bei der Effizienzstrategie werden bestehende Bedürfnisse material- und energieeffizient befriedigt. Bei der Konsistenzstrategie werden die Bedürfnisse durch erneuerbare Ressourcen und Kreislaufwirtschaft befriedigt und bei der Suffizienzstrategie werden materielle Bedürfnisse reduziert, was zu mehr Lebenszufriedenheit führen soll. „Die Zielsetzung einer nachhaltigen Produktion ist die Verbesserung von Ökologie, Ökonomie und sozialen Aspekten der wertschöpfenden Zusammenarbeit. Es geht um langfristiges Wirtschaften und Wertsteigern durch eine höchstmögliche Öko- und Sozioeffizienz und -effektivität" (vgl. Pufé 2017).

3.4.1 Effizienzstrategie

Im Bereich der Effizienzstrategie gibt es bereits einige aussichtsreiche Innovationen im Bereich des Recyclings, Stoffstrommanagement und Nutzungskaskaden. „Es geht darum, ein Produkt möglichst effizient herzustellen bzw. eine Dienstleistung zu erbringen, d. h. entweder mit weniger Ressourceneinsatz das gleiche oder mit dem gleichen Ressourceneinsatz mehr zu erstellen".

Die Anwendung der Effizienzstrategie würde die Gesellschaft dem Ziel eines geringeren Ressourcenverbrauchs und einer verminderten Umweltbelastung näherbringen. Doch hat die Effizienzstrategie ein Problem, welches sich Rebound-Effekt nennt. Dies tritt dort auf wo die Effizienzsteigerung stattgefunden hat (ein direkter Rebound- Effekt). Der Effizienzgewinn der stattgefunden hat, wird durch Mehrkonsum überkompensiert und führt zu einer negativen Rückkopplung. Wenn der Mehrkonsum woanders stattfindet, ist dies ein indirekter Rebound Effekt. Wenn aufgrund es gestiegenen Konsums mehr Produktionskapazität frei wird, spricht man vom Makroökonomischen Rebound Effekt (vgl. Göllinger 2012).

Die Effizienzstrategie ist im Blick auf den Einsatz von Nachhaltigkeitsstrategien in Unternehmen, die am besten und häufigsten einzusetzende Methode. Das liegt vor allem daran, dass das wichtigste Nachhaltigkeitsziel im Bereich der Unternehmensbranche, der effiziente Umgang mit nicht erneuerbaren Ressourcen ist. Die Effizienzstrategie wirkt sich durch Kostenreduktionen ökonomisch vorteilhaft auf Unternehmen aus. Sie hat eine hohe Bedeutung aufgrund der ökonomisch-ökologischen Vorteilhaftigkeit, hinsichtlich der Steigung der Ressourcensicherheit und der Entlastung der Aufnahmekapazitäten der Wirtschaft. Durch die Kostenreduktion haben die Unternehmen mehr Geld für Mitarbeiterfortbildungen und Verbesserungen der sozialen Rahmenbedingungen. Das Ziel des Effizienzprinzips ist die Entkoppelung von Wirtschaftsleistung und Umweltverbrauch. Sie ist momentan im Vergleich der drei Strategien am besten umsetzbar, da sie technisch möglich ist und von der Wirtschaft und Regierung unterstützt wird (vgl. Pufé 2017).

Zu den Kriterien der Effizienzstrategie zählen:

- Verbesserung der Rohstoff- und Ressourcenproduktivität
- mit möglichst wenig Input den gleichen Output oder bei gleichem Input mehr Output erzielen (*Minimax-Prinzip*)
- Prinzip bezieht sich auf Materialien *und* Tätigkeiten

3.4.2 Konsistenzstrategie

Bei der Konsistenzstrategie geht es primär um die Stoffströme und Kreislaufwirtschaft, mit dem Ziel umweltfreundliche Produkte herzustellen. Diese Strategie ist deutlich schwieriger umzusetzen als die Effizienzstrategie. Wichtig hierbei sind neue Technologien und der ökologische Strukturwandel. „Die Konsistenzstrategie beinhaltet die Forderung, dass die Stoff- und Energieströme aus menschlicher Aktivität mit den Strömen natürlicher Herkunft verträglich sein müssen" (Hauff 2014).

Das Cradle-to-Cradle Konzept fast die Idee der Konsistenzstrategie einwandfrei zusammen. C2C bedeutet wörtlich übersetzt „von der Wiege bis zur Wiege" und kann so direkt auf die Stoffströme übertragen werden. Es soll verhindert werden, dass Produkte und Stoffe nach ihrer Nutzungszeit/Lebenszyklus entsorgt werden. Da es sich hierbei immer um umweltfreundliche und gesundheitsfreundliche Materialien handelt, können sie zum Beispiel durch Kompostierung auch in den natürlichen biologischen Kreislauf mit einfließen. Das Oberziel der Konsistenzstrategie und von C2C ist es, dass keine natürlichen Ressourcen mehr verloren gehen.

Für das C2C Konzept gibt es seit 2010 ein Zertifizierungssystem, welches es möglich macht Produkte zu zertifizieren. Diese Zertifizierungen werden vom C2C Institute in den USA vergeben. Die verschiedenen Kategorien reichen von gesunden Materialien, Materialwiederverwendung, erneuerbare Energien, Kohlenstoffmanagement, Wassermanagement bis hin zur sozialen Fairness. Diese Kategorien können eines von fünf Zertifizierungsstufen erreichen: Basic, Bronze, Silber, Gold und Platin.

Die Konsistenzstrategie dreht sich mehr um Qualität als um Quantität. Es geht um die Substitution schädlicher Bestandteile in den Stoffströmen. Durch die Konsistenzstrategie soll deren Qualität verbessert werden. So muss die Masse der Stoffströme nicht verändert werden und bestehende Bedürfnisse bleiben befriedigt. (Göllinger 2012) Zu den Kriterien der Konsistenzstrategie zählen:

- Denken, Handeln und Produzieren im Sinne des geschlossenen Kreislaufprinzips.
- Abfall ist Ausgangsmaterial für das nächste Produkt.
- Abläufe aus der Natur dienen als Vorbild. (Pufé 2017)

3.4.3 Suffiziensstrategie

Die Suffizienzstrategie befasst sich mit der Reduktion materieller Bedürfnisse. Die Bedürfnisse werden freiwillig oder erzwungen zurückgenommen. Dadurch das die Suffizienzstrategie meist nicht auf freiwilliger Basis funktionieren kann, wird sie eher als negativ aufgefasst (vgl. Göllinger 2012). Die Suffizienzstrategie verlangt vor allem die Veränderung der Lebensstile. Die Akzeptanz der Bevölkerung gegenüber dem Thema Konsumverzicht ist jedoch sehr gering. Damit die Suffizienzstrategie richtig greifen kann, bedarf es erst mal ein allgemeines Umdenken. Da es bei der Suffizienzstrategie um die allgemeine Reduzierung von Konsum geht, passt diese auch zum C2C-Konzept. Denn wenn man ein Produkt mehrmals verwenden bzw. nutzen kann, muss vieles gar nicht neu hergestellt werden. Die Produktionen werden reduziert und das Suffizienzstrategie-Ziel erreicht.

Das Suffizienzprinzip ist im Vergleich zum Konsistenz- und Effizienzprinzip am schwersten umzusetzen. Es erfordert Genügsamkeit und ein Umdenken der Bevölkerung. Man soll durch Konsumbegrenzung und Obergrenzen für das Wirtschaftswachstum ein zufriedenstellendes Leben führen. Zu den Kriterien der Suffizienzstrategie zählen:

- Vermeidung jeglicher Verschwendung und sinnloser Ressourcen und Tätigkeiten
- Keine Produktion von nicht-nachhaltigen Produkten
- Beachtung des Prinzips der Genügsamkeit, zum Beispiel ein kleineres, schlankeres, dafür nicht nachhaltigeres Produktsortiment (vgl. Pufé 2017)

3.4.4 Beziehungen der Strategien zueinander

Die Suffizienzstrategie wird noch nicht genügend beachtet, obwohl sie zum Erreichen der Nachhaltigkeitsziele enorm wichtig ist. Wenn die Suffizienzstrategie vernachlässigt wird, besteht Gefahrenpotenzial. Die Effizienzgewinne könnten kompensiert oder überkompensiert werden. Ohne Veränderung der Lebensweise kann die Entlastung der Ökosysteme durch die Konsistenz- und Effizienzstrategie nicht stattfinden (vgl. Hauff 2014).

Betrachtet man die drei Strategien und deren Ansätze kommt man zu dem Schluss, dass sich die drei Strategien nicht ausgrenzen, sondern bedingen. Es handelt sich nicht um eigenständige Strategien, sondern um einzelne Elemente, die erst zusammen eine funktionierende Nachhaltigkeitsstrategie bilden. Bei der Anwendung der Strategien wird klar, dass nicht alle gleichzeitig greifen können. Die Effizienzstrategie ist momentan am kompatibelsten zum gegenwärtigen sozioökonomischen System. Außerdem ist die Effizienzstrategie durch die bereits sehr fortschrittliche Technologie am besten umzusetzen. Darauf könnte die Konsistenzstrategie folgen, die mit dem Ziel umweltfreundliche Ressourcen herzustellen, die immer wieder verwendet werden können, das höchste Potenzial besitzt. Die Suffizienzstrategie ist vor allem in Bezug auf die „Grenzen des Wachstums" von Bedeutung. Da die Erde räumlich begrenzt ist, müsse auch der Konsum begrenzt werden (vgl. Seifert et al. 2011).

Beurteilt man die drei Strategien nebeneinander, kann man schnell zu der Auffassung kommen, dass die Konsistenzstrategie die beste wäre. Die Effizienzstrategie zieht negative Rebound Effekte mit sich und die Suffizienzstrategie ist negativ behaftet. Man sollte die Strategien aber nicht einzeln betrachten, sondern davon ausgehen, dass sie sich gegenseitig brauchen um zu funktionieren. Um an seine ökologischen Ziele zu gelangen, ist eine Kombination aus allen drei Elementen notwendig. „Es handelt sich also nicht um drei nebeneinander stehende Leitstrategien, sondern um interdependente Strategien, die aufeinander abzustimmen und in einer übergreifenden Nachhaltigkeitsstrategie zusammenzuführen sind" (Göllinger 2012).

3.5 Ökobilanzen und Nachhaltigkeit

Im Zusammenhang mit Nachhaltigkeitszielen und Strategien für mehr Nachhaltigkeit spielen besonders in der Immobilienwirtschaft Ökobilanzen eine besondere Rolle. Hier besteht ein enger inhaltlicher und strategischer Zusammenhang zum kurz zuvor bereits dargestellten Cradle-to-Cradle-Prinzip. Die Ökobilanz (englisch Life Cycle Assessment, LCA) ist gemäß DIN EN ISO 14040 die „Zusammenstellung und Beurteilung der Input- und Outputflüsse und der potenziellen Umweltwirkungen eines Produktsystems im Verlauf seines Lebensweges" (vgl. Braune 2015, S. 54 ff.) Von der „Wiege bis zur Bahre" eines Produktes oder einer Dienstleistung werden alle Emissionen in Luft, Wasser und Boden und alle benötigten Ressourcen aufsummiert. Danach werden diese Interaktionen der Technosphäre mit der Ökosphäre charakterisiert und zu Indikatoren zusammengefasst.

Hintergrundinformation
Die Aggregationsstufen dieser Indikatoren sind wie folgt definiert (vgl. Braune 2015):

- Sachbilanz-Ebene (Sachbilanz = Katalog der Elementarflüsse),
- Wirkungsindikatoren-Ebene (Wirkungsindikator = Anwendung von Umweltwirkungsfaktoren je Elementarfluss und Aufsummierung der charakterisierten Ergebnisse)
- Wirkungsendpunkt-Ebene (Wirkungsendpunkt = Eigenschaft oder Aspekt der natürlichen Umwelt, der menschlichen Gesundheit oder der Ressourcen, die oder der ein Umweltthema identifiziert, das Grund zur Besorgnis darstellt)

3.5 Ökobilanzen und Nachhaltigkeit

Das übergeordnete Ziel der Bewertung von Gebäuden hinsichtlich Nachhaltigkeitskriterien, wie der hier betrachteten ökologischen Kriterien, sollte vor allem mit dem Gedanken des nachhaltigen Wirtschaftens übereinstimmen. In den Kontext des nachhaltigen Wirtschaftens entsprechend diesem gängigen Verständnis eingebettet, lassen sich verkürzt folgende Vorgaben für heutiges nachhaltiges Handeln ableiten, wobei die erste Vorgabe entsprechend Definition im Brundtland Report vorrangig gegenüber der zweiten ist:

1. aktuelle Bedürfnisse befriedigen und gleichzeitig intergenerative Gerechtigkeit sicherstellen,
2. ökologische und soziale Kriterien bedeutungsmäßig den ökonomischen gleichstellen.

Wird ein nachhaltiges Gebäude angestrebt müsste demnach in Planungs-, Bau-Bewirtschaftungsprozessen eines Gebäudes jede Entscheidung bezüglich der ersten Handlungsvorgabe wie folgt hinterfragt und positiv beantwortet werden:

- Erfüllen Art der Rohstoffe, Herstellung, Transport und Einbau der gewählten Produkte, technischer oder planerischer Lösungen nicht nur die aktuellen direkten Bedürfnisse der Wirtschaftenden, sondern auch die möglichen Bedürfnisse der zukünftig Wirtschaftenden und davon indirekt Betroffenen?
- Erfüllen die Leistungen der gewählten Produkte, technischen oder planerischen Lösungen im Gebäude nicht nur die aktuellen Bedürfnisse der Bauherren, sondern auch mögliche Bedürfnisse zukünftiger Nutzer und davon indirekt Betroffenen über den erwarteten Zeitraum der Nutzung des Gebäudes?
- Erfüllen gewählte Produkte, technische oder planerische Lösungen den Anspruch an komplette Rückführung in den technischen Kreislauf nach dem erwarteten Zeitraum der Nutzung?

Bezüglich der zweiten Handlungsvorgabe wäre danach zu hinterfragen, ob die Dimensionen Ökologie und Soziales gleichgewichtet in Entscheidungsprozesse einbezogen sind:

- Haben die Anforderungen an die ökologische Performance der gewählten Produkte, technische oder planerische Lösungen den gleichen Stellenwert wie die Kosten- und der Nutzen?
- Haben die Anforderungen an die soziale Performance der gewählten Produkte, technische oder planerische Lösungen den gleichen Stellenwert wie die Kosten- und der Nutzen?

Aus dem Versuch diese Fragen für ein Bauvorhaben, ein fertiggestelltes Gebäude oder eine Immobilienbewirtschaftung durchweg mit „Ja" zu beantworten lässt sich ableiten, dass aus heutiger Sicht kein einziges Gebäude als nachhaltiges Gebäude entsprechend der reinen Definition der Sachverständigen der Weltkommission für Umwelt und Entwicklung (Autoren des anfangs erwähnten Brundtland Reports) zu bewerten wäre

Die Anwendung der Gebäude-Ökobilanz hat zum einen zum Ziel, die Perspektive „Gebäude-Lebenszyklus" in die ökologische Bewertung mit aufzunehmen, und somit Verschiebungen potenzieller Umweltlasten in nicht-betrachtete Lebenswegphasen zu verhindern. Ökologisch motivierte Entscheidungen zugunsten oder zulasten nur einzelner Phasen sollen damit gehemmt werden. Ein typisches Beispiel wäre der Verzicht auf Metalle wie Aluminium, die in der Herstellung absolut höhere potenzielle Umweltlasten aufweisen als die für funktionelle Einheiten anderer Materialien, jedoch in der Lebenswegphase „Recycling" für andere Systeme eine ökologische Gutschrift in Form negativer Umweltpotenziale bringen. Der Einbezug aller Phasen (inklusive Verwertung und Verwendung für andere Systeme) wird durch die Ökobilanz ermöglicht. Zum anderen kann die Gebäude-Ökobilanz eingesetzt werden, um mehrere Umweltindikatoren und ökologische Parameter parallel zu ermitteln und somit bei Anwendung Verschiebungen von Umweltproblemen zwischen unterschiedlichen Problemfeldern zu verhindern. Da die Methode der Gebäude-Ökobilanz heute noch als sehr aufwändig von Planern betrachtet wird, da geeignete Tools nicht oder nur begrenzt zur Verfügung stehen, wird sie selten umfassend in der Planung eingesetzt.

Dass die Immobilienwirtschaft in zunehmendem Maße unter verschärften Nachhaltigkeitsgesichtspunkten betrachtet wird, dafür gibt es viele Gründe. Sowohl national als auch global. Bei einem erwarteten Anstieg der Weltbevölkerung auf mehr als neun Milliarden Menschen bis 2050 gehen eine Vielzahl an Experten und Studien davon aus, dass die Emissionen aus der Entwicklung neuer Infrastrukturen 35 bis 60 Prozent des verbleibenden Kohlenstoffbudgets beanspruchen könnten, das auf der Begrenzung des globalen Temperaturanstiegs auf zwei Grad Celsius beruht (vgl. Churkina et al. 2020). Eine weitere Verringerung des Energiebedarfs und der damit verbundenen Treibhausgasemissionen im Zusammenhang mit der Herstellung von Baustoffen auf Mineralbasis stellt eine Herausforderung dar, denn in diesen Industrien sind die Produktionsprozesse bereits weitgehend optimiert. Künftige Verbesserungen der Energieeffizienz pro Tonne Material dürften sich auf 24 Prozent bei Stahl und 13 Prozent bei Zement beschränken, die den weltweiten Energieeinsatz bei Werkstoffen dominieren (vgl. Churkina et al. 2020). Der Ersatz fossiler Brennstoffe durch erneuerbare Energiequellen wird die CO_2-Emissionen aus der Stahl- und Zementherstellung niemals auf null reduzieren, da die Emissionen aus den damit verbundenen chemischen Reaktionen stammen: Kalzinierung bei der Zementherstellung und Verwendung von Koks aus Kokskohle zur Reduzierung von Eisenoxid bei der Stahlherstellung. Im Jahr 2014 entsprachen diese Emissionen 1320 Mt CO_2 für Zement und 1740 Mt CO_2 für Stahl. Bei der Zementherstellung stammen etwa 60 Prozent der Gesamtemissionen aus der Kalzinierung, wobei ein Teil davon durch die anschließende Karbonatisierung der freiliegenden Oberflächen von Betonstrukturen und Abfällen langsam wieder aufgefangen wird. Auf den Gebäude- und Bausektor entfällt derzeit etwa die Hälfte der gesamten weltweiten Stahlnachfrage. Der damit verbundene Energiebedarf bei der Stahlproduktion könnte jedoch um ganze 60 bis sogar 95 Prozent gesenkt werden, wenn statt Primärrohstoffen Sekundärrohstoffe verwendet würden. Das Angebot an Sekundärrohstoffen ist jedoch auf 30 bis 40 Prozent des Primäreinsatzes begrenzt, da zwischen der

3.5 Ökobilanzen und Nachhaltigkeit

ersten Verwendung von Metallprodukten und dem Ende ihrer Nutzungsdauer mehrere Jahrzehnte liegen. Die Recyclingquote von Stahl am Ende der Nutzungsdauer im Bauwesen liegt bei 85 Prozent, wobei bis 2050 Effizienzsteigerungen von bis zu 90 Prozent erwartet werden. Allein in Deutschland stammen nach Zahlen des statistischen Bundesamtes rund 55 Prozent des jährlichen Abfallaufkommens aus Bau- und Abbruchabfällen. Dabei ist dieser Anteil über die vergangenen 20 Jahre weitgehend stabil. In Zeiten guter (Bau-)Konjunktur steigen die absoluten Zahlen etwas, in schlechteren Zeiten sinken sie; der Anteil von rund der Hälfte des gesamten Müllaufkommens bleibt dabei aber im Großen und Ganzen gleich. In den vergangenen Jahren bedeutete das jeweils rund 220 Millionen Tonnen Abfälle allein in Deutschland. Global sehen die Zahlen beispielsweise bei der CO_2 Bilanz auch nicht besser aus. Nach Angaben der IEA ist die Zementindustrie für 19 Prozent der globalen CO_2 Emissionen verantwortlich, die Stahlindustrie für 24 Prozent, die Chemieindustrie für acht Prozent und die Aluminiumindustrie für weitere sechs Prozent. Alle diese Stoffe werden – nicht nur aber im großen Stil – in der Bau- und Immobilienbranche gebraucht und verbraucht. Die Produktion eines Kubikmeters Beton belastet die Umwelt im Schnitt mit 850 Kilogramm CO_2. (Abfallwirtschaft) Allein anhand dieser wenigen Zahlen wird die Bedeutung der Immobilienwirtschaft für Klimaschutz im Besonderen und Nachhaltigkeit im Allgemeinen besonders deutlich.

Die gegenwärtige Bautätigkeit in der ganzen Welt hat zwei weitere, wenig erforschte, aber dennoch relevante Auswirkungen auf den Kohlenstoffkreislauf: Erstens werden für die Herstellung von Zement, Beton, Asphalt, Glas usw. riesige Mengen an Sand benötigt, der von Stränden, Flüssen und Meeresböden entnommen wird; zweitens kann der Abbau zu einer umfassenden lokalen Abholzung führen. Der Sandabbau übt nicht nur erheblichen Druck auf die verfügbaren Vorkommen aus, die weltweit immer knapper werden, sondern beeinträchtigt auch die Fähigkeit der aquatischen Ökosysteme, Kohlenstoff aufzunehmen, die durch den Abbau gestört werden. Zusammengenommen sind die Bergbauinfrastrukturen und die Entwicklung der Lieferketten für mineralische Rohstoffe für einen unverhältnismäßig großen Verlust an Wäldern in der Umgebung der Minen und den daraus resultierenden Verlust an gespeichertem Kohlenstoff verantwortlich. Die bergbaubedingte Entwaldung war allein in Brasilien für 9 Prozent des gesamten Waldverlustes im Amazonasgebiet im Zeitraum 2005–2015 verantwortlich: das Zwölffache der Fläche, die innerhalb der genehmigten Bergbaupachtverträge abgeholzt wurde. Daher wird die Nachfrage des heutigen globalen Bausektors nach Baumaterialien eine wichtige Quelle für Treibhausgasemissionen bleiben, wenn nicht entsprechend reagiert wird. Gebäude, die für eine jahrzehntelange Nutzung ausgelegt sind, stellen eine übersehene Möglichkeit zur langfristigen Speicherung von Kohlenstoff dar, da die am häufigsten verwendeten Baumaterialien wie Stahl und Beton kaum Kohlenstoff speichern.

Treibhausgasemissionen aus dem Betrieb bestehender Gebäude entstehen heute direkt vor Ort durch die Verbrennung fossiler Brennstoffe zur Bereitstellung von Heizung und Warmwasser. Sie entstehen direkt, wenn Gebäude Fernwärme und Netzstrom, der in mit fossilen Brennstoffen betriebenen Kraftwerken erzeugt wird, für Heizung, Beleuchtung, Geräte, Kühlung und andere Ausrüstungen nutzen. Beim Bau neuer Gebäude sowie bei der Renovierung und dem Abriss bestehender Gebäude entstehen THG-Emissionen durch die Prozesse, die mit der Gewinnung und Verarbeitung von Baumaterialien, der Herstellung von Bauteilen, dem Transport zur Baustelle, dem Bau von Gebäuden, ihrer Nutzung während ihrer gesamten Lebensdauer und schließlich ihrem Abriss verbunden sind (vgl. EASAC 2021; vgl. Good 2016; vgl. Birgisdottir et al. 2017; vgl. Kristjansdottir et al. 2018; vgl. Nwodo und Anumba 2019).

Die meisten (also 85 bis 95 Prozent) der rund 250 Millionen bestehenden Gebäude in Europa werden auch im Jahr 2050 noch genutzt werden, und die Neubaurate ist gering. Das größte Potenzial für die Verringerung der THG-Emissionen im EU-Gebäudesektor liegt in der Verringerung des Energieverbrauchs aus fossilen Brennstoffen in bestehenden Gebäuden durch die Steigerung der Intensität und der Rate energieeffizienter Gebäuderenovierungen. 30 Jahre lang wäre eine durchschnittliche Renovierungsrate von fast drei Prozent erforderlich, um die geschätzten 85 bis 95 Prozent der bestehenden Gebäude in der EU, die 2050 noch genutzt werden, zu sanieren, obwohl der tatsächliche Bedarf wahrscheinlich zwischen 2 und 2,5 Prozent liegt, da einige bestehende Gebäude bereits eine gute Energieeffizienz aufweisen. Da die Renovierungsraten in der EU derzeit bei etwa einem Prozent liegen, müssten diese um einen Faktor von zwei bis drei (je nach Mitgliedstaat) erhöht werden, um eine Dekarbonisierung des gesamten EU-Gebäudesektors bis 2050 zu erreichen.

Speziell für den Wohngebäudesektor gab es 2019 etwa 195 Millionen Haushalte in den 27 Mitgliedstaaten der EU. Um bis 2050 nur die 75 Prozent der Wohngebäude zu renovieren, die schätzungsweise eine schlechte Gesamtenergieeffizienz aufweisen, wären also 146 Millionen Renovierungen in nur 30 Jahren erforderlich, was einer Renovierungsrate für den gesamten EU-Wohngebäudebestand von etwa 2,2 Prozent entspricht. Konkret bedeutet dies, dass EU-weit mehr als 90.000 Wohnungen pro Woche renoviert werden müssten. Gebäude mit nahezu null Treibhausgasemissionen sind in der Regel sehr gut isoliert und haben eine geringe Luftinfiltrationsrate. Ihre hohe Luftdichtheit erfordert eine gut kontrollierte natürliche oder mechanische Belüftung, in Nordeuropa oft mit Wärmerückgewinnung. Sie verfügen über hochleistungsfähige Fenster, Systeme mit geringen Treibhausgasemissionen für die Warmwasserbereitung, energieeffiziente Raumheizung und -kühlung mit fortschrittlicher Steuerung sowie selbst erzeugten Strom und Wärme aus erneuerbaren Energiequellen. Eine gewisse Verringerung des Energieverbrauchs (und der damit verbundenen Treibhausgasemissionen) aus fossilen Brennstoffen in Gebäuden kann zu relativ geringen Kosten erreicht werden, indem die Energieeffizienz und die Steuerung von Heizungs-, Lüftungs-, und Klimaanlagen (HVAC) verbessert und (vor allem in Nordeuropa) Dämmungen angebracht werden, um Wärmeverluste zu verringern, und/oder Sonnenschutzvorrichtungen, um Überhitzung zu vermeiden.

> **Beispiel**
>
> Um die Treibhausgasemissionen von Gebäuden auf nahezu Null zu reduzieren, sind jedoch viel tief greifendere gebäudespezifische Renovierungen erforderlich. Solche tief greifenden Renovierungen können:
>
> - wesentlich höhere Investitionskosten verursachen;
> - über längere Zeiträume hinweg eine viel geringere Rendite bieten;
> - wahrscheinlich gebäudespezifische Planungsarbeiten erfordern
> - mehr hoch qualifizierte Bauarbeiter und intelligent ausgebildete Techniker beschäftigen;
> - fortschrittlichere Technologien beinhalten; und
> - bei denkmalgeschützten Gebäuden, bei denen Änderungen gesetzlich vorgeschrieben sind, besonders schwierig zu realisieren sein. ◄

Der Hauptenergieverbrauch für den Betrieb von Gebäuden ist in Nordeuropa traditionell die Raumheizung, in Südeuropa die Raumkühlung und in beiden Ländern der Verbrauch von Warmwasser und elektrischen Geräten (vgl. EASAC 2021). Die direkten Treibhausgasemissionen, die durch die Verbrennung von Brennstoffen für die Heizung entstehen, variieren im Laufe des Tages und des Jahres mit den Wetterbedingungen wie Außentemperatur, Sonneneinstrahlung, Windgeschwindigkeit, sie variieren mit den im Gebäude ausgeübten Tätigkeiten (zum Beispiel Gewerbe, Industrie, Bildung, Gesundheitswesen, Wohnen) und mit den von den Bewohnern geforderten Innentemperaturen. In Gebäuden wie Klassenzimmern, Hörsälen, Kinos und Konferenzsälen hängen der Heiz- (und Kühl-) Bedarf und damit die Erzeugung von Treibhausgasemissionen stark von der Anzahl der im Gebäude anwesenden Personen ab, da jede Person eine Heizleistung erzeugt, die von ihrem Aktivitätsniveau abhängt. Der Energieverbrauch von Gebäuden wird auch durch die verwendeten Anlagen und Geräte wie Beleuchtung, Computer, Drucker, Kühlschränke, Herde usw. sowie durch Verhaltensentscheidungen wie die Einstellungen von Heiz- und Kühlsystemen und das Ausmaß der natürlichen Belüftung beeinflusst, die beträchtlich sein kann, wenn die Bewohner beispielsweise Fenster, Türen oder andere natürliche Belüftungsvorrichtungen öffnen. Indirekte THG-Emissionen, die von Fernwärmesystemen und durch die Stromerzeugung erzeugt werden, variieren ebenfalls im Tages- und Jahresverlauf und hängen von der Nutzung von Heiz-, Kühl- und Belüftungssystemen, Beleuchtung, Haushaltsgeräten sowie Informations- und Kommunikationstechnologien ab. Die Effizienz von stromverbrauchenden Produkten und Geräten in Gebäuden ist nicht nur deshalb wichtig, weil sie sich auf den Stromverbrauch auswirkt, sondern auch, weil sie sich auf die Kühllast auswirkt, die durch die von diesen Produkten und Geräten während ihres Betriebs freigesetzte Wärme verursacht wird.

Hier sehen wir bereits ziemlich deutlich einen Zusammenhang zu den Entwicklungen der Digitalisierung aus dem vorigen Kapitel. Immobilien sind im digitalen Zeitalter bestimmt von der Nutzung und dem Verhalten der Menschen, die in ihnen wohnen, arbeiten und leben. Immobilien sind zudem Plattformen auf beziehungsweise in und mit denen viele, viele weitere (digitalisierte) Geräte und Instrumente interagieren und den Menschen bestimmte Tätigkeiten ermöglichen oder das arbeiten und Leben einfacher und bequemer machen sollen. Bei all diesen Dingen – Verhalten und Gerätenutzung – entstehen Daten. All dies hat Auswirkungen auf die Energienutzung und die Nachhaltigkeit eines Gebäudes. Was liegt also näher, als beides zusammen zu bringen? In der Nutzung der Daten liegt der Schlüssel zur nachhaltigen Nutzung von Immobilien und zur ständigen Verbesserung des Angebots für Immobiliennutzer durch digitale Services.

Das Potenzial eines Gebäudes, einen niedrigen Energieverbrauch zu haben, wird weitgehend durch die Gestaltung, die verwendeten Materialien und Komponenten sowie die Qualität der Konstruktion bestimmt. Die tatsächliche Energieleistung kann jedoch sehr stark von den äußeren Witterungsbedingungen und dem Verhalten der Bewohner beeinflusst werden. Letzteres wird auch von der Anzahl der Bewohner, ihrem Lebensstil und den Nutzungszeiten beeinflusst. Wenn es beispielsweise in einem Gebäude zu heiß wird, werden die Bewohner wahrscheinlich Türen oder Fenster öffnen, wenn dies für sie einfacher ist, als die Heizungsanlage zu regulieren (oder richtig einzustellen). Ein solches Verhalten erhöht den Energieverbrauch und muss daher verhindert werden, indem sichergestellt wird, dass das Ziel, den Bewohnern ein angenehmes Innenraumklima zu ermöglichen, sowohl bei neuen Gebäuden als auch bei der Renovierung bestehender Gebäude in den Mittelpunkt des Entwurfsprozesses gestellt wird. Neben der Senkung des Energiebedarfs einzelner Gebäude oder Gebäudegruppen durch Energieeffizienzmaßnahmen kann der fossile Energieverbrauch des Gebäudesektors durch die Integration von Solarstromgeneratoren (Fotovoltaik) in die Gebäudestruktur oder die Anbringung von Photovoltaikgeneratoren neben den Gebäuden zur Deckung eines Teils des eigenen Energiebedarfs und zur Einspeisung überschüssiger erneuerbarer Energie in das Netz (das heißt Positiv-Energie-Gebäude (PEB) und Positiv-Energie-Nachbarschaften (PEN)) gesenkt werden.

Nach den von der Europäischen Umweltagentur erstellten Kohlenstoffinventaren machen die THG-Emissionen von Wohn- und Gewerbegebäuden (Nichtwohngebäuden) in der EU etwa 36 Prozent der energiebedingten THG-Emissionen oder etwa 25 Prozent der gesamten THG-Emissionen der EU aus (vgl. Churkina et al. 2020). Von den 36 Prozent werden etwa 12 Prozent direkt durch die Verbrennung fossiler Brennstoffe für die Beheizung von Gebäuden erzeugt, der Rest entsteht indirekt durch den Verbrauch von Wärme aus Fernwärmesystemen und von Netzstrom für Beleuchtung, Kühlung, Warmwasserversorgung, Belüftung, Klimaanlagen und andere Geräte. Die Beiträge dieser direkten und indirekten THG-Emissionen sind in den einzelnen Mitgliedstaaten unterschiedlich und hängen vor allem vom Energiemix (und den verwendeten Brennstoffen) für Heizung, Kühlung und Warmwasser, dem Grad der Elektrifizierung des Gebäudesektors und dem Grad der Dekarbonisierung des Stromnetzes ab. Die direkten THG-Emissionen von Gebäuden dürften in Zukunft zurückgehen, da die Verbrennung fossiler Brennstoffe in Gebäuden schrittweise eingestellt wird, und die indirekten THG-Emissionen von Gebäuden werden mit der Dekarbonisierung des Stromnetzes abnehmen. Darüber hinaus müssen sowohl bei neuen als auch bei renovierten Gebäuden die Treibhausgasemissionen, die in

3.5 Ökobilanzen und Nachhaltigkeit

Baumaterialien und -komponenten durch die für ihre Gewinnung, ihren Transport, ihre Verarbeitung und ihre Herstellung verwendete Energie enthalten sind, begrenzt werden. Dies ist notwendig, um sicherzustellen, dass die kumulativen betrieblichen und verkörperten THG-Emissionen von Gebäuden nicht in unangemessener Weise zu einem Anstieg der globalen Temperaturen um mehr als 1,5 oder 2 Grad Celsius gegenüber dem vorindustriellen Niveau beitragen.

Die hier dargestellten Zusammenhänge, Zahlen und Volumen zeigen eines sehr deutlich: Eine komplette Renovierung des Bestandes an unterschiedlichsten Immobilien in Deutschland und Europa ist in der angestrebten Zeit illusorisch. Es handelt sich hier um einen viel länger laufenden Prozess, wobei es in vielen Fällen sinnvoller sein wird, neu zu bauen, als zu renovieren. Die einzige Chance auf mehr Nachhaltigkeit im Gebäudebestand und im Betrieb, ist mehr Effizienz durch den Einsatz von digitalen Technologien. Das geht schneller, einfacher und kann vielfach enorme Effekte realisieren.

Die bisherigen Fortschritte in puncto Nachhaltigkeit innerhalb der Immobilienbranche erscheinen vor dem Hintergrund zahlreicher und komplexer Fragestellungen ähnlich wie in vielen anderen Branchen vielfach noch zu gering. Dabei entfallen auf Gebäude gegenwärtig rund 39 Prozent der energiebedingten Kohlendioxidemissionen – und damit mehr als im Verkehrssektor. Nach Angaben der Coalition for Urban Transitions sind Gebäude für 58 Prozent der städtischen Emissionen verantwortlich. Zum Vergleich: Verkehr verursacht 21 Prozent. Auch der Energieverbrauch im Gebäudesektor ist enorm. Gebäude sind heute für etwa 30 Prozent des Endenergieverbrauchs und über 55 Prozent des weltweiten Stromverbrauchs verantwortlich. Nur ein Prozent der Gebäude weltweit gilt als CO_2 neutral.

Etwa 80 Prozent des Gebäudebestands im Jahr 2050 sind bereits gebaut. Um das Pariser Klimaabkommen einzuhalten, müssen laut World Green Building Council alle neu errichteten Gebäude ab 2030 CO_2-neutral sein, ab 2050 gilt dies für den gesamten Gebäudebestand. Die Zeit drängt also und es sind dringend mehr Investitionen in den Gebäudebestand notwendig. Der Begriff des „nachhaltigen Neubaus" darf außerdem nicht nur auf den Aspekt möglichst geringer Emissionen im Gebäudebetrieb reduziert werden („Operational Carbon Footprint"). Vielmehr wird bereits bis zur Inbetriebnahme des Gebäudes für die Produktion der notwendigen Baumaterialien, ihren Transport etc. eine riesige Menge an Treibhausgasen emittiert („Embodied Carbon Footprint"), welche die jährlichen Emissionen der Nutzungsphase um ein Vielfaches übersteigen. Hier muss also bereits in der Planung weniger CO_2-intensiven Materialien, Prozessen und Transportketten nach Möglichkeit der Vorzug gegeben werden (Building Minds).

Studien über Emissionen in Gebäuden (vgl. Rasmussen et al. 2018) haben gezeigt, dass die typischen Werte der Emissionen pro Quadratmeter Nutzfläche für neue Gebäude zwischen 250 und 400 Kilogramm Kohlendioxidäquivalent pro Quadratmeter (kg CO_2eq./m2) liegen, während die Betriebs-THG-Emissionen von bestehenden Gebäuden typischerweise zwischen 30 und 50 kg CO_2eq./m2 pro Jahr liegen. Die Studien zeigen auch, dass die zusätzlichen Emissionen, die durch die Renovierung eines bestehenden Gebäudes verursacht werden, je nach Art und Tiefe der Renovierungsarbeiten und der verwendeten

Materialien typischerweise weniger als 50 Prozent der Emissionen für ein neues Gebäude betragen (das heißt weniger als 125–200 kg CO_2eq./m2). Sie können viel niedriger sein, wenn sich die Renovierung zum Beispiel auf die Isolierung und die Verbesserung des Heiz- oder Kühlsystems ohne größere bauliche Veränderungen konzentriert (vgl. Brown et al. 2014; vgl. EASAC 2021)

Immobilien können aber auch noch aus einer weiteren Perspektive anders verstanden und sozusagen „eingesetzt" werden. Neben der Nutzung digitaler Technologien für mehr Nachhaltigkeit und der Renovierung des Bestands, liegt weitere Hebel im Neubau von Immobilien mit dem herausgehobenen Ziel der Kohlenstoffspeicherung. Eine Analyse von Churkina et al. legt nahe, dass der Bau von Holzgebäuden für Städte und Siedlungen je nach Szenario und durchschnittlicher Wohnfläche pro Kopf 0,01–0,68 GtC pro Jahr speichern könnte (vgl. Churkina et al. 2020). Ein solcher Ansatz würde die bestehende Kohlenstoffsenke in langlebigen Holzprodukten erhöhen, die zwischen 0,05 und 0,09 GtC pro Jahr schwankt. Die Kohlenstoffspeicherung in Gebäuden aus Massivholz wird einen Teil der vorübergehenden Verringerung des Kohlenstoffbestands in den Wäldern ausgleichen, die wieder nachwachsen und weiterhin Kohlenstoff aus der Atmosphäre aufnehmen werden. Dieser Transfer von Kohlenstoff aus den Wäldern in die Städte kann die Schwächung der Kohlenstoffsenken an Land ausgleichen, wenn die Lufttemperaturen steigen und die Häufigkeit natürlicher Störungen im Zusammenhang mit dem Klimawandel, die die Wälder betreffen, zunimmt. Der Anteil zukünftiger städtischer Gebäude, die mit Holz gebaut werden, und ihre Nutzfläche pro Kopf bestimmen die Rate des Kohlenstofftransfers aus den Wäldern und die Gesamtspeicherung von Kohlenstoff in diesen Gebäuden. Die optimale Mischung biobasierter Baumaterialien wird wahrscheinlich vom lokalen Klima und den verfügbaren natürlichen Ressourcen abhängen. Die oberirdische Kohlenstoffdichte einer Stadt nimmt mit zunehmender Wohndichte und Gebäudehöhe zu, wenn die Gebäude aus Holz gebaut sind. Die Kohlenstoffdichte von Holzgebäuden kann die von Böden und Bäumen in einer mittelhohen Stadt übertreffen, obwohl Böden und Bäume mehr Kohlenstoff speichern als Gebäude in Vorstadtsiedlungen. Ein fünfstöckiges Wohngebäude aus Brettschichtholz kann bis zu 186 kgC m-2 in der Primärstruktur speichern; das ist mehr als in der oberirdischen Biomasse des natürlichen Waldes mit der höchsten Kohlenstoffdichte (52 kgC m-2; typisch für die Coast Range Ökoregion in Nordamerika). Die Entscheidungsfindung am Ende der Lebensdauer eines Holzgebäudes ist entscheidend für den Erfolg dieses Übergangs als Klimaschutzstrategie. Der in Holzgebäuden gespeicherte Kohlenstoff muss so lange wie möglich an Land erhalten bleiben. Holzgebäude müssen mit diesem Ziel im Hinterkopf entworfen werden. Dies kann nicht nur dadurch erreicht werden, dass Holzgebäude so konzipiert werden, dass ihre Bestandteile wiederverwendet oder recycelt werden können, sondern auch durch die Förderung der Sammlung von Holz aus abgerissenen Gebäuden und die Belebung eines Marktes für gebrauchte Holzprodukte. Die Holzverwertung ist die erste und beste Option. Die Verwendung der großen Bauteile von Massivholzkonstruktionen erleichtert ihre Demontage und direkte Wiederverwendung nach dem Abriss eines Gebäudes. Kleinere Komponenten können in sekundären strukturellen und nicht-strukturellen Anwendungen recycelt werden, zum Beispiel in

Form von Spanplatten, Zellulosedämmung oder Innenausbauprodukten. Obwohl die Verbrennung von Biomasse häufig als Mittel zur Energierückgewinnung bevorzugt wird, könnte die Umwandlung kleinerer, für das Recycling ungeeigneter Bauteile in ein Material auf Biokohlebasis mit sehr hohem Kohlenstoffgehalt für die Wiederherstellung der Kohlenstoffspeicherung an Land effektiver sein.

Im Vergleich zu anderen technischen Kohlenstoffsenken hat die Option der Kohlenstoffspeicherung in Gebäuden offensichtliche Vorteile. Sie nutzt die Vorteile sich entwickelnder Bauprozesse, die in jedem Fall auftreten werden, und dient als Ersatz für mineralische Baumaterialien, die hohe CO_2-Emissionen verursachen. Massivholz ist eine sicherere Art der Kohlenstoffspeicherung als das Pumpen von CO_2 in den Untergrund und eine sinnvollere und wirtschaftlichere Option als das Vergraben von Baumstämmen in Gräben unter einer dicken Erdschicht zur langfristigen Speicherung oder die direkte Umwandlung von Rundholz in Biokohle. Vor allem müssen die Kohlenstoffpools in den Holzstädten erhalten und schrittweise zusammen mit den Kohlenstoffpools der Wälder vergrößert werden, um eine langfristige Bindung des Kohlenstoffs an Land zu gewährleisten. Dies kann durch haltbarere Baudetails, die eine längere Lebensdauer von Holzgebäuden fördern, durch die Förderung von Märkten für Altholz und für Technologien zur Umwandlung von Altholz in andere langlebige Produkte sowie durch die nachhaltige Bewirtschaftung der Wälder erreicht werden. Eine Voraussetzung für die Erzielung höherer Erntemengen und die Erhaltung der Kohlenstoffspeicherung in den Wäldern ist die Wahrung der Nachhaltigkeit der Wälder und die Fortsetzung der Aufforstungsbemühungen. Die steigende Nachfrage nach Bauholz müsste durch ein starkes rechtliches und politisches Engagement für eine nachhaltige Waldbewirtschaftung, solide Forstzertifizierungssysteme, die Befähigung der in den Wäldern lebenden Menschen, Bemühungen zur Eindämmung des illegalen Holzeinschlags und die Erforschung von Bambus und anderen Pflanzenfasern als Ersatz für Holz in tropischen und subtropischen Regionen unterstützt werden.

Bei den hier gemachten Vorschlägen geht es um einen Zeithorizont von mehreren Jahrzehnten. Es dauert, bis viele neue Gebäude oder sogar ganze Quartiere einmal (vielleicht) aus Holz gebaut sein werden und damit als Kohlenstoffspeicher dienen und eine echten Beitrag für Nachhaltigkeit und gegen die Erderwärmung leisten können. So bleibt auch hier wieder die Erkenntnis, dass ein schnellerer Weg zu mehr Nachhaltigkeit in der Immobilienwirtschaft nur über die Nutzung von digitalen Technologien realisierbar ist.

3.6 Bedeutung von Umweltzielen und Umweltindikatoren

Unabdingbar für eine Nutzung von Digitalisierung für mehr Nachhaltigkeit im Immobilienbereich sind klare Kennzahlen, Standards, Ziele und Indikatoren (Braune 2015). Die Umweltpolitik definiert üblicherweise Umweltziele für bestimmte Themenfelder. Prinzipielles Vorgehen hierfür ist, dass zur Abbildung der Ziele adäquate Umweltindikatoren auf Basis verfügbarer Daten festgelegt, Umweltziele für diese definiert und für die Erreichung dieser Umweltziele sogenannte Umwelthandlungsziele aufgesetzt werden. Anschließend findet die Festlegung entsprechender Maßnahmen statt und die quantitative Kontrolle mittels Situationsanalysen. In der Umweltpolitik gibt es eine lange Historie in der Definition von Umweltzielen, Umweltindikatoren und Maßnahmen. Besonders für die beiden ersten ist im Bereich der ökologischen Bewertung von Gebäuden aber im Moment keine stringente Anwendung zu beobachten. Die Anlehnung an bereits etablierte Begriffsdefinitionen und auch Vorgehensweisen bei der Ermittlung und konkreten Definition wird stark empfohlen. Die folgende Übersicht nach Braune (2015) listet die mit Umweltzielen und Indikatorensystemen geläufigsten Begriffe aus der umweltpolitischen Disziplin auf

- Umweltqualitätsziele = charakterisieren eine bestimmten, sachlich, räumlich und zeitlich festzulegenden, angestrebten Zustand der Umwelt auf globaler, regionaler oder lokaler Eben. Sie enthalten sowohl naturwissenschaftliche als auch gesellschaftliche-ethische Elemente und werden objekt- oder medienbezogen für Mensch und/oder Umwelt bestimmt. Sie sollen der Bewertung der Umweltsituation dienen, zur Prioritätensetzung beitragen (insbesondere bei der Entwicklung langfristiger Strategien), politische Entscheidungen/Abwägungen transparenter und nachvollziehbarer machen, Konsens und Akzeptanz für umweltpolitische Ziele schaffen, als leicht vermittelbare Begründung für konkrete Anforderungen/Maßnahmen dienen sowie Erfolgskontrolle von durchgeführten Maßnahmen ermöglichen.
- Umwelthandlungsziele = beschreiben erforderliche Verringerungen bzw. Veränderungen von Umwelteinwirkungen, die zum Erreichen der Umweltqualitätsziele nötig sind. Deshalb sollen sie möglichst quantitativ überprüfbar und aktivitätsorientiert sein.
- Umweltindikatoren = ermöglichen eine Überprüfung der Umweltziele auf Grundlage einer „intersubjektiven" Situationsanalyse. Unterscheidung von Umweltindikatoren ist möglich gemäß Raum, Zeit und Sachbezug. Sie sind Kenngrößen zur Abbildung und Kennzeichnung von komplexen Sachverhalten (= Indikandum) oder komplexen Systemen und erlangen ihre Funktion nur in einem bestimmten Verwendungszusammenhang. Für den Umweltpolitischen Bereich kann folgender Definition gefolgt werden: „Es handelt sich um gemessene bzw. berechnete, d. h. letztendlich beobachtbare, quantifizierte Kennziffern, die als Teile von zweckorientierten Indikatorensystemen Aussagen über Zustand und Entwicklung der Umwelt ermöglichen sollen."
- Umweltindikatorensysteme = stellen Indikatoren systematisch nach bestimmten konzeptionellen Ansätzen dar. Wichtig beim Aufbau von Umweltindikatorensystemen ist das Verständnis für mögliche Interaktionen zwischen den Zielen, die sowohl funktional zusammenhängen können, Zielkonflikte oder Zielsynergismen beinhalten können.
- Normative Indikatoren = Indikatoren, die einen direkten Bezug zu politischen Zielen bzw. Referenzwertsetzungen oder sonstigen Bewertungen im wissenschaftlichen Bereich aufweisen. Sie weisen damit im Vergleich zu deskriptiven Indikatoren einen deutlich größeren Gehalt an normativer Ladung auf. Häufig setzen normative Indikatoren den Ist-Zustand in einem Handlungsfeld in Beziehung zu den entsprechenden politischen Zielen (Soll-Ist-Vergleich) und können dadurch eine gewisse Warnfunktion wahrnehmen.

3.6 Bedeutung von Umweltzielen und Umweltindikatoren

Experten der Umweltpolitik schlagen heute bereits vor, dass die Indikatorenentwicklung sich nicht allein an Zielstrukturen orientieren muss, sondern sich primär auf die Beobachtungsbereiche beziehen sollen, über die mit Hilfe von Indikatoren über längere Zeiträume hinweg Aussagen erstellt werden können. Umweltindikatoren sind das Bindeglied zwischen gesellschaftlich definierten Umweltzielen und der abbildbaren ökologischen Qualität.

Neben den oben beschriebenen Umweltindikatoren existieren noch Umweltkennzahlen. Diese bezeichnen üblicherweise Indikatoren, die auf betrieblicher (Mikro-) Ebene zur Erfassung der Umwelteffekte und Maßnahmen des Unternehmens verwendet werden (meist als Teil des betrieblichen Umweltmanagements). Prinzipiell kann im Prozess der Zielbildung auf ein Modell zurückgegriffen werden, welches die Strukturierung von Umweltzielen hinsichtlich der drei Dimensionen Inputs, Outputs und Wirkungen erlaubt:

- Input-orientierte Umweltziele betreffen Rohstoff-, Wasser-, Energie- und Flächenverbrauch
- Output-orientierte Umweltziele betreffen Abfälle, Emissionen, Stoffeinträge
- Wirkungsorientierte Umweltziele betreffen die Qualität von Ökosystemen und ihren Bestandteilen

Bei der Definition umweltpolitischer Ziele, die prinzipiell am Anfang steht, bevor Instrumentarien wie Indikatoren ausgewählt werden, ist zu beachten, dass der Vollzug der Ziele erleichtert wird, wenn möglichst einvernehmlich die Ziele gebildet werden, die Verursacher von Problemen an der Problemlösung beteiligt werden, die Zielvorgaben für unterschiedliche Akteure konkretisiert werden sollten.

Indikatorentypen für den Umweltbereich lassen sich prinzipiell wie folgt unterscheiden:

- Belastungsindikatoren geben in aggregierter Form das Ausmaß aktueller Belastungen für die Umwelt an (pressure); Beispiel: Jährliche Kohlendioxid Äquivalente der Treibhausgasemissionen
- Zustandsindikatoren erlauben die Beurteilung des Zustands der Umwelt (state); Beispiel: Geschwindigkeit der Änderung der globalen Oberflächentemperatur
- Maßnahmenindikatoren geben wieder, wie Gesellschaft und Politik auf Umweltveränderungen reagieren (response); Beispiel: Entwicklung von Energiebedingten Steuern

Hintergrundinformation
Neben den genannten Indikatoren identifiziert das European Academies Science Advisory Council (EASAC) noch folgende Komponenten für Nachhaltigkeit im Immobiliensektor (vgl. EASAC 2021):

- Bauen oder Renovieren: Sowohl aus Kosten. Als auch aus Nachhaltigkeitssicht
- Energieverbrauch von Gebäuden: Abhängig von der Einbindung in die jeweilige Landschaft oder Stadt/Siedlung und deren Energieversorgung, der Form und Architektur des Gebäudes, Luftabschluss und Ventilation, Wärmemasse der verbauten Stoffe, Wärmedämmung, Verglasung
- Vorgefertigte Komponenten und industrialisierte Bauverfahren

- Treibhausgasemissionen der Heizungssysteme
- Treibhausgasemissionen der Kühlungssysteme
- Treibhausgasemissionen der Wassersysteme
- Treibhausgasemissionen der Licht- und anderer elektronischer Systeme
- Reduktion der Treibhausgase durch Building Automation and Control Systems (BACS)

Auch der Verband Bitkom in Deutschland sieht bei Smart Homes und vernetzten Gebäuden noch große Potenziale für mehr Nachhaltigkeit durch Digitalisierung. In den Bereichen Beleuchtung, Heizung und Kühlung wird durch die Nutzung von digitalen Managementsystemen ein Potenzial zwischen 20 und 44 Prozent an Verbesserungen im Gebäudebetrieb gesehen. Sowohl EASAC, als auch Bitkom sind sich hier also einig, dass die Nutzung von digitalen Tools und Systemen einen effektiven und vor allem schnell wirksamen Hebel für mehr Nachhaltigkeit darstellt (Bitkom 2020). Diese Erkenntnisse werden auch durch die Ergebnisse und Daten des CRREM Carbon Risk Real Estate Monitor, gefördert von der Europäischen Union, gestützt.

Auffällig bei alledem ist, dass Nachhaltigkeit in Verbindung mit Immobilien fast immer nur ökologisch definiert wird. Das ist angesichts der zuvor dargelegten Zahlen zum „ökologischen Fußabdruck" bei Bau und Betrieb von Immobilien und aufgrund der allgemeinen politischen und gesellschaftlichen Einstellung und Wahrnehmung des Themas auch verständlich. Gleichzeitig ist es erstaunlich, dass die ökonomische und vor allem auch die ökologische Nachhaltigkeit, die wie ebenfalls zuvor beschrieben zu den drei Säulen der Nachhaltigkeit gehören, eher eine kleine oder auch gar keine Rolle zu spielen scheinen. Dabei sind es ja gar nicht die Gebäude, die etwas tun, sondern es sind die Menschen, die in und mit den Gebäuden etwas tun – was dann wiederum Effekte und Folgen für die Nachhaltigkeit hat. Hier schließt sich wieder ein Kreis von der Nachhaltigkeit zur Digitalisierung. Im Kapitel zur Digitalisierung haben wir mehrfach darauf hingewiesen und herausgearbeitet, dass das Verhalten von Menschen im Umgang mit Immobilien Geschäftsmodelle und Wertschöpfungslogiken verändert, ja sogar disruptiert. Hier nun sehen wir den gleichen Zusammenhang in Bezug auf die Nachhaltigkeit. Die vorhandenen Daten eben Aufschluss darüber, was Menschen tun und was sie brauchen oder wie ihre (bewussten oder unbewussten) Bedürfnisse aussehen. Darauf lassen sich neue Angebote, Services und Geschäftsmodelle aufsetzen und entwickeln. Dieselben Daten geben auch Aufschluss darüber, wie es um die Nachhaltigkeit eines Gebäudes bestellt ist und wo Potenziale zur Verbesserung derselben liegen, die noch dazu relativ schnell realisierbar sind. Und wieder drängt sich die Erkenntnis auf, beides zu verbinden.

Der Standard zur Beurteilung der Nachhaltigkeit von Immobilien, die Zertifizierungssysteme, richtet sich aber ebenfalls recht eindimensional auf die ökologische Nachhaltigkeit und den Klimaschutz aus und lässt die Möglichkeiten und Potenziale der anderen Dimensionen und vor allem auch der Digitalisierung für mehr Nachhaltigkeit mehr oder weniger komplett außer Acht. Deswegen wollen wir darauf im Folgenden genauer schauen.

3.7 Zertifizierungssysteme und Verfahren

In der Zukunft der architektonischen Entwicklung und dem übergreifenden Bereich des Bausektors, werden mehr Aspekte als die Ökologie und das ressourcenschonende sowie energieeffiziente Bauen an Bedeutung gewinnen. Weitere Aspekte, wie zum Beispiel die Ästhetik, soziokulturelle Kriterien, Standortfaktoren sowie die Entwurfsmethodik gewinnen an Auftrieb. Die genannten Aspekte werden in Zukunft gleichwertig mit den funktionalen und technischen Eigenschaften betrachtet und bewertet werden. Da jedes Bauprojekt andere Schwerpunkte umsetzt, muss in Anbetracht des nachhaltigen Bauens, für jedes Projekt ein spezifisches Konzept erarbeitet werden.

In den letzten rund zehn Jahren entwickelten sich unterschiedliche Bewertungsmethoden. Weltweit entstanden Systeme für die Beurteilung von Bauprodukten, die sich teilweise erheblich unterscheiden. Dies liegt an der Tatsache, dass noch kein weltweit abgestimmtes System entwickelt wurde und die momentanen Systeme an die jeweils nationalen Rahmenbedingungen bezüglich des Klimas, der Kultur und der Gesetzeslage angepasst sind. Gravierende Unterscheidungen bestehen bezüglich der Zielgruppe, der Bewertungsinhalte und zudem der betrachteten Lebenszyklusphase, des zu untersuchenden Gebäudes.

Trotz der Unterschiede wurde festgestellt, dass die unterschiedlichen Systeme bei ihren Gebäudebeurteilungen dem gleichen System der Bewertung folgen. Dieses teilt sich in folgende Kriterien auf (vgl. Ebert et al. 2010):

- Bearbeitungs- und Bewertungsgegenstand: Wohnungsbau, Bürogebäude, Sportbauten etc.
- Bewertungsziele: ökologische Bewertung, ökonomische Kriterien, soziale Aspekte etc.
- Bearbeitungs- und Bewertungsrahmen: zeitlich, räumlich, geschichtlich etc.
- Bewertungseinheiten: Qualitäten, Kriterien, Indikatoren, qualitative Aspekte, quantitative Kategorien etc.
- Methodik zur Ermittlung: gesetzliche Anforderungen, vereinbarte Grenz- und Zielwerte, nationale Gewichtungen, Zugriff auf Datenbanken etc.
- Zielgruppen: Architekten, Bauherren, Politik etc.
- Darstellungsform der Bewertungsergebnisse: Tabelle, Vektor, Note etc.

Die Hilfsinstrumente in der nachhaltigen Entwicklung unterstützen die Planer, Architekten etc. während des gesamten Planungsprozesses. Zu den Hilfsmitteln gehören Produktdeklarationen (zum Beispiel EPD, Blauer Engel), Ausschreibungshilfen (zum Beispiel WECOBIS/WINGIS), Bauteil-/ Elementkataloge, der Energieausweis, Checklisten und Leitlinien (zum Beispiel der Leitfaden für nachhaltiges Bauen des Bundesministeriums für Verkehr, Bau- und Wohnungswesen), ganzheitliche Planungs- und Bewertungshilfsmittel (zum Beispiel Ökobilanzierungs- oder Lebenszykluskosten, Berechnung Tools) und die Gebäudezertifikate (zum Beispiel DGNB, LEED und BREEAM). Durch die Hilfsmittel können bereits im Planungsprozess ökologische, gesellschaftliche und wirtschaftliche

Aspekte im vornherein berücksichtigt werden. Das wichtigste Hilfsmittel und gleichzeitig ein sehr wichtiger Schritt in der Bewertung von nachhaltigen Gebäuden, sind die Gebäudezertifizierungssysteme (Ebert et al. 2010). Der Sinn von Zertifizierungssystemen liegt darin, die unterschiedlichen „Green Buildings" ganzheitlich zu betrachten und nach den Bereichen Planung, Bau und Betrieb zu bewerten und zu zertifizieren. Der Vorteil der Zertifikate liegt darin, dass sie die vorhandenen Planungsinstrumente sowie Hilfsmittel vereinen und sich auf die vorhandene Gesetzeslage stützen. Darüber hinaus werden verschiedene Faktoren wie die Ökobilanz, die Energieeffizienz und die Lebenszykluskosten betrachtet.

Es gibt verschiedene Zertifizierungssysteme und jedes hat seine eigenen Bewertungsindikatoren und -kriterien. Somit wird jeder Bereich des Green Buildings untersucht. Zu den Kriterienbereichen gehören: die Baulanderschließung, Gesundheit und Umweltschutz, Wassereffizienz, Materialauswahl, umweltfreundliche Innenausstattung und die soziokulturelle und ökonomische Qualität. Das zu bewertende Gebäude wird je nach Zertifizierungssystem in eine der Zertifizierungsstufen eingeteilt. Für Bauherren, Planer und Projektentwickler ist dieser Bewertungsprozess wichtig, da es die Qualität des Gebäudes wiederspiegelt und nach Festlegung der Zertifizierungsstufe das Ergebnis durch die Einstufung der Systeme transparent, verständlich und nachvollziehbar für andere Menschen, wie zum Beispiel Interessenten, macht. Da nicht nur die Gebäudequalität, sondern auch die gesamte Dokumentation überprüft wird, ist die Qualitätskontrolle besonders zuverlässig und sicher. Darüber hinaus können die Auftraggeber ihr Projekt bereits in den früheren Leistungsphasen bewerten und prüfen lassen um das Einhalten ihrer Planungsziele zu gewährleisten. Zusätzlich könnten planungsbegleitend nachhaltige Verbesserungen am Projekt vorgenommen werden, um im Endeffekt ein besseres Zertifizierungsergebnis zu erzielen.

Zu den zahlreichen Vorteilen, die sich durch diese neuen Systeme ergeben, gehören (vgl. Ebert et al. 2010):

- Reduktion und Kontrolle der Umweltbelastungen von Gebäuden
- Hilfsmittel zur Festlegung von nachhaltigen Planungszielen
- Sicherstellung der Vergleichbarkeit der Gebäudequalität
- Verbesserung der Transparenz des Planungsprozesses durch Beschreibung der Nachhaltigkeitsqualität und Bereitstellung von Informationen für die Betreiber und Nutzer
- Gewährleistung der Umsetzung von nachhaltiger Gebäudequalität durch Monitoring und durch Förderung der integrativen Planungsprozesse
- Qualitätssicherung des Bauwerks durch Überprüfung der Planungs-, Ausführungs- und Betriebskonzepte und der eingesetzten Materialien
- höhere Wettbewerbsfähigkeit über den gesamten Lebenszyklus
- geringere Lebenszykluskosten und Versicherungsbeiträge

In der Folge werden die international bekannteren Systeme BREEAM, LEED, DGNB sowie das weniger bekannte System NaWoh vorgestellt, sowie deren Zertifizierungsprozess und Bewertungssystem untersucht. Des Weiteren werden die aktuellen Zahlen der momentan zertifizierten Gebäude in Deutschland und Europa erläutert, sodass man anschließend die vier Systeme miteinander vergleichen kann.

3.7.1 BREEAM

Das Zertifizierungssystem BREEAM stammt aus Großbritannien und wurde 1990 entwickelt. Damit ist es das älteste Zertifizierungssystem weltweit und gilt damit als Grundstein aller Zertifizierungssysteme. BREEAM steht für Building Research Establishment Enviromental Assessment Method. Anders als LEED besitzt BREEAM die größte Variation an Systemvariationen, aufgeteilt nach Nutzungsarten, zum Beispiel (Büro, Wohnen, Retail etc.) (vgl. Bauer et al. 2013) Wenn man einen Blick auf den Kriterienkatalog wirft fällt auf, dass BREEAM nicht nur die ökologischen Aspekte, sondern auch die soziale Qualität mit in die Bewertung einbezieht. Seitdem das Zertifizierungssystem in den 90ern veröffentlicht wurde, erfolgte im Laufe der Jahre mehrfach eine Bearbeitung und Neuverfassung des Systems. Die aktuellste Version stammt aus dem Jahre 2008.

Das Bewertungssystem, welches ursprünglich nur für den nationalen Markt in Großbritannien ausgelegt und für den Büro- und Wohnungsmarkt entwickelt wurde, zertifiziert mittlerweile nahezu alle Gebäudetypen. Zum einen zertifiziert BREEAM Gebäude, die keiner spezifischen Nutzungsart unterliegen, zum anderen entwickelten sich Ableger des Systems für spezielle Gebäudetypen.

Diese Ableger, die besser unter dem Namen „BREEAM Buildings" bekannt sind, bewerten die unterschiedlichsten Gebäudetypen und Nutzungsarten. Dazu gehören: Schulen, Gerichtsgebäude, Gefängnisse, Medizinische Einrichtungen, Forschungseinrichtungen, Hotels sowie die Standard Nutzungsarten Einzelhandel und Büro. Obwohl die Gebäudetypen der Zertifizierungssysteme sehr unterschiedlich sind, bieten sie alle die gleichen Bewertungsmöglichkeiten an. Dazu zählen die Bewertung von Neubauten, Sanierungskonzepten, Umbau und dem Gebäudebetrieb (vgl. Waibel 2010).

Die Organisation von der das BREEAM System entwickelt wurde, entstand 1972 unter dem Namen Building Research Establishment (BRE). Diese wiederum entstand aus zwei staatlichen Organisationen, die sich zusammenfügten. Zum einen der Building Research Station, die sich mit den Forschungsthemen der Baustoffe und dem Wohnungsbau befasste, zum anderen der zeitgleich existierenden Organisation Forest Product Research Laboratory (FPRL), die sich größtenteils auf das Themengebiet des Brandschutzes und dem Baustoff Holz fokussierte.

Im Jahre 1997 wurde die BRE Organisation privatisiert und durch den Teilhaber BRE Trust unterstützt. Die Mitglieder der Stiftung besitzen ein breit gefächertes Wissen über das Themengebiet der Bauwirtschaft. Im Zuge der Privatisierung entwickelte sich die Spezialisierung der Organisation auf das Themenfeld der Zertifizierung. Dieser Teil der Organisation wurde in BRE Global umbenannt. Zusammen mit der Grundlegenden Organisation BRE und der BRE Trust Organisation bildet BRE Global die BRE Group. Das zweite

Standbein der BRE Global Organisation befasst sich mit Brandschutz- und Sicherheitssystemen. BREEAM gehört momentan zu den international gefragtesten Systemen. Das Zentrum liegt jedoch immer noch in Großbritannien. Innerhalb Großbritanniens ist BREEAM der breiten Masse bekannt. Vor allem im Bereich des Wohnungsbaus wird BREEAM primär verwendet.

Im Unterschied zu anderen Ländern, unterstützt das Land Großbritannien das System durch staatliche Vorgaben, wodurch das System so stark verbreitet ist. Seit dem 01. Mai 2008 wird vorausgesetzt, dass alle Neubauten nach dem „BREEAM Code for Sustainable Homes" Standard errichtet werden müssen, um ein Zertifikat zu erhalten. Wenn der Verkäufer die Vorgaben nicht erfüllt und kein Zertifikat erhält, muss er ein Dokument für den Käufer vorbereiten, in dem er eigens darauf hinweist, dass das Zertifikat nicht vorhanden ist, und somit nur die Standard Norm und nicht die erhöhten Standards im Bereich der Energieeffizienz erfüllt werden. Neben Großbritannien ist BREEAM stark in Europa aber auch teilweise in den USA vertreten. In Zukunft wird BREEAM in Kooperation mit den GBCs das System an die Rahmenbedingungen der verschiedenen Länder anpassen. Denn der Zertifizierungsprozess von BREEAM unterscheidet sich hinsichtlich der nationalen und internationalen Bewertung. Dies liegt an der Bewertung die sich über den gesamten Lebenszyklus hinweg erstreckt und sich daher bei jedem Land unterscheiden kann (vgl. Ebert et al. 2010).

Der Ablauf eines Zertifizierungsprozesses sieht folgendermaßen aus. Der Prozess wird durch einen Gutachter durchgeführt, der im Vorfeld durch das BRE geprüft und zum BREEAM Assessor ausgebildet wurde. Die Ausbildung besteht aus einem zweitägigem Training und einer anschließenden Prüfung. Hauptbestandteil seiner Arbeit ist die Auswertung der Daten, die ihm von dem Projektleiter des zu bewertenden Gebäudes zusammengestellt wurden. Nach umfassender Prüfung erstellt er einen Bericht mit seiner Einschätzung und Empfehlung für das finale Zertifizierungslevel. Im zweiten Schritt wird das Vorgehen des Gutachters nochmals durch das BRE geprüft. In diesem Schritt, der in der Regel maximal 3 Wochen beträgt, wird geprüft ob der Gutachter alle Kriterien korrekt kontrolliert hat. Nach Abschluss des Arbeitsschrittes und nach Bestehen der Kontrolle, wird das Zertifikat vom BRE ausgestellt.

Eine weitere Besonderheit der BREEAM Zertifizierung ist es, dass man bereits in der Entwurfsphase eines Projektes eine Zertifizierung beantragen kann. Diese Vorzertifizierung dient zur Orientierung und Vermarktung. So kann man schon im Vorfeld absehen, welches Zertifizierungslevel erreicht werden kann. Jedoch wird die endgültige Zertifizierung erst nach Fertigstellung des Gebäudes erfolgen. (Waibel 2010) Die Bewertungsmöglichkeiten verteilen sich über den gesamten Lebenszyklus hinweg. So bietet BREEAM in Großbritannien folgende vier Bewertungen an (vgl. Ebert et al. 2010):

- Design and Procurement: Bewertung innerhalb der Planungsphase, zum Beispiel bei Neubau- und umfangreichen Sanierungsprojekten
- Post Construction: Review (Überarbeitung) der Bewertung der Planungsphase am Ende der Bauphase, welche die Umsetzung der angestrebten Eigenschaften dokumentieren soll

3.7 Zertifizierungssysteme und Verfahren

- Fit-Out: Speziell für vermietete Immobilien bei Büro- oder Handelsgebäuden kann auch der Ausbau einzelner Mietbereiche bewertet werden.
- Management and Operation: Ergänzend ist die Zertifizierung von Bestandsgebäuden einzelner Nutzungsarten zu sehen, bei denen die Bewertung im laufenden Betrieb erfolgt. Dabei werden die Richtlinien und Verfahrensanweisungen des Gebäudebetriebs neben den physischen Gebäudeeigenschaften berücksichtigt.

Diese Bewertungsmöglichkeiten beziehen sich nur auf BREEAM Großbritannien. Für die Variante BREEAM Europe können nur zwei der vier Bewertungsvarianten durchgeführt werden. Dies liegt daran, dass es keine Separierung für vermietete Immobilien oder den Gebäudebetrieb gibt. Dafür werden diese Punkte aber bei den beiden Bewertungsvarianten, Design and Procurement und Post Construction, mit einbezogen.

Die Bewertung eines Gebäudes kann auf zwei Arten erfolgen. Da BREEAM die Möglichkeit einer Vorzertifizierung anbietet, kann sich das Gebäude bereits während der Bauphase einer Zertifizierung unterziehen. Somit können Informationen über die angestrebte Gebäudequalität gesammelt werden. Bei der Bewertung nach Fertigstellung wird das Gebäude in seinem IST-Zustand beurteilt. Die finale Bewertung unterscheidet sich daher in der Durchführung. Bei einem Gebäude mit Vorzertifizierung, können die bereits bestehenden Dokumente durchgesehen werden und somit eine Bestätigung der früheren Ergebnisse erfolgen. Diese Durchführungsmethode nennt man auch Review. Die zweite Durchführungsmethode nennt man Assessment. Hierbei wird eine vollständige Bewertung an einem fertiggestellten Gebäude durchgeführt, welches keine Vorzertifizierung besitzt.

Das Bewertungsverfahren wird mit Hilfe eines zweistufigen Checklistensystems durchgeführt. Es gibt neun zu bewertende Kategorien und eine extra Kategorie für Innovationen, in denen Punkte verteilt werden können. Jede Kategorie hat eine andere Gewichtung und kann eine bestimmte maximale Punktzahl erreichen (vgl. Abb. 3.3). Nach der Bewertung durch Punkten werden die unterschiedlichen Ergebnisse innerhalb der Kategorien addiert und mit der maximale zu erreichenden Gesamtpunktzahl in Relation gestellt. Da jede Kategorie eine eigene Gewichtung hat, wird die Prozentzahl, die beim ersten Schritt rauskommt, gewichtet und man bekommt den gewichteten Erfüllungsgrad der Kategorie (vgl. Waibel 2010).

Die Endsumme der einzelnen gewichteten Kategorien ergibt die Zertifizierungsstufe. Die Stufen reichen von „bestanden", „gut" bis „sehr gut" und „ausgezeichnet". Teilweise werden sie aber auch mit einem Sternesystem angezeigt. Um die verschiedenen Stufen zu erreichen, muss man eine bestimmte prozentuale Endsumme erzielen. Für bestanden wäre das ca. > 30 Prozent, für gut wäre das ca. > 45 Prozent, für sehr gut wäre das ca. > 55 Prozent und für ausgezeichnet müssen > 70 Prozent erreicht werden. Neben der Gesamtpunktzahl werden noch bestimmte Minimalanforderungen geprüft, von denen die Endnote abhängig ist (vgl. Abb. 3.4).

Als Beispiel muss man für die Note „sehr gut" in den Kriterien „Nutzerhandbuch", „Hochfrequenzlampen", „Energieverbrauchsmessung" und „Wasserverbrauch" die Mindestanforderungen von mindestens einem Punkt erfüllen. Zusätzlich gibt es seit 2008 noch

BREEAM Kriteriengewichtung

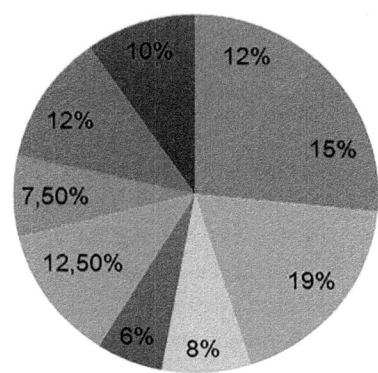

- Management
- Transport
- Abfall
- Gesundheit und Behaglichkeit
- Wasser
- Umweltverschmutzung
- Energie
- Material
- Flächenverbrauch und Ökologie

Abb. 3.3 BREEAM Gewichtungen. (Quelle: eigene Darstellung)

Mindestanforderungen bei BREEAM - Bewertungen

Kriterium	Bestanden	Gut	Sehr gut	Ausgezeichnet	Herausragend
Commissioning	-	-	-	1	2
Auswirkungen der Baustelle	-	-	-	1	2
Nutzerhandbuch	-	1	1	1	1
Hochfrequenzlampen	1	1	1	1	1
Energieeffizienz	-	-	-	6	10
Energieverbrauchsmessung	-	-	1	1	1
regenerative Energien	-	-	-	1	1
Wasserverbrauch	-	-	1	1	2
Wasserverbbrauchsmessung	-	-	-	1	1
Lagerung recyclingfähiger Abfälle	-	-	-	1	1
Auswirkungen auf die Ökologie des Standortes	-	-	-	2	2

Abb. 3.4 Mindestanforderungen BREEAM. (Quelle: eigene Darstellung)

eine weitere Stufe, die sich Herausragend nennt. Diese ist am schwersten zu erreichen, denn man muss mindestens > 85 Prozent des Erfüllungsgrades erzielen und zusätzlich eine Fallstudie vorlegen. Die Minimalanforderungen für diese Kategorie sind ebenfalls verschärft. Diese Projekte sollen so perfekt wie möglich sein, um im Endeffekt als Orientierung und Innovationsbeispiel für andere Planer und Architekten zu dienen (vgl. Waibel 2010).

BREEAM hat sich als Ziel gesetzt, mit der Unterstützung von BRE sich zukünftig global zu erweitern. Das Zertifizierungssystem soll international angewandt werden. Dies geschieht durch eine Entwicklung von Systemen, die sich speziell auf die verschiedensten Märkte anpassen. Beispiele dafür sind die Systeme BREEAM Europe und BREEAM Gulf, dessen Kriterien sich speziell an die vorhandenen Märkte anpassen. Zeitgleich werden Kooperationen und Partnerschaften mit anderen Organisationen geschlossen, um das System international weiterzuverbreiten (vgl. Ebert et al. 2010).

3.7.2 LEED

Das Zertifizierungssystem LEED stammt aus den USA und wurde 1998 vom U.S. Green Building Council entwickelt. LEED steht für Leadership in Energy and Enviromental Design. Weltweit betrachtet ist LEED, welches ursprünglich nur für den amerikanischen Markt entwickelt wurde, dass am weitesten verbreitete Zertifizierungssystem. Die Bewertung der Gebäude erfolgt allgemein nach Systemvarianten, wovon LEED nicht viele besitzt. Daher wird die Variante „New Construction and Major Renovations" für jede Nutzungsart angewandt (vgl. Bauer et al. 2013). LEED wurde auf Grundlage des BREEAM Systems entwickelt und baut demnach auf dessen Kriterien auf. Neben den ökologischen Aspekten bewertet LEED auch die Sozialen Dimensionen von Neubauten und Bestandsgebäuden.

Im Gegensatz zu BREEAM besitzt LEED keine Bewertungsmethoden für verschiedene Gebäudetypen. Der Produktkatalog an Zertifizierungen von LEED umfasst 6 Zertifikate. „LEED New Construction & Major Renevations" ist für die Bewertung von Planung und Ausführung von Neubauten und Sanierungsmaßnahmen für sämtliche Gebäudetypen zuständig. Für Schulen, Krankenhäuser und den Einzelhandel gibt es jeweils ein gesondertes System, welches trotzdem den Namen New Construction & Major Renevations trägt und zusätzlich den jeweiligen Namen der Gebäudetypen. Mit dem Zertifikat „LEED Existing Buildings" werden Bestandsgebäude zertifiziert, „LEED Commercial Interiors" zertifiziert die Innenausstattung von Arbeitsplätzen, wobei es für die Innenausstattung von Einzelhandelsarbeitsplätzen ebenfalls ein gesondertes Zertifikat gibt. „LEED Core & Shell" bewertet nur das Tragwerk, die Gebäudetechnik und die Erschließung eines Gebäudes. „LEED for Homes" bewertet Ein- und Zweifamilienhäuser und „LEED Neighborhood Development" bewertet die Stadtentwicklung (vgl. Waibel 2010).

Der Sitz des USGBC ist in Washington D.C. Von dort aus entwickelte und gründete die wohltätige Organisation das Zertifizierungssystem LEED. Die erste Version kam Ende der 90er raus. Die erste überarbeitete Version wurde im März 2000 veröffentlicht und ab diesem Zeitpunkt zertifizierte LEED Neubauten. Der Leitgedanke während der Entwicklung von LEED war es, Gebäude auf nachhaltiger Ebene beurteilbar und vergleichbar zu machen. Das System entwickelte sich immer weiter mit dem Gedanken auch Bestandsgebäude und Sonderimmobilien, wie zum Beispiel Krankenhäuser und Schulen zu zertifizieren. Ein weiterer Leitgedanke von LEED war es, den Begriff der Nachhaltigkeit in der Baubranche der USA zu verbreiten und ein allgemeines Umdenken zu bewirken. Diese Gedanken sollte nicht nur die Baubranche beeinflussen, sondern auch das Bewusstsein der

Bevölkerung hinsichtlich des Themas der Nachhaltigkeit und nichterneuerbaren Ressourcen bereichern. Hauptsächlich sind die Kernthemen von LEED, die Schonung von Ressourcen, die Reduzierung von CO_2-Emissionen, die Energie- und Wassereffizienz sowie die sozialen Aspekte von gesunden und behaglichen Innenräumen. Der USGBC ist ein Mitglied des WorldGBC, dadurch hat sich LEED bereits international verbreitet, da das System von verschiedenen Ländern angenommen und an deren spezifische Rahmenbedingungen angepasst wurde. Daher gibt es nun auch Ableger wie zum Beispiel LEED Brazil, LEED China und LEED Canada.

Anfangs steuerte das USBGC alle Aktivitäten von LEED. Beginnend mit der Entwicklung über die Weiterentwicklung bis hin zur Organisation, Prüfung und Zertifizierung der eingereichten Projektdokumentationen. Dies änderte sich im Jahre 2008 durch die Integration des Green Building Certification Institute (GBCI). Durch diese Zusammenführung teilten sich die Aufgaben zwischen den beiden Organisationen auf. Die GBCI kümmert sich um den kompletten Zertifizierungsprozess, bis hin zur Zertifikatvergabe. Für die Weiterentwicklung des Zertifizierungssystems wurde die Technical Advisory Groups (TAGs) miteinbezogen. Diese Organisation beantwortet technische Fragen zum Zertifizierungsprozess. Das Pendent zum BREEAM Assessor ist der LEED Green Associate., wobei dieser nicht als Gutachter, sondern als Berater gilt. Der LEED Green Associate wird vom GBCI geprüft. Zulassungsvoraussetzung ist die Mitwirkung an einem LEED Projekt oder Berufserfahrung in einem Arbeitsgebiet der Nachhaltigkeit. Der LEED Green Associate ist die erste Stufe der Akkreditierung. Weitere Stufen in der Laufbahn als LEED Experte sind der LEED Accredited Professional (AP) und der LEED Accredited Professional Fellow. Der LEED AP muss sich auf eine Systemvariante konzentrieren und eine weitere Prüfung ablegen. Der Titel des LEED Green Associate und des LEED AP sind jeweils nur für zwei Jahre gültig und können durch Nachweis über die Arbeit an LEED Projekten oder allgemein nachhaltigen Projekten erneuert werden. Der LEED AP Fellow Titel wird nur an Experten vergeben.

Das Zertifizierungssystem für den Neubau ist in zwei Stufen aufgeteilt. Bei der ersten Stufe handelt es sich um die Vorzertifizierung, die in der Planungsphase stattfindet. Hierbei wird aber keine verbindliche und rechtlich gültige Aussage getroffen, da letztendlich der Qualitätsstandard ausschließlich geschätzt wird. Das Vorzertifikat gilt hierbei lediglich als Information darüber, welchen Standard das Gebäude nach der Fertigstellung erreichen könnte. Dieser Schritt ist vor allem für Marketingzwecke von Vorteil. So können Interessenten und Käufer vorab einen Einblick über die mögliche LEED Auszeichnung erhalten. Nach Abschluss der Bauarbeiten und nach Fertigstellung des Gebäudes, wird das Gebäude nochmals geprüft und das verbindliche Zertifikat vergeben.

Im Unterschied zu BREEAM gibt es keine eigenen Gutachter bei LEED. Alle erforderlichen Dokumente werden von den verschiedenen Fachplanern gesammelt und als Bewerbung eingereicht. Das USGBC prüft im Anschluss die Unterlagen und stellt ein Zertifikat aus. Die im vorherigen Kapitel erwähnten LEED GREEN Associates und LEED AP gelten als Fachkräfte und können Unternehmen bei dem Prozess der Dokumentenzusammenstellung unterstützen. Diese Spezialisten werden extra beauftragt, um den Prozess zu erleichtern und zu gewährleisten, dass die vollständige Dokumentation abgegeben wird. Das

3.7 Zertifizierungssysteme und Verfahren

Miteinbeziehen so einer Fachkraft ist nicht notwendig, bringt dem Projekt aber wie bereits im Kapitel zuvor erwähnt, einen Zusatzpunkt ein (Waibel 2010). Sollten Dokumente nach der Einreichung fehlen, hat das Team 25 Tage Zeit diese nachzureichen. Danach wird die komplette Bewerbung ein zweites Mal eingereicht. Nach der Bewertung hat das Team 25 Tage Zeit das Zertifizierungsergebnis zu akzeptieren oder es anzufechten.

Die LEED Zertifizierung basiert auf einem Punktesystem welches für die Umsetzung der sieben vorgegebenen Attribute Punkte vergibt. Zu den sieben Kategorien gehören (vgl. Bauer et al. 2013):

- Kategorie 1: Sustainable Sites (Standort und Außenraum)
- Kategorie 2: Water Efficiency (Wasserbedarf während der Nutzung)
- Kategorie 3: Energy & Atmosphere (Energiebedarf während der Nutzungsphase)
- Kategorie 4: Materials & Resources (verwendete Baumaterialien)
- Kategorie 5: Indoor Enviromental Quality (Gesundheit und Behaglichkeit)
- Kategorie 6: Innovation in Design Process (Besonderheiten und LEED AP)
- Kategorie 7: Regional Priority (Förderung lokaler, umweltrelevanter Aspekte)

Zu den sieben Kategorien zählen jeweils noch Unterkategorien, an die die Punkte verteilt werden.

Die Kriterien haben eine unterschiedliche Gewichtung (vgl. Abb. 3.5). Einige müssen erfüllt werden, da sie eine Minimalanforderung an das Gebäude stellen und somit voraus-

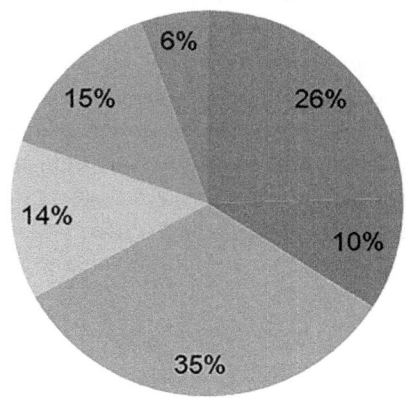

Abb. 3.5 LEED Kriteriengewichtung. (Quelle: eigene Darstellung)

zusetzen sind. Für die Neubausystem – Variante gehören zum Beispiel die effiziente Wassernutzung und ein nachhaltiges Baugelände zu den Mindestanforderungen. Hierfür erhält man allerdings keine Punkte, da diese Kriterien zwingend notwendig sind um überhaupt eine Zertifizierung zu erzielen. Für die anderen Kriterien liegt das Mindestmaß an möglichen Punkten bei einem Punkt. Ausnahmen hierbei bilden die Kategorie „Energieeffizienz", bei der 1–15 Punkte erreicht werden können und die Kategorie „Gewinnung der regenerativen Energie", bei der 1–3 Punkte erreicht werden können. Beide Unterkategorien gehören der Kategorie „Energie und Atmosphäre" an. Da nur bei dieser Kategorie eine Gewichtung wie bei BREEAM stattfinden könnte, und alle anderen Kategorien gleichwertig betrachtet werden, ist eine Gewichtung irrelevant (vgl. Waibel 2010).

Den sieben Hauptkriterien gehören jeweils eine unterschiedliche Anzahl von Unterkriterien an. Diese werden zusammenaddiert und ergeben die jeweilige Punktzahl der sieben Hauptkategorien. Da beim LEED System im Gegensatz zum BREEAM System keine Gewichtung in die Bewertung mit einfließt, werden lediglich die erreichten Punkte addiert. Entsprechend der LEED Zertifizierungsstufen, erreicht man mit 72 Punkten das Zertifizierungslevel Gold.

Nach Abschluss der Punktevergabe in den sieben Kategorien, werden alle Punkte addiert und das Zertifikat ausgestellt. Seit 2009 ist die maximal zu erreichende Punktzahl auf 110 Punkte begrenzt worden. In der Punktzahl enthalten sind Bonus Punkte, wie zum Beispiel für Innovationen. Es gibt vier Stufen, die sich jeweils in der Punktzahl unterscheiden. Die erste Stufe die man erreichen kann nennt sich bestanden, diese erreicht man bei einer Punktzahl von 40 bis 49 Punkten. Die Stufe Silber erreicht man mit 50 bis 59 Punkten, Gold bei 60 bis 79 Punkten und Platin bei > 80 Punkten, wobei 80 Punkte die Maximalpunktzahl darstellen.

Der USGB arbeitet ständig weiter an der Entwicklung der bestehenden LEED Systeme. Zeitgleich werden neue Systeme für besondere Gebäudetypen erprobt und entwickelt. Bei der Weiterentwicklung der bestehenden Systeme liegt der Hauptaugenmerk auf den technisch fortschreitenden Entwicklungen. In Zukunft sollen die Energiekosten, ähnlich wie in Deutschland, anhand des Primärenergiebedarfs bestimmt werden. In einem momentan laufendem Pilotverfahren wird eine umfassendere Lebenszyklusbetrachtung und die Einbeziehung der Ökobilanzierung getestet. Das Projekt heißt „Life Cycle Assessment of Building Assemblies and Materials" (vgl. Ebert et al. 2010).

3.7.3 DGNB

Das Zertifizierungssystem DGNB steht für die Deutsche Gesellschaft für nachhaltiges Bauen und wurde 2007 gegründet. Das System stützt sich auf die drei Nachhaltigkeitsdimensionen der Ökologie, der Ökonomie und Soziales. Außerdem werden die Technische Qualität und die Prozessqualität bewertet. Die Standortqualität wird ebenfalls bewertet, fließt aber letztendlich nicht mit in die Bewertung ein (vgl. Bauer et al. 2013). Aufgrund der neuen Bewertungskriterien, die sich im Vergleich zu BREEAM und LEED nicht mehr

3.7 Zertifizierungssysteme und Verfahren

nur um die ökologischen und sozialen Aspekte drehen, zählt das DGNB System zur „zweiten Generation" der Zertifizierungssysteme.

Das deutsche Zertifizierungssystem kam im Vergleich zu den Vorgängern aus den USA und Großbritannien mit ca. 15 Jahren Verspätung auf den nationalen und internationalen Markt. Das bedeutet nicht, dass sich Deutschland keine Gedanken um die nachhaltige Entwicklung im Bereich des Bauens gemacht hat. Die ersten Ansätze hierfür entstanden bereits in den 70er-Jahren. Die nachhaltige Entwicklung im Rahmen der Gesetzeslage, begann 1977 mit der Wärmeschutzverordnung (WSchoVO), welche sich erstmals der Energieeffizienz in Gebäuden annahm. Seit 2002 wurde die WSchoVO durch die EnEV abgelöst. Im Jahr 2009 wurde in der EnEV verabschiedet, das zukünftige Neubauten energetisch bewertet werden müssen. Diese Bewertung bezog sich auf die Bilanzierungsnorm DIN V 18 599 welche als Arbeitsgrundlage für den Bewertungsprozess diente. Hierbei ist zu beachten, dass sich alle Bemühungen Deutschlands im Rahmen der nachhaltigen Entwicklung, auf die Energieeffizienz von Gebäuden bezogen. Wohingegen sich auf dem internationalen Markt der Trend hin zur ganzheitlichen Betrachtung des Lebenszyklus einer Immobilie entwickelte.

Um den internationalen Systemen wie LEED und BREEAM, die die Aspekte der ganzheitlichen Lebenszyklusbetrachtung aufweisen, den Eintritt auf dem deutschen Markt nicht zu einfach zu gestalten, wurde mit der Entwicklung des DGNB Systems dieser Entwicklung entgegengewirkt. Der Hauptsitz der DGNB liegt in Stuttgart. Das Hauptziel, welches die DGNB verfolgte, war es ein deutsches Bewertungssystem auf Grundlage der deutschen Standards für den nationalen und internationalen Markt zu entwickeln. Außerdem verfolgten Sie das Ziel, mit dem System Nachhaltigkeitsaspekte national und international zu verankern. Gleichzeitig entwickelte das Bundesministerium für Verkehr, Bau und Stadtentwicklung (BMVBS) eine Methode um die Nachhaltigkeitsqualität von Gebäuden zu bewerten. Schon in den frühen Stadien der Entwicklung der Systeme, beschlossen die beiden Organisationen ihr Fachwissen zu bündeln und gemeinsam an einem System zu arbeiten.

Nach Abschluss der zweiten Testphase einigten sich die beiden Organisationen DGNB und BMVBS darauf, in Zukunft getrennt, aber dennoch an derselben Basis des gemeinsam entwickelten Kriterienkataloges weiterzuarbeiten. So nannte die DGNB ihr Zertifizierungssystem DGNB Zertifikat und der BMVBS nannte sein Zertifizierungssystem Bewertungssystem Nachhaltiges Bauen (BNB). Das BNB System kümmert sich primär um die Zertifizierung von Bundes- und Verwaltungsgebäuden auf nationaler Ebene, wohingegen das DGNB Zertifikat weiterhin versucht, sich international zu etablieren und primär Gebäude der privaten Bauwirtschaft bewertet.

Die DGNB kümmert sich um die Zertifikatvergabe, die Weiterentwicklung des Zertifizierungssystems und den verschiedenen Systemprofilen, sowie die Aus- und Weiterbildung des Betriebes, der Auditoren und der Qualitätssicherung. Die Einrichtung der DGNB teilt sich in zwei Einheiten auf. In das Präsidium und die Geschäftsstelle. Das Präsidium ist das leitende Gremium aller Ausschüsse, während die Geschäftsstelle alle Abläufe bezüglich des Bewertungssystems und des Zertifizierungsprozesses koordiniert. Bei der

Weiterentwicklung des Systems und dessen Nutzungsprofile, wird die Geschäftsstelle von einer Gruppe aus interdisziplinären Fachleuchten unterstützt, die der Geschäftsstelle beratend zur Seite steht.

Durch die stetige Weiterentwicklung verbreitet sich das System zunehmend auf nationaler und internationaler Ebene. Dies zeigt sich durch steigende Registrierung und Zertifizierungszahlen, sowie durch die Nachfrage nach länderspezifischen Anpassungen des DGNB Systems. In diesem Bereich entstehen momentan Partnerschaften zwischen der DGNB und Organisationen im Ausland, wie zum Beispiel in China oder der Schweiz. Das System wird hierbei anhand des DGNB Kernsystems jeweils an die Rahmenbedingungen des jeweiligen Landes angepasst. Der Kernkriterienkatalog basiert auf den Normen und Gesetzen der EU. Wenn es keine europaweiten einheitlichen Regelungen für bestimmte Themenbereiche gibt, wird auf das deutsche System zurückgegriffen. Das Kernsystem gilt hierbei als internationaler Datensatz auf den zurückgegriffen werden kann, falls in den Ländern auf denen das System angepasst werden soll, keine vorhandenen Daten existieren. Das internationale Kernsystem soll die Entwicklung der Vergleichbarkeit von zertifizierten Gebäuden vorantreiben. Des Weiteren ist die DGNB ein vollständiges Mitglied des WorldGBC um die internationale Ausbreitung des nachhaltigen Bauens zu dynamisieren.

Das erste Nutzungsprofil der DGNB erschien nach Abschluss der Testphasen, die noch in der Kooperation des DGNBS mit dem BMVBS stattfanden. Die erste Variante bezog sich auf die Zertifizierung von Büro- und Verwaltungsneubauten und wurde im Jahre 2009 veröffentlicht. Im Laufe der Jahre wurden weitere Nutzungsprofile entwickelt und erprobt. Heutzutage kann nicht nur eine Neubau -Zertifizierung durchgeführt werden, sondern ebenfalls Zertifizierungen für die Gebäudetypen Sanierung und Bestand, Gebäude im Betrieb und für den Rückbau von Gebäuden. Momentan gibt es 16 verschiedene Nutzungsprofile (Stand November 2020), die in den vier Stufen der Gebäudetypen zertifiziert werden können. Alle 16 Nutzungsarten können nach dem Gebäudetyp Neubau zertifiziert werden. Die Nutzungsarten umfassen: Bildungsbauten, Büro- und Verwaltungsgebäude, Geschäftshäuser, Gesundheitsbauten, Hotelgebäude, kleine Wohngebäude (bis zu sechs Wohneinheiten), Laborgebäude, Logistikgebäude, Mischnutzung, Parkhäuser, Produktionsstätten, Shoppingcenter, Sporthallen, Verbrauchermärkte, Versammlungsstätten und Wohngebäude (mehr als sechs Wohneinheiten) (DGNB, System) Nach dem Gebäudetyp Sanierung und Bestand lassen sich nur elf Nutzungstypen zertifizieren und für den Gebäudetyp Gebäude im Betrieb lassen sich 13 Nutzungstypen zertifizieren.

Die Zertifizierung für den Gebäudetypen Sanierung und Bestand, kann erst bei Gebäuden ab einem Gebäudealter von drei Jahren durchgeführt werden. Die Zertifizierung für Gebäude im Bestand setzt keine Neubauzertifizierung voraus und gilt jeweils nur für drei Jahre. Anschließend kann durch die jährliche Einreichung der Verbraucherdaten und der kompletten Dokumentation das Zertifikat rezertifiziert werden. Der Gebäudetyp Rückbau ist ein neuer Gebäudetyp und für alle Gebäudenutzungen geeignet. Momentan befindet er sich noch in der Erstanwendung und Untersuchung. Die DGNB Auditoren, die in diesem Bereich bei einer Zertifizierung unterstützend tätig sein wollen, sollten ihr Wissen im Bereich des Gebäuderückbaus durch eine Fortbildung erweitern. (DGNB, System)

3.7 Zertifizierungssysteme und Verfahren

Ähnlich wie bei BREEAM gibt es beim DGNB Zertifizierungssystem einen ausgebildeten Gutachter, den DGNB Auditor. Er ist dafür zuständig, dass alle Daten rechtzeitig von den jeweiligen Fachplaner abgegeben werden, um anschließend von ihm ausgewertet zu werden. Anschließend leitet er seine Empfehlung an die DGNB weiter, wo sie noch einmal gegengeprüft wird. Genau wie bei den vergleichbaren Systemen LEED und BREEAM kann die Zertifizierung in zwei Stufen erfolgen. In der ersten Stufe erfolgt die Vorzertifizierung und in der zweiten Stufe folgt das finale Zertifikat. In der Vorzertifizierung werden Ziele und Eigenschaften abgesprochen und festgelegt. In Anbetracht der festgelegten Ziele in der Planungsphase, kann das zu erreichende Zertifizierungslevel festgestellt werden. Dies ist von Vorteil für die Bauherren, da er so sein Gebäude besser vermarkten kann. Erst nach Fertigstellung und Überprüfung, der im vornherein geplanten Nachhaltigkeitsziele und Eigenschaften, wird das finale Zertifikat verliehen.

Für den Zertifizierungsprozess beauftragt der Bauherr in der Regel einen DGNB Auditor. Dieser hat einen bauwirtschaftlichen Bildungshintergrund und könnte hauptberuflich Ingenieur, Architekt oder ein Fachplaner sein. Die Ausbildung zum DGNB Auditor wird durch die DGNB durchgeführt und endet mit einer abgeschlossenen Zusatzausbildung, die den DGNB Auditor zu einem Experten des DGNB Systems ausbildet. Die Aufgaben des DGNB Auditor umfassen die komplette Dokumentensammlung des zu bewertenden Gebäudes und die komplette Koordination und Durchführung des Zertifizierungsprozesses. Dieser fängt an bei der Registrierung des Gebäudes und endet mit der eigens erstellten Bewertung für die Vorzertifizierung und Zertifizierung des Gebäudes. Diese Bewertung reicht der Auditor beim DGNB ein. Diese werden daraufhin vom Fachpersonal des DGNB gegengeprüft und im Anschluss unter der Voraussetzung, dass alle Kriterien erfüllt wurden, wird das Zertifikat, welches je nach Gebäudestandart dem Level Bronze, Silber oder Gold entspricht, verliehen. Eine Besonderheit der DGNB ist, dass auch für das Vorzertifikat ein Dokument überreicht wird. Dieses besitzt jedoch nicht die gleiche Wertigkeit wie ein finales Zertifikat. Das Vorzertifikat verpflichtet den Bauherren nach Fertigstellung des Gebäudes den Zertifizierungsprozess zu beenden, um das endgültige Zertifikat zu erhalten (Waibel 2010).

Das DGNB System vereint die bereits vorhandenen Bewertungsinstrumente für das nachhaltige Bauen. Dazu gehört unter anderem die Ökobilanzierung. Der Kriterienkatalog des DGNB Zertifikates umfasst und bewertet die Gesamtperformance eines Gebäudes. Der komplette Lebenszyklus eines Gebäudes wird hierbei betrachtet, von der Planung und Errichtung über die Nutzung bis zur Bewirtschaftung und dem anschließenden Abriss. Das DGNB-Zertifikat setzt hierbei eine Lebensdauer von 50 Jahren für die Gebäude an.

Das DGNB-System verfolgt fünf Schutzziele, die mit Zertifizierungen erreicht werden sollen. Dazu zählen der Ressourcenschutz, kulturelle und soziale Aspekte, der Erhalt der natürlichen Umwelt, Gesundheit und der Erhalt der Ökonomie. Hieraus lesen sich die drei Säulen der Nachhaltigkeit heraus, die die Beziehung des deutschen Zertifizierungssystems und des nationalen Nachhaltigkeitsgedankens stärken sollen. In den drei Dimensionen der Nachhaltigkeit werden die soziale, ökologische und ökonomische Qualität eines Gebäudes bewertet. Zu diesem Schritt zählt auch die Betrachtung der Technischen- und Prozess-

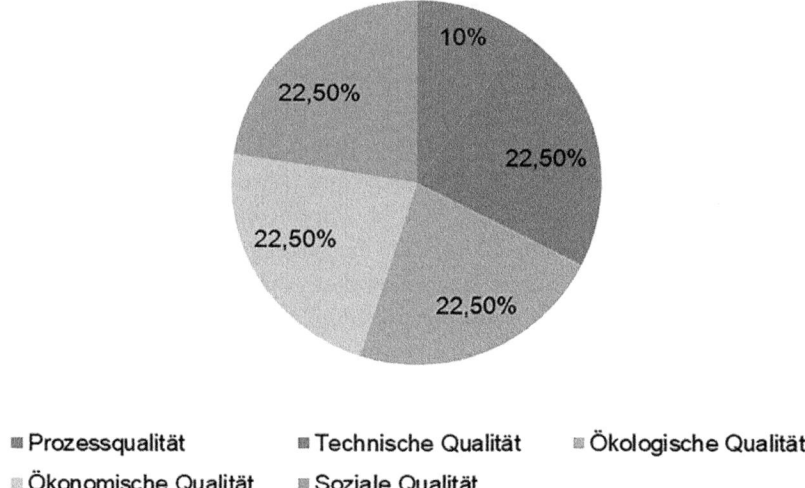

Abb. 3.6 DGNB Kriteriengewichtung. (Quelle: eigene Darstellung)

qualität. Diese werden gesondert betrachtet. Als sechster Aspekt wird die Standortqualität betrachtet. Diese fließt jedoch nicht in die Gesamtbewertung mit ein, da der Standort vom Bauherren und Planer nicht beeinflusst werden kann.

Die Besonderheit des DGNB Systems ist die Betrachtung des gesamten Lebenszyklus eines Gebäudes. Fortschrittlich gegenüber den vergleichbaren Systemen ist, dass nicht nur die Hauptkriteriengruppen ökologische-, ökonomische- und die soziale Qualität mit der Prozess- und Technischen Qualität gegeneinander gewichtet werden, sondern auch die einzelnen Kriterien mit Faktoren gewichtet wurden (vgl. Abb. 3.6). Je nach Bedeutung wurden die Gewichtungsfaktoren 1, 2 oder 3 den jeweiligen Kriterien zugeordnet. Nach der Berechnung der Gesamtpunktzahl konnte man den jeweiligen Erfüllungsgrad ermitteln.

Der Erfüllungsgrad beschreibt das Verhältnis von erreichten zu erreichbaren Punkten. Dieser wird als Prozentzahl dargestellt, welche einer Note entspricht. Diese Note gibt Auskunft über die erreichte DGNB Auszeichnung. Wenn der Erfüllungsgrad von mindestens 35 Prozent erreicht wurde entspricht das der Zertifizierungsstufe Bronze. Ab einer Prozentzahl von 50 Prozent erreicht man die Zertifizierungsstufe Silber. Die Zertifizierungsstufe Gold ist ab einem Erfüllungsgrad von 65Prozent erreicht. Das Platin Zertifikat erreicht man ab einem Erfüllungsgrad von 80 Prozent. Das Merkmal des DGNB Zertifikats ist die Besonderheit, dass die Gesamtnote des zertifizierten Gebäudes die ökonomischen, ökologischen und sozialen Aspekte sowie zusätzlich die funktionalen, technischen und planerischen Eigenschaften mit in die Bewertung einfließen lässt.

Die DGNB arbeitet stetig an der Entwicklung und Weiterentwicklung neuer und bestehender Gebäude- und Nutzungstypen, sowie an der internationalen Verbreitung und Popularität des Systems durch Kooperationen und Partnerschaften mit ausländischen Organisationen und Ländern. Die neueste Veröffentlichung des DGNB Systems ist das Zertifikat für Rückbau. Die DGNB möchte mit diesem Zertifikat die Einhaltung von geschlossenen Stoffkreisläufen unterstützen. Der Fokus der geschlossenen Stoffkreisläufe liegt momentan eher noch bei der Planung von Gebäuden und nicht beim Lebenszyklusende eines Gebäudes. Der Rückbau muss von vornherein mit geplant und koordiniert werden. Wenn bei der Planung die Nachhaltigkeitsaspekte berücksichtigt werden, können am Nutzungsende einer Immobilie, die eingesetzten Rohstoffe durch Trennung und Verwertung wiederverwendet werden. Somit gliedern sie sich erneut in den Stoffkreislauf ein, was eine enorme CO_2-Einsparung mit sich bringt. An diesem Zertifikat, welches sich nun in der Erstanwendungsphase befindet, arbeitet die DGNB in Zukunft weiter. Denn nach Abschluss der ersten Phase kann das Zertifikat durch die erlangten Erfahrungswerte weiterentwickelt werden (vgl. Lemaitre 2020).

3.7.4 NaWoh

Das Zertifizierungssystem NaWoh wurde dazu entwickelt, den Gebäudetypen Wohnungsneubau in Anbetracht der Nachhaltigkeit darzustellen und anhand eines Zertifizierungssystems und dem dazugehörigen Kriterienkatalog, vergleichbar und bewertbar zu gestalten. Das freiwillige System verfolgt dabei das Ziel, die nachhaltige Qualität zu sichern und durch die Bewertung und die Vergabe von Qualitätssiegeln, nachhaltiges Bauen für Laien transparenter zu gestalten. Die Besonderheit dieses Systems liegt darin, dass es sich ausschließlich auf den Wohnungsbau konzentriert. Der Vorteil liegt darin, dass es dadurch die gesamte Breite des Wohnungsbaus, inklusive der Interessen der Mieter, mit abdeckt. Das Spezialgebiet dieses Systems liegt auf der Gestaltungsoption der Bestandshaltung und unterstützt damit Wohnungsunternehmen, die sich auf die Bestandshaltung konzentriert haben.

Wichtige Aspekte der Bewertung des NaWoh Verfahrens sind (Nawoh, Bewertungssystem): „(…) eine ausführliche Behandlung des Bereiches Wohnqualität, das Herstellen eines methodischen Zusammenhangs zwischen Gebäudestandort und Umfeld einerseits sowie den planerischen und baulichen Reaktionen auf Standort und Umfeld andererseits, und – ganz wichtig – die Einbeziehung der ökonomischen Nachhaltigkeit zusätzlich auch aus der Sicht des Bauherrn." Die Aspekte des Systems beziehen sich auf alle wichtigen Bedürfnisse der Wohnungswirtschaft. Das System der NaWoh soll nicht nur als Zertifizierungssystem dienen, sondern darüber hinaus soll es Bauherren und Planern bei der nachhaltigen Entwicklung und der Qualitätssicherung ihres Gebäudes als Leitfaden und Planungshilfe unterstützend tätig sein.

Der Verein der NaWoh wurde 2012, durch mehrere Immobilien- und Wohnungsbauverbände innerhalb Deutschlands, mit dem Ziel der Förderung der Nachhaltigkeit bezüglich des Wohnungsbaus, gegründet. Im Jahre 2016 wurde das Qualitätssiegel der NaWoh, welches sich primär mit dem ausgewogenen Verhältnis von Ressourceneffizienz, energieschonender Bauweise und der Wohnqualität, bezüglich der wirtschaftlichen Rentabilität befasst, vom Bundesministerium für Umwelt, Naturschutz und nuklearer Sicherheit (BMU) amtlich anerkannt. (Baunetz Wissen, Nawoh Qualitätssiegel) Entwickelt wurde das System von der Arbeitsgruppe des Runden Tisches „Nachhaltiges Bauen" welche, wie bereits im vorherigen Kapitel des DGNB Systems erwähnt, vom BMVBS unterstützt wird. Die Arbeitsgruppe des Runden Tisches setzt sich aus Experten mit unterschiedlichen Hintergründen zusammen. Dazu zählen Verbände der Immobilien- und Wohnungswirtschaft, Forschungseinrichtungen, sowie Vertreter relevanter Akteursgruppen der Wissenschaft, Gesellschaft, Politik etc. Durch das gebündelte Fachwissen der Mitglieder konnte durch Einbeziehung der aktuellen internationalen Normen und Standards, den Erfahrungswerten der bestehenden Nachhaltigkeitsbewertungssysteme und den expliziten Erfahrungen im Bereich der Wohnungswirtschaft, das Bewertungssystem der NaWoh entwickelt werden. (Nawoh: Bewertungssystem)

Das erarbeitete System des nachhaltigen Tisches, gilt als Grundlage des Bewertungsverfahrens der Nawoh mit Ziel des Qualitätssiegels. Anders als die vorherig beschriebenen Zertifizierungssysteme, setzt sich der Zertifizierungsprozess nur aus einem einstufigen System zusammen. Die Anwendung ist speziell für Wohnungsneubauten entwickelt worden. Das einstufige System enthält bewertende und beschreibende Kriterien. Im Zuge der Bewertung werden die Vollständigkeit der Beschreibung und die Einhaltung der Mindestanforderungen von einem externen Dienstleister überprüft. (Nawoh: Kriterien für nachhaltigen Wohnungsbau)

Das System unterscheidet zwei Arten von Kriterien:

1. Kriterien zur Beschreibung und Beurteilung der Erfüllung von Anforderungen – sog. bewertende Kriterien: Es werden Bewertungsmaßstäbe definiert und die Erfüllung von Mindestanforderungen ist nachzuweisen. Bei einigen Kriterien ist die Darstellung einer Überfüllung möglich, um besonders hohe Qualitäten sichtbar zu machen.
2. Kriterien zur Beschreibung von Merkmalen, Eigenschaften oder Maßnahmen – sog. beschreibende Kriterien: entsprechend einer Checkliste und unter Beachtung von Dokumentationspflichten werden bauliche, technische oder organisatorische Lösungen beschrieben oder Vorgehensweisen erläutert. Geprüft werden Art und Umfang der Beschreibung.

Die zu bewertenden Qualitäten umfassen fünf Obergruppen:

1. Ausführliche Behandlung der Wohnqualität
2. Technische Qualität – einschließlich planerische und bauliche Reaktion auf Standort und Umfeld
3. Ökologische Qualität
4. Ökonomische Qualität – auch aus Sicht der Bauherren
5. Prozessqualität

Das Bewertungsverfahren startet nach Abgabe der gesammelten Dokumentation, seitens des Bauherrn. Bei der NaWoh gibt es keine ausgebildeten Gutachter, die einem bei der Erstellung der Dokumentation zur Seite stehen könnten. Daher wird empfohlen, sich durch Experten der Wohnungswirtschaft beraten zu lassen. Der Bauherr muss einen schriftlichen Antrag an die NaWoh für die Zertifizierung stellen. Dies kann vor, während oder nach Einreichung der Dokumente erfolgen. Wichtig dabei ist es, alle Kriterien der NaWoh zu beachten. Das Zertifikat gilt als einstufiges System. Allerdings kann man Zwischenstände überprüfen lassen, für die im Anschluss Planungszertifikate ausgestellt werden. Diese dienen zur Orientierung während des Bauprozesses. Nach Fertigstellung des Gebäudes verlieren die Zertifikate ihren Wert und werden im Idealfall durch das Qualitätssiegel ersetzt. Bei dem Bewertungssystem der NaWoh zählen im Vergleich zu den anderen international anerkannten Bewertungssysteme, die ökologischen Aspekte nicht primär. Die Bewertung der Wohnqualität und die bauliche Reaktion auf Standort und Umfeld stehen an erster Stelle. Nach Antragsstellung und erfolgreicher Durchsicht aller Dokumente, erteilt die NaWoh dem Bauherrn die Erlaubnis den nächsten Schritt der Konformitätsprüfung anzugehen. Dieser wird durch einen externen Prüfer durchgeführt, der von der NaWoh ausgewählt wird. Dieser Überprüft die Dokumente und teilt der NaWoh seine Einschätzung zur Bewertung mit. Die festgestellten Ergebnisse werden nochmals von der wissenschaftlichen Aufsicht gegengeprüft. Sollten keine Fehler auftreten wird das Qualitätssiegel verliehen (Baunetz Wissen, Qualitätssiegel).

Im Unterschied zu anderen bekannten Zertifizierungssystemen, besitzt das System der NaWoh keine Abstufungen in der Zertifizierung. Somit kann man nur das Qualitätssiegel erreichen. Dieses wird für Wohnungsneubauten nach Einhaltung der NaWoh-Kriterien und anschließender Prüfung vergeben. Nach Abschluss der Prüfung erhält der Bauherr eine Urkunde. Um das Bewertungsergebnis besser nachvollziehen zu können, liegen der Urkunde die detaillierten Ergebnisse der Beschreibung und Bewertung in Form eines Stärkenprofils bei.

3.7.5 Zertifizierungssysteme im Vergleich

Im folgenden Abschnitt werden die drei Systeme BREEAM, LEED und DGNB miteinander verglichen. Das NaWoh System lässt sich nicht mit den drei anderen vergleichen, da es nur national innerhalb Deutschlands angewendet werden kann und sich zusätzlich nur auf den Gebäudetypen Wohnungsbau bezieht.

Im Vergleich der drei Systeme wird deutlich, dass das DGNB System alle drei Nachhaltigkeitsdimensionen mit abdeckt. Wohingegen BREEAM und LEED sich größtenteils mit der ökologischen Nachhaltigkeit befassen. Die soziale Nachhaltigkeit nimmt einen kleinen Teil durch die Bewertung der Gesundheit/Wohlbefinden und Aufenthaltsqualität ein, jedoch wird die ökonomische Dimension nicht miteinbezogen. Die DGNB setzt das Triple-Bottom-Line Konzept eindeutig am vollständigsten um. Dadurch das BREEAM und LEED jeweils national abgestimmte Zertifizierungssysteme anbieten können und die

DGNB nationale Gewichtsfaktoren benutzt sind alle drei Systeme international anwendbar. Ein Gutachter der den Bewertungsprozess durchführt wie bei BREEAM und DGNB ist aus Qualitätsgründen zu empfehlen (Waibel 2010).

Die drei Bewertungssysteme ähneln sich teilweise stark, weisen aber dennoch strukturelle Unterschiede in der Organisationsform und dem Bewertungsprozess auf. Die Systeme werden von Non-profit Institutionen oder auch politischen Einrichtungen veröffentlicht und stetig weiterentwickelt. Diese Institutionen betreuen teilweise zusätzlich den Zertifizierungsprozess. Dieser umfasst die Überprüfung der eingereichten Dokumente und die Zertifikatvergabe. Zu den Institutionen die diesen Vorgang selbst durchführen, gehört das BRE dem das BREEAM System angehört, sowie auch der DGNB mit seinem DGNB System. Bei LEED und anderen Systemen wird die Dokumentenprüfung durch eine dritte Institution durchgeführt. Hierzu gehört zum Beispiel das GBCI.

Im Ablauf des Bewertungsprozesses, lässt sich zwischen der Aktualisierung der Bewertungsversionen unterscheiden. Das BREEAM System aktualisiert seine Systemvarianten jährlich, das LEED System führt eine Aktualisierung in einem Zwei- bis Dreijahresrhythmus durch wohingegen das DGNB System seine Aktualisierung nach Bedarf durchführt. Bei BREEAM und DGNB wird der Bewertungsprozess von einem speziell Ausgebildeten und stetig weitergebildeten Experten durchgeführt. Bei LEED gehört die Miteinbeziehung eines Experten nicht zwingend dazu, wird aber im Endeffekt mit Zusatzpunkten in der Bewertung belohnt.

Die Bewertungsstufen der drei Systeme unterscheiden sich teilweise. Das DGNB und LEED System nutzen beide die Begriffe Platin, Gold, Silber und Bronze als Zertifizierungsabstufungen. Das britische System BREEAM nutzt Schulnoten, die auch in einem Sternsystem dargestellt werden können. Bei BREEAM und DGNB wird der Erfüllungsgrad in Prozent angegeben, wohingegen LEED den Erfüllungsgrad in Punkten angibt.

Die Kosten lassen sich in die drei Kategorien: Registrierungs- und Zertifizierungsgebühren, Zertifizierungskosten und Bauzusatzkosten aufteilen. Die Gebühren unterscheiden sich bei allen drei Systemen stark und wurden bereits in den vorherigen Abschnitten erwähnt. Ergänzend lässt sich sagen, dass nachhaltiges Bauen meistens mit einem hohen Kostenaufwand in Verbindung gebracht wird. Dies ist nicht immer der Fall und lässt sich mit vorrausschauenden Planen verhindern. Wenn man von Anfang an den Nachhaltigkeitsaspekt bei der Planung von Gebäuden miteinbezieht, lassen sich die Kosten für eine nachhaltige Umsetzung minimieren (vgl. Ebert et al. 2010).

Trotz der dargestellten Vorteile und der stetig steigenden Akzeptanz und Verbreitung von Zertifizierungen, regt sich auch Kritik am System. Die wichtigsten Punkte werden darum hier kurz dargestellt (Building Minds). Die von manchen Marktteilnehmern entsprechend bemängelte Beliebigkeit der Zertifikate limitiert insbesondere ihren Einsatz beim Management von Klimarisiken, wo Treibhausgasemissionen naturgemäß die wichtigste Rolle spielen, merkt beispielsweise die Fachvereinigung Building Minds an. Eine aktive Strategie zur Emissionsvermeidung („Mitigation") setzt eine nach Möglichkeit dynamische Erfassung und ein präzises Monitoring voraus. Es liegt auf der Hand, dass eine in der Regel im Abstand von mehreren Jahren erhobene – nämlich pünktlich zum Auslauftermin einer bestehenden Zertifizierung – und auf eine bestimmte Punktzahl normierte Bewertung der Emissionen letztlich unzureichend ist. Ein hohes Maß an Verantwortung und Betroffenheit ergibt sich im Immobiliensektor nicht zuletzt aufgrund der hohen wirtschaftlichen Lebensdauer von Gebäuden und des langen Anlagehorizonts insbesondere bei institutionellen Investoren. Antworten auf die inzwischen immer drängenderen Fragen werden nicht in Nachhaltigkeitszertifikaten gesucht, sondern in ESG-Strategien und neuen Standards. Während einerseits etablierte Kataloge wie GRESB (Global Real Estate Sustainability Benchmark) herangezogen werden, um existierende Strategien um den Dreiklang Umwelt, Soziales und Unternehmensführung in die Praxis zu übersetzen, ist andererseits eine Flut an individuellen Modellen und Standards zu beobachten.

Weitere Probleme mit den beschriebenen Zertifikaten lassen sich in folgenden Punkten zusammenfassen (vgl. Braune 2015, S. 29 ff.):

- Woher jedoch kommen Vergleichswerte für die Kennwerte der Zertifikate?
- Welche Voraussetzungen müssen erfüllt sein, damit ein Planer Vergleichswerte für sein konkretes Bauvorhaben anwenden kann?
- Wie können Vergleichswerte dabei helfen, übergeordnete Umweltziele für eine Branche oder einen Teil der Branche zu erfüllen?

An mehreren Stellen sind die Zertifikate Systeme also noch verbesserungswürdig. Vor allem, wenn es um den Betreib von Immobilien geht. Die Zertifizierung geht davon aus, dass im Betrieb auch alles mehr oder weniger so läuft und funktioniert, wie es in der Planungs- und Bauphase prognostiziert und dokumentiert worden ist. Klar ist jedoch: Genau das ist nicht der Fall. Zahlen und Prognosen auf dem Papier und in Plänen sind das eine – die Realität sieht dann durchaus anders aus. Besonders für den Betrieb von Gebäuden spielen wie wir bereits gesehen haben Daten die entscheidende Rolle, weil sie die Möglichkeit zu einer kontinuierlichen Optimierung bieten. Zudem liegt hier auch der Schlüssel zu einer realistischen prediktiven Steuerung anhand von Echt-Daten und zur Vermeidung von unnötigen Verbrauchen und Gebrauchen. All das wird über die Zertifizierungen lediglich nach Treu und Glauben unterstellt. Mehr aber eben auch nicht.

3.8 Alternative oder Ergänzung zu Zertifizierungen durch Ökobilanzen (?)

Um eine umfassende und methodisch einheitliche Erfassung von Kennwerten für Immobilien sicherzustellen, bietet sich die Nutzung von Gebäude-Ökobilanz-Kennwerten an (vgl. Braune 2015). Ausgehend von einer Ausgangssituation für die ökologischen Kennwerte (Ist-Werte) für den gewählten Immobilientyp werden nach der Formulierung des Zielzustandes die potenziellen Entwicklungspfade der Kennwerte zu dem Zielzustand skizziert. Anschließend werden Ermittlungen des jeweiligen Ist-Zustands je Umweltindikator in regelmäßigen zeitlichen Abschnitten durchgeführt, statistisch ausgewertet und der geplanten Zielerreichung je Zeitpunkt gegenübergestellt. Werden relevante Abweichungen des Ist-Zustands zur Zielerreichung identifiziert, sind gegebenenfalls weitere Analysen durchzuführen um mögliche Gründe dieser Abweichungen zu identifizieren. Beruhend auf deren Ergebnisse sind sodann entsprechende Maßnahmen einzuleiten.

Ein übergeordnetes Zielsystem zur Definition des Ziel-Zustandes und des angestrebten Entwicklungspfads nach Braune sieht folgendermaßen aus:

- Phase 1.1.: Es werden das Kennzahlensystem und die zu steuernden Indikatoren festgelegt. Für die Indikatoren wird für eine existierende Datenbasis eine initiale Ist-Zustands-Ermittlung zur Statusbestimmung durchgeführt.
- Phase 1.2.: Anschließend werden für die Indikatoren generelle, langfristige und quantitativ (hinsichtlich Größe und Zeitpunkt) definierte Ziel-Zustände ausformuliert.
- Phase 1.3.: Aus den langfristigen Zielen und den Ist-Zuständen sind im Folgeschritt je Indikator die anzustrebenden Entwicklungspfade als (lineare) Funktionen abzuleiten. Des Weiteren wird die obere Toleranzgrenze festgelegt, bei der die Zielerreichung gefährdet sein wird.

Das übergeordnete Zielsystem wird zu Beginn der Methodenanwendung definiert und gilt für die Gesamtlänge der Anwendung bis zum Erreichen des festgelegten Zeitpunktes zur langfristigen Erreichung des Ziel-Zustandes.

Ein untergeordnetes Zielsystem für periodisch zu wiederholende Ermittlungen der Soll- und Ist-Zustände für die Erreichung der kurzfristigen Ziele, gliedert sich in folgende Phasen (vgl. Braune 2015):

- Phase 2.1.: Aus in Vorperioden oder initial ermittelten Ist-Werten werden zuerst Soll-Werte für die Folge-Periode abgeleitet. Die ebenso zu ermittelnden Verteilungsfunktionen der Ist-Werte werden zum einen für die Definition von periodenspezifischen „Mittel-, Grenz- und Zielwerten" genutzt, zum anderen für die Festlegung von Abweichungstoleranzen für den Abgleich der Ist-Werte mit ihren korrespondierenden Soll-Werten. Ein weiterer Bestandteil der Phase ist ein Abgleich der Soll-Werte mit dem angestrebten Entwicklungspfad (aus Phase 1.3). Abschließend wird die Länge der Periode bis zur erneuten Datenauswertung festgelegt.
- Phase 2.2.: Die Ist-Werte der Ökobilanz-Ergebnisse innerhalb einer definierten Periode werden erfasst. Um die Qualität der ermittelten Ist-Werte beurteilen zu können, ist die Dokumentation des Ablaufs der Datenerfassung notwendig. Aus diesem Grund sind zusätzlich die Rahmenbedingungen der Ermittlung wie Zeitraum, Qualität der Werte und Umfang (in Form der Anzahl und kumulierten Flächen) zu dokumentieren sowie eine Charakterisierung der Stichprobe, in Form definierter Gebäude-Kenngrößen (zum Beispiel Fläche, Fassadentyp, Kubatur, …). Um auf Entwicklungen reagieren zu können, sind ebenfalls technische, soziale und wirtschaftliche Trends, die relevanten Einfluss auf die erfassten Ergebnisse haben können, zu erfassen und zu qualifizieren.

3.8 Alternative oder Ergänzung zu Zertifizierungen durch Ökobilanzen (?)

- Phase 2.3.: Für die ermittelten Ist-Werte der ökologischen Kennzahlen werden beschreibende statistische Analysen des Status durchgeführt. Zu diesen gehören tabellarische und grafische Darstellungen von Klassenhäufigkeiten, grafische Darstellung der Verteilung der Ergebnisse, Mittelwerte-Ermittlung für die Ist-Werte der Gesamt-Lebenswege der Gebäude und für einzelne Lebenswegphasen, Ermittlung der Mediane, 10 Prozent-, 25 Prozent-, 75 Prozent- und 90 Prozent-Perzentile der Gesamtgebäude-Ist-Werte. Des Weiteren werden in dieser Phase Abweichungsanalysen zu den Soll-Werten (aus 2.1.) der korrespondierenden Periode durchgeführt. Hierzu werden die ebenfalls in Phase 2.1. definierten Toleranzbereiche hinzugezogen, um die Stärke möglicher Abweichungen qualifizieren zu können. Treten Abweichungen auf, die außerhalb des Toleranzbereiches liegen, sind Szenarioanalysen für mögliche durchzusetzende Maßnahmen (siehe Phase 2.4.) durchzuführen und für das Eintreten technischer, sozialer oder wirtschaftlicher Trends. Diese Analysen sollten detaillierte Dominanzanalysen der ermittelten Ist-Werte beinhalten, um Rückschlüsse auf die identifizierten Abweichungen ziehen zu können.
- Phase 2.4.: Werden Abweichungen identifiziert, ist ein Maßnahmenkatalog aufzustellen, der die Aktionen auflistet, die bestmöglich zur Annäherung an den angestrebten Entwicklungspfad führen. Zu den Maßnahmen können „methoden-interne" Maßnahmen gehören, wie Anpassung der Zieldefinitionen; Anpassung des Zeitrahmens; Differenzierung des Kennzahlensystems wenn Charakteristik-Analysen eindeutige Cluster aufzeigen, für die eigene Zielwerte definiert werden können; Anpassung der Systemgrenzen. Auch „methoden-externe" Maßnahmen können Bestandteil des Katalogs sein, wie Einführung von Anreizsystemen wie Auszeichnungen, Förderungen, verbesserten Kreditvergaben oder Verstärkung von Wissenstransfer zu den Planern und Ausführenden. Es kann ebenso der Fall auftreten, dass keine Maßnahmen durchgeführt werden müssen.

Die hier dargestellte Methode bezieht sich wie die Zertifizierungssysteme und andere bereits vorher dargestellte Ansätze vor allem auf die ökologische Nachhaltigkeit. Es handelt sich dabei um eine mehr oder weniger klassische Vorgehensweise der Abweichungsanalyse. Hiermit wird aber ein großer Beitrag geleistet, die Nachhaltigkeit von Immobilien nach der Zertifizierung und im laufenden Betrieb zu messen und zu steuern. Diese Methode ist grundsätzlich sehr gut digitalisierbar und zu automatisieren. Voraussetzungen dafür sind – wie immer – Daten und klare Kriterien und Standards zur Orientierung und zum Training einer Künstlichen Intelligenz. So könnten die angesprochenen Korrekturmaßnahmen im Betrieb ebenfalls automatisiert werden. Das ließe sich zudem mit Distributed Ledger Technologien (Blockchain) und Smart Contracts verbinden, die sich bei Erreichen bestimmter Zielmarken oder definierter Umstände sozusagen selbst ausführen und managen.

Insgesamt steigt im Immobilienmarkt jedoch unabhängig von Methoden und einzelnen Zertifizierungssystemen die Bedeutung von Nachhaltigkeitsmessung und Nachhaltigkeitssteuerung kontinuierlich an. Das bestätigen auch wissenschaftlich fundierte qualitative

Experteninterviews der Autorin zum Thema. Die befragten Experten sind sich alle einig, dass der Einfluss von Nachhaltigkeit auf den Projektentwicklungsmarkt ein wichtiges Thema innerhalb Deutschlands darstellt. Die Gebäudezertifizierungen sind ein bleibender Trend und heutzutage nicht mehr wegzudenken. Die Begründung dahinter ist jedoch unterschiedlich. Einige sehen die Zertifizierungen als Vermarktungszweck, wohingegen andere der Meinung sind, dass durch die Zertifizierungen ein gewisser Qualitätsstandard erreicht wird. Es wird deutlich, dass alle der Meinung sind, dass kaum noch ein Neubau ohne Zertifizierung auskommt, da die Mieter und Investoren diese bereits voraussetzen. Die Relevanz des Themas wird von allen Interviewpartnern als sehr wichtig beschrieben. Die Gesellschaft muss zu einem Umdenken vorangetrieben werden, um die formulierten Ziele der SDGs und EU-Klimaziele zu erreichen. Der Fokus sollte darauf liegen, die Ressourcen für die künftigen Generationen zu sichern.

Die Interviewpartner sind der Meinung, dass die Umsetzung der nachhaltigen Entwicklung des Bausektors mit Kostensteigerungen verbunden ist, die viele Investoren abschrecken könnten. Jedoch sind sie auch der Meinung, dass sich diese Investitionen in die Zukunft lohnen werden, da zukünftige Mieter die Zertifizierungen erwarten werden und die Gesetzeslage diese ebenfalls voraussetzen wird. Außerdem wurde die Erkenntnis getroffen, dass durch die geplanten Gesetze eine positive Evolution des Bauprozesses erforderlich sein wird, da diese zu einer besseren Zukunft führt.

Bezüglich der gegebenen politischen Rahmenbedingungen für die Umsetzung des nachhaltigen Bauens, sind sich die Experten einig, dass noch einige gesetzliche Regelungen fehlen. Vor allem betreffend ökologischer und recyclebaren Baustoffen, könnten die Regelungen besser ausgebaut sein. Zusätzlich sollte der Fokus der Vorgaben nicht auf Landes- sondern auf Bundesebene erfolgen, da um den globalen Klimaschutz zu gewährleisten, in einem größeren Rahmen gedacht werden muss. Die letzte Frage des Fragenkataloges, die sich nach dem führenden Entwickler auf diesem Gebiet innerhalb Deutschlands erkundigte, zeigte das neben dem Entwickler EDGE Technologies kaum jemand genannt werden konnte und Deutschland sich auf diesem Gebiet weiterentwickeln muss.

Der Trend der nachhaltigen Entwicklung ist eine anhaltende Dynamik. Die Zertifizierungssysteme gelten trotz aller berechtigte Kritikpunkte bei Experten und Praktikern als eine sinnvolle Methode zur Unterstützung und Umsetzung des Nachhaltigkeitsgedankens. In Bezug auf den Bausektor und den damit verbundenen Zertifizierungssystemen ist Deutschland mit dem DGNB System bereits gut aufgestellt. Dieses sticht vor allem wegen der ganzheitlichen Bewertung des Lebenszyklus eines Gebäudes hervor, womit es zur neuen Generation der Zertifizierungssysteme zählt. Innerhalb Deutschlands ist es das meist genutzte System. Da es stetig an der Weiterentwicklung und der internationalen Verbreitung durch Kooperationen mit anderen Ländern und Organisationen arbeitet, wird es sich in Zukunft auch international weiter durchsetzen.

Allgemein haben sich die Zertifizierungssysteme bereits etabliert und in Zukunft wird kaum noch ein Neubau ohne Zertifikat entstehen. Das Umdenken der Gesellschaft hin zur nachhaltigen Entwicklung hat dazu geführt, dass die Bevölkerung bezüglich des Bausektors Zertifikate von nun an voraussetzen wird. Bezüglich der Kostensteigerung, in Verbindung mit einer nachhaltigen Entwicklung, haben einige Experten die Aussage getroffen, dass mit der Investition in eine bessere Zukunft investiert wird. Außerdem sollten sich die Baukosten mittelfristig effizienter entwickeln und in Zukunft zu einer Senkung der Kosten gegenüber den aktuellen Kosten führen.

Ausbaufähig ist der deutsche Markt im Bereich der nachhaltigen Projektentwickler. Nach Auswertung der qualitativen Analyse wurde festgestellt, dass die Experten mit Ausnahme von EDGE Technologies kaum einen deutschen Entwickler im Bereich der Nachhaltigkeit nennen konnten. Es bleibt festzuhalten, dass eine stetige Weiterentwicklung und Internationalisierung der Zertifizierungssysteme notwendig ist, um die nachhaltige Entwicklung voranzutreiben. In der Zukunft wäre es interessant zu sehen, ob es möglich ist, ein international einheitliches Zertifizierungssystem zu entwickeln, welches sich auf die jeweiligen klimatischen und rechtlichen Rahmenbedingungen und Standards der jeweiligen Nation anpassen könnte.

3.9 Treiber für Nachhaltigkeit in der Immobilienwirtschaft

Die große Bedeutung des Themas der Nachhaltigkeit kommt, wie beschrieben, aus den sich wandelnden Erwartungen und Anforderungen von Kunden und Immobiliennutzern und „der Gesellschaft". Aber natürlich gibt es auch weitere Treiber dieser Entwicklung. Hier spielen Regulierungen und gesetzliche Vorgaben wie die EU Taxonomie für nachhaltige Investments, die Energy Performance of Buildings Directive (EPBD), der European Green Deal, das ebenfalls europäische Programm „Fit for 55", die deutschen Klimaziele der Bundesregierung und der europäische Emissionshandel bedeutende Rollen. Sie alle machen strenge Auflagen, was die Klimafreundlichkeit und Nachhaltigkeit von Gebäuden betrifft. Zudem gibt es verschiedene andere Regularien und politische Entscheidungen, die die Entwicklung und Nutzung von digitalen Technologien vorantreiben, die ebenfalls eine große Bedeutung für den Immobilienmarkt und die Nachhaltigkeitssteuerung haben (werden).

Die Taxonomie-Verordnung, welche am 22. Juni 2020 erschien, wurde vom Europäischen Parlament beschlossen. Ziel der Verordnung ist es, Nachhaltigkeit durch ein gemeinsames Klassifikationssystem messbar zu machen. 20 Tage nach der Veröffentlichung, am 12. Juni 2020, trat sie in Kraft. Die Verordnung ist ein wichtiger Bestandteil, um den Aktionsplan aus dem Jahr 2018 umzusetzen. Bei dem Aktionsplan handelt es sich um die Finanzierung eines nachhaltigen Wachstums. Die Taxonomie-Verordnung gilt in dieser Hinsicht als Leitfaden für Investoren, da sie festlegt, wie und wann eine Wirtschaftstätigkeit nachhaltig ist. Die Verordnung ist für alle EU-Mitgliedsstaaten, Finanzmarktteilnehmer und für Unternehmen gedacht, die verpflichtet sind, eine nichtfinanzielle Erklärung zu veröffentlichen. Somit hilft die Verordnung Investoren korrekt ökologisch nachhaltig zu investieren, ohne „Green Washing" zu betreiben (vgl. Schaefer 2020).

▶ **Definition** Die Kriterien, mit denen sich die ökologische Nachhaltigkeit einer Wirtschaftstätigkeit unter der Taxonomie-Verordnung bestimmt, sind:

- Wesentlicher Beitrag zur Verwirklichung mindestens eines Umweltziels
- Keine erhebliche Beeinträchtigung eines Umweltziels
- Einhaltung internationaler sozialer und arbeitsrechtlicher Mindeststandards und
- Einhaltung der technischen Standards, die von der Kommission festgelegt werden.

In der Taxonomie-Verordnung werden die folgenden Umweltziele adressiert (vgl. Schaefer 2020):

- Klimaschutz
- Anpassung an den Klimawandel
- Nachhaltige Nutzung und Schutz von Wasser und Meeresressourcen
- Übergang zu einer Kreislaufwirtschaft
- Vermeidung und Verminderung der Umweltverschmutzung
- Schutz und Wiederherstellung der Biodiversität und der Ökosysteme.

Der Klimaschutzplan der Bundesregierung bis zum Jahr 2050 umfasst sektorbezogene und sektorübergreifende Maßnahmen (Bundesregierung 2019). So wird das Ziel der Emissionsminderung kostengünstig und realistisch vorangetrieben. Durch das Engagement, im Bereich des Klimaschutzes baut Deutschland seine Stellung als Leitmarkt für klimafreundliche Technologien aus. Damit setzt die Bundesrepublik positive Impulse und liefert wichtige Innovationen in Bezug auf den weltweiten Klimaschutz durch CO_2 neutrale Technologien. Das Leitmotiv der Bundesregierung ist es, den Weg zur Erreichung der Klimaziele möglichst wirtschaftlich, nachhaltig und sozial zu gestalten. Um den gesamtgesellschaftlichen Erfolg der Klimaziele 2050 zu gewährleisten, sind verschiedene Faktoren von Bedeutung. Dazu gehören der Ausbau der Infrastruktur und die damit eingehenden Investitionen in diesem Sektor. Investitionen im Sektor der Forschung und Entwicklung gehören auch dazu, ebenso wie die Sicherung der Arbeitsplätze und die Zusammenarbeit von Kommunen und Ländern. Bezüglich des Ausbaus der Infrastruktur, ist die Konzentration auf eine gut ausgebaute Ladeinfrastruktur unabdingbar, um die Ziele im Segment der Elektromobilität zu sichern. Hinsichtlich der Umsetzung der Klimapolitik, ist die Zusammenarbeit von Kommunen und Ländern von großer Bedeutung für den Gesamterfolg.

Im Rahmen ihres „Green Deal" hat sich die EU verpflichtet, alle Treibhausgasemissionen (einschließlich der Emissionen von Gebäuden) bis 2030 um 55 Prozent zu reduzieren, um bis 2050 nahezu keine Treibhausgasemissionen mehr zu verursachen. Um diesen Wandel so kosteneffizient wie möglich zu gestalten, müssen koordinierte Schritte unternommen werden, um Folgendes zu erreichen (EASAC 2021):

- Senkung des Energieverbrauchs in neuen Gebäuden durch Planung und in bestehenden Gebäuden durch Renovierung

3.9 Treiber für Nachhaltigkeit in der Immobilienwirtschaft

- Dekarbonisierung der gesamten Energieversorgung von Gebäuden
- Optimierung des Einsatzes erneuerbarer Energien in Gebäuden
- Minimierung der verkörperten THG-Emissionen in Materialien, Komponenten und Prozessen, die beim Bau neuer Gebäude und bei der Renovierung bestehender Gebäude verwendet werden.

Der erste Schritt, die Verringerung des Energieverbrauchs, ist wichtig, weil dadurch nicht nur die Gesamtmenge an dekarbonisierter Energie, die der Gebäudesektor benötigt, sondern auch sein Spitzenbedarf gesenkt wird, wodurch sich der Umfang der erforderlichen Investitionen in eine Energieversorgung mit sehr niedrigen THG-Emissionen, insbesondere für die Stromerzeugung aus erneuerbaren Energien, verringern könnte. Es ist auch wichtig, den ersten Schritt sorgfältig zu planen, da einige Investitionen in „oberflächliche" Gebäuderenovierungen kurzfristig eine attraktive wirtschaftliche Rendite bringen können, aber in der Zukunft zu sogenannte „gestrandeten Vermögenswerten" führen können, wenn sich die Politik, die Marktbedingungen, die technologische Innovation und die Finanzierungsoptionen ändern, um die Durchführung umfassenderer Renovierungen zu ermöglichen. Die Installation eines neuen Gasheizkessels kann beispielsweise kurzfristig die Energiekosten senken, aber dieser Kessel müsste ersetzt werden, wenn das Verbot der Verwendung von Gas in Gebäuden in Kraft tritt. „Stranded Assets" sind also Immobilien, die sich nicht mehr finanzieren und/oder vermarkten lassen, weil sie die Vorgaben zur Dekarbonisierung nicht erfüllen oder weil die Maßnahmen zur Dekarbonisierung so teuer wären, dass sie sich nicht mehr sinnvoll ökonomisch abbilden lassen (Building Minds).

Nach den von der Europäischen Umweltagentur erstellten Kohlenstoffinventaren machen die THG-Emissionen von Wohn- und Gewerbegebäuden (Nichtwohngebäuden) in der EU etwa 36 Prozent der energiebedingten THG-Emissionen oder etwa 25 Prozent der gesamten THG-Emissionen der EU aus. Die direkten THG-Emissionen von Gebäuden dürften in Zukunft zurückgehen, da die Verbrennung fossiler Brennstoffe in Gebäuden schrittweise eingestellt wird, und die indirekten THG-Emissionen von Gebäuden werden mit der Dekarbonisierung des Stromnetzes abnehmen. Der Bau energieeffizienter neuer Gebäude und die tief greifende energetische Sanierung bestehender Gebäude sind entscheidend für die Verringerung des künftigen Energieverbrauchs in Gebäuden. Darüber hinaus müssen sowohl bei neuen als auch bei renovierten Gebäuden die THG-Emissionen, die in Baumaterialien und -komponenten durch die für ihre Gewinnung, ihren Transport, ihre Verarbeitung und ihre Herstellung verwendete Energie enthalten sind, begrenzt werden.

Auch an der Schnittstelle von Digitalisierung und Nachhaltigkeit zeichnen sich schon jetzt kommende Regularien und Vorgaben ab. So formuliert ein Thesenpapier des Bundesministeriums für Umwelt und Naturschutz mit dem Titel „Umwelt in die Algorithmen!" konkrete Forderungen, die einen direkten Bezug zur Immobilienwirtschaft aufweisen:

- Digitalisierung soll zu Umweltschutz und Klimaschutz in allen Branchen eingesetzt und ausgebaut werden. Das gilt wegen der Klimabilanz in erster Linie für Industrie, Verkehr und Transport, Energie und eben auch den Immobiliensektor.

- Künstliche Intelligenz soll zum Treiber für Umwelt-, Natur-, Klima- und Ressourcenschutz werden.
- Umweltdaten und Umweltinformationen sollen zugänglich, frei verfügbar, valide und transparent sein. Im vorigen Kapitel wurde die Bedeutung von Daten für den nachhaltigen gebäudebetrieb mehrfach hervorgehoben. Sind Daten erst einmal verfügbar, dann werden sich schnell entsprechende Services und Geschäftsmodelle auf dieser Basis einstellen.
- Die Digitalisierung selbst und ihre Anwendungen sollen sich ebenfalls dem Ziel des Klima- und Ressourcenschutzes unterordnen.
- Mit digitalen Technologien sollen Kreislaufsysteme wie beispielsweise das Cradle-to-Cradle-Prinzip bei Immobilien oder andere Kreislaufansätze insbesondere im Immobilienbetrieb vorangetrieben und als Marktstandard etabliert werden
- Digitalisierung soll den nachhaltigen Konsum fördern, beispielsweise über Transparenz zu den Klimafolgen des eigenen Handelns. Das betrifft natürlich auch jeglichen Konsum und Verbrauch in Verbindung mit Immobilien.
- Die Nachhaltigkeitseffekte und Folgen der Digitalisierung sollen klarer prognostiziert und abgeschätzt werden. Diesen Aspekt – ob mit oder ohne Digitalisierung – kennen wir beispielsweise aus den zuvor beschriebenen Zertifizierungssystemen oder Ökobilanzen, die genau das für Immobilien beanspruchen.

Im selben Zuge hat auch die Europäische Ebene eine verstärkte Entwicklung der Digitalwirtschaft insbesondere in den Bereichen Künstliche Intelligenz und Blockchain angekündigt und als entscheidend für die Zukunftsfähigkeit Europas definiert. Dazu sollen folgende Schritte umgesetzt werden (vgl. EU Commission 2019):

- Intensivierung der Mittelbeschaffung für das KI/Blockchain-Investitionsprogramm bei institutionellen Anlegern, Unternehmen, Family Offices und nationalen Förderbanken und Bereitstellung von Mitteln für Risikokapitalgeber in der Wachstumsphase.
- Überwachung des Einsatzes der KI-Ko-Investitionsfazilität und Erwägung ihrer Ausweitung, um den vom Europäischen Investitions-Fonds (EIF) unterstützten KI-/Blockchain-Fondsmanagern, die in erfolgreiche kleine und mittlere Unternehmen investiert haben, zusätzliche Schlagkraft zu verleihen.
- Ausweitung der Gesamtkapazität des Europäischen Investitionsbank(EIB)-Programms für Risikokredite zur Unterstützung erfolgreicher und innovativer kleiner und mittlerer Unternehmen, die sich von der COVID-19-Krise erholen; möglicherweise auch Entwicklung einer maßgeschneiderten thematischen (Pilot-)Fazilität für KI und Blockchain (oder einer umfassenderen „Deep-Tech"-Fazilität)
- eine spezielle Aufforderung zur Einreichung von Projekten im Bereich KI/Blockchain im Rahmen des Europäischen Investitionsrats (EIC) zu veröffentlichen, ähnlich wie die jüngste spezielle Aufforderung des EIC zu COVID-19, und zu erwägen, einen Teil der neuen und bestehenden Zuschussmittel des EIC in bedingte Zuschüsse und/oder erlassbare Darlehen umzuwandeln

- Beratung der EU-Mitgliedstaaten bei der Einführung von KI/Blockchain-Investitionsprogrammen, um die Koordinierung zwischen der Europäischen Union und den Mitgliedstaaten zu verbessern und die Einführung von KI/Blockchain-Technologien durch traditionelle Unternehmen (insbesondere kleine und mittlere Unternehmen) zu unterstützen, die ihre Geschäftsmodelle nach COVID-19 umgestalten wollen. Es bestehen potenzielle Verbindungen zur Fazilität für Konjunkturbelebung und Widerstandsfähigkeit und zum Programm „Digitales Europa".
- Entwicklung eines risikobasierten Rahmens zur Bewertung und Zertifizierung von KI-/Blockchain-Technologien, die EU-weite „Vertrauenswürdigkeit" sowie ethische und regulatorische Anforderungen erfüllen; dies würde dazu beitragen, Vertrauen bei Investoren und Anwendern dieser Technologien aufzubauen.
- Feinabstimmung der öffentlichen Beschaffungsprozesse der EU und der Mitgliedstaaten, um die Beteiligung kleiner, junger und innovativer KI-/Blockchain-Unternehmen zu ermöglichen und so dazu beizutragen, dass die starken Forschungsergebnisse der Europäischen Union in erfolgreiche Unternehmen umgewandelt werden.
- Stärkung digitaler Innovationszentren zur Vernetzung von Akteuren des KI/Blockchain-Ökosystems in der gesamten Europäischen Union und Förderung von Spezialisierungsclustern gemäß den Empfehlungen des EIB-Berichts mit dem Titel Financing the digitalisation of small and medium-sized enterprises: die unterstützende Rolle von digitalen Innovationszentren.
- Im Rahmen des EIF-Investitionsprogramms für KI/Blockchain den Wettbewerb und die Spezialisierung auf dem Risikokapitalmarkt fördern, indem die Gründung neuer spezialisierter Risikokapitalgeber (Erstfonds) unterstützt wird.
- Aufstockung des Investitionsförderprogramms im Rahmen des KI/Blockchain-Investitionsprogramms, um eine Vernetzungsplattform einzurichten, die KI/Blockchain-Unternehmen mit relevanten Investoren in der gesamten Europäischen Union verbindet, mit besonderem Schwerpunkt auf der Behebung des Investitionsungleichgewichts in Mittel-, Ost- und Südosteuropa (CESEE)

Egal, was von diesen Vorschlägen und Initiativen im Einzelnen oder im Ganzen zu halten ist und egal, was davon wie genau realisiert werden wird: Es zeigt ganz klar, dass politische und finanzielle Kraft in die schnelle Entwicklung der genannten Technologien und neuer darauf basierender Geschäftsmodelle gesteckt werden wird. Das wird auch Auswirkungen auf den Immobiliensektor und die bereits begonnenen Innovations- oder gar Disruptionsprozesse haben.

Neben den genannten politischen und wirtschaftlichen Treibern zu mehr Nachhaltigkeit in der Immobilienwirtschaft gesellen sich auch die Wertvorstellungen und damit die Erwartungen und Ansprüche der tonangebenden Generationen. Das gilt für die Nachfrageseite, als auch für die Angebotsseite. Nachfrager werden ihre Entscheidungen zunehmend von Aspekten der Nachhaltigkeit abhängig machen. Und auch Anbieter wie Bauunternehmen, Entwickler und Betreiber werden das tun. Denn die Menschen, die bei diesen Unternehmen arbeiten werden ihre Ideale, Werte und Ziele realisieren wollen. Und da steht Nachhaltigkeit ganz oben. So stehen in den entwickelten Ländern der Erde die Themen Klimaschutz und Umweltschutz ganz oben auf der Agenda. Kreislaufwirtschaft, Regeneration und Nachhaltigkeit sind für die überwiegende Mehrzahl der Menschen in den USA, der EU und auch China wichtige Kriterien für ihr Leben und Arbeiten. Rund drei Viertel der Menschen in den genannten Regionen suchen nach Möglichkeiten, ihr Leben nachhaltiger zu gestalten. Das gilt für den Konsum und auch für das Wohnen und die Arbeitsumgebung. In größerem Maßstab gilt dasselbe für die Stadtentwicklung (vgl. Wundermann Thompson 2020).

Die Ziele, Weltbilder und Wertvorstellungen zwischen den mittleren und jungen Generationen X, Y und Z unterscheiden sich. Doch ist in allen Generationen eine besondere Bedeutung für Umweltfreundlichkeit und Nachhaltigkeit gegeben. Es gibt also Generationen übergreifend auch Gemeinsamkeiten, die wir unter dem Stichwort des Zeitgeistes zusammenfassen. Typisch für den heutigen Zeitgeist, da sind sich praktisch alle Untersuchungen und Studien wie Sinus oder Sigma einig, ist ein hohes Interesse an Inspiration und Vorbildern, eine grundsätzlich pragmatische und offene Haltung dem Leben und der Gesellschaft gegenüber, gepaart mit einem kritischen Blick auf die eigene Umwelt, hohe Standards im Konsum an Qualität und Nachhaltigkeit, ein Bedürfnis nach menschlichen Bindungen und ein ausgeprägtes Streben nach Selbstentfaltung und Unabhängigkeit. Diese Einstellungen und Wertvorstellungen werden dabei zunehmend durch die Möglichkeiten der digitalen Kommunikation und des digitalen Konsums geprägt und zunehmend auch bestimmt. Auch hier finden wir also einen mittelfristigen und wirkmächtigen Treiber sowohl für Digitalisierung als auch Nachhaltigkeit im Immobilienmarkt. Die Bedürfnisse und Ansprüche der bestimmenden Kundengenerationen sind also grundsätzlich klar. Nun kommt es darauf an, mithilfe von digitalen Technologien und Anwendungen, die passenden Angebote und Dienstleistungen für das Leben in und mit Immobilien in allen seinen Facetten und Ausprägungen zu entwickeln. Eine Erkenntnis, die wir in anderem Zusammenhang bereits in Kap. 1 herausgearbeitet hatten: Die Art und Weise wie Menschen leben und sich entscheiden, verändert Märkte und Geschäftsmodelle und macht Innovationen möglich. Etablierte Unternehmen in etablierten und saturierten Märkten müssen das erkennen und verinnerlichen, wenn sie weiter bestehen und erfolgreich sein wollen.

3.10 Beispiele für Nachhaltige Immobilien und Quartiere mit Digitalen Tools

Beispiele für dieses Erkennen, Verinnerlichen und danach Handeln gibt es zum Glück bereits. Sie stehen für die Verbindung von Digitalisierung und Nachhaltigkeit in der Immobilienwirtschaft und zeigen, was möglich ist und was noch möglich sein wird.

Ein Beispiel dafür sind sogenannten klimaaktive Fassaden durch Sonnenschutzsysteme an Gebäuden. (Bauinnovationen) Der g-Wert (Gesamtenergiedurchlassgrad) einer Wärmeschutzverglasung lässt sich durch einen außen liegenden sogenannten Raffstore, also Jalousien, variieren. In Verbindung mit einem Raffstore verbessert ein Sonnenschutzglas diese Wirkung nur unwesentlich und ist somit keine energieeffiziente Lösung. Der U-Wert (Wärmedurchgangskoeffizient) von 1,1 eines Wärmeschutzglases lässt sich durch die Kombination eines Rollladens mit einem innen liegenden, aluminiumbeschichteten Rollo auf 0,7 reduzieren. Das Sonnenschutzsystem hat folglich den gleichen Effekt wie der Wechsel von Zweifach- auf Dreifach-Isolierglas. Werden die Lamellen außen liegender Systeme automatisch dem Sonnenstand nachgeführt, kann der Tageslichteintrag um das Dreifache erhöht werden. Dies gilt besonders für hoch reflektierende, weiße oder silberfarbene Lamellen. Diese Führung nach dem Sonnenstand kann und muss heute natürlich nicht mehr mühsam per Hand vorgenommen werden, sondern sie lässt sich durch eine passende Applikation automatisieren oder am besten gleich beispielsweise in ein Building Operating System integrieren und mit anderen Gebäude- und Umweltdaten kombinieren.

Das Unternehmen Sika Technologies entwickelte eine intelligente und besonders wassersparende und wassergewinnende Fassadenlösung zur Abdichtung von Immobilien, vom Fundament bis zum Dach (Sika). Die maximale Abdichtung kann durch eine Kombination aller technischen und baulichen Lösungen des Unternehmens für mehr Nachhaltigkeit und CO_2-Reduktion gewährleistet werden. Das Vorzeige-Projekt mit dieser Technologie ist das „Algarve House" in Zusammenarbeit mit Tip Architects aus Portugal, das als besonders nachhaltig durch seine Architektur, die verwendeten Materialien und die Ausstattung mit einer Vielzahl an Technologien und „intelligenten" Geräten gilt.

TECLA Technology und Mario Cucinella Architects (Crane WASP) realisieren Häuser aus dem 3D-Drucker (Archdaily a). Hierbei geht es um eine Kombination aus herkömmlichen Konstruktionsprinzipien und den bioklimatischen Prinzipien sowie der Nutzung von lokalen Materialien, was die Abfall- und Schrottverschwendung minimiert. Die Nutzung von Roherde macht die TECLA Technologie besonders interessant in Regionen, in denen passende Roherde für den Bau vorhanden ist. Die Technologie wird speziell an ästhetische Ansprüche sowie die Klimaanforderungen und die Positionierung des Gebäudes angepasst. Die Erdmischung, aus der die Hülle besteht, entspricht zudem den klimatischen Anforderungen und ist parametrisch optimiert, um Wärmedämmung, Isolierung und Belüftung an die Klimabedürfnisse anzupassen. Das 3D Drucker Haus ermöglicht es Unternehmen, schnell und flexibel auf die unterschiedlichsten Bedürfnisse und Veränderungen in Bezug auf Nachfrage und Nachhaltigkeit einzugehen.

Das sogenannte Photovoltaic Solar Cladding von Immobilien erzeugt saubere, nachhaltige Energie, indem patentierte Fotovoltaik-Technologien der Firma Mitrex angewendet werden (Archdaily b). Die Außenseite eines Gebäudes oder einer Struktur kann dadurch in ein vertikales „Mikrokraftwerk" umgewandelt werden, wobei diese nachhaltige und grüne Form der Energieerzeugung zu einer Netto-Null-Kohlenstoff Immobilie beitragen soll. Dafür werden sowohl Wände als auch ganze Fassaden sowie ebenfalls Balkone mit Solar Panels ausgestattet, um das maximale Energiegewinnungspotenzial auszunutzen. Allerdings funktioniert der Ansatz natürlich nur dann in der genannten Effektivität und Effizienz, wenn genug Sonne scheint. Die Steuerung der über die Panels vor Ort erzeugten Energie erfolgt über eine eigene Steuerung, die mit einem Building Operating System und über Schnittstellen mit weiteren Daten und Services verbunden werden kann. Zudem gibt es auch rahmenlose Solarpanels, die die Fläche der energieerzeugenden Solarzellen maximieren. Die entspiegelte und anti-schmutzende Oberfläche sorgt außerdem für maximale Effizienz und einen geringeren Wartungsaufwand. Hauptsächlich auf Wohndächern und Gewerbegebäuden verwendet. Solche Solarmodule lassen sich fast nahtlos in alle Systeme und Strukturen integrieren.

Das Intelligent Daylighting von Danpal Light Architecture ist ein „intelligentes" Tageslichtsystem, das über Oberlichtdächer mit integrierten, rotierenden Lamellen verfügt, die die Positionen den ganzen Tag über verändern, um sich an die sich ändernde Menge an Tageslicht anzupassen. (https://danpal.com/tag/intelligent-daylighting-system/) Daneben bietet es ein energieeffizientes, nachhaltiges Design und kann allen Wetterlagen und Temperaturen standhalten. Die Technologie soll somit für eine maximale Stromeinsparung durch die optimale Verwendung des vorhandenen Tageslichtes sorgen können und die Heiz- und Kühlungskosten drastisch reduzieren. Ein externer Sensor erkennt die Richtung der Sonne und interne Sensoren registrieren den Lichtpegel im Gebäude. Das intelligente System balanciert dann Lichtpegel, Wärmeverstärkung und Schattierung, um entsprechend gefiltertes Licht zu übertragen und eine komfortable Innenumgebung zu gewährleisten. Traditionelle Verglasungsflächen reflektieren das Niedrige Winkellicht am Morgen, Nachmittag und im Winter und sie filtern die Sonneneinstrahlung am Mittag, wenn der Einfallswinkel hoch ist.

Der Energy TriPak von Lutron ist ein Beispiel für intelligente und Technologie basierte Licht- und Energiesteuerung, um den Immobilienbetrieb nachhaltiger zu gestalten. (Archdaily c) Diese Systeme bestehen aus verschiedenen Sensoren und Steuerungen, Wandschaltern, Dimmern, Steckmodulen, Geräte in Anschlussdosen und Leuchten, um eine Reduzierung des Stromverbrauchs von bis zu 60 Prozent für die Beleuchtung einer Immobilie zu erreichen. Diese Lösungen bestehen typischerweise aus Sendegeräten, die Befehle an die Laderegler senden. Die Laderegler empfangen diese Befehle und führen die entsprechende Aktion aus.

Die oben beschriebenen Beispiele können sozusagen als „Stufe 1" für Digitalisierung und Nachhaltigkeit gewertet werden. Es sind technische (Einzel-)Lösungen, die für sich gut funktionieren, ein spezielles Problem beziehungsweise eine Lösung dafür definieren und die auch mit weiteren digitalen Lösungen kombiniert werden können. Eine umfassende und gar vernetzte Datenanalyse ist in diesem Fällen noch nicht der Standard. Dafür gibt es andere Projekte mit dezidierter KI Nutzung für mehr Nachhaltigkeit bei Immobilien, von denen hier einige dargestellt werden sollen.

1. Energie Dienstleistung (von UBIANT, Éric Jouseau): Gebäudeeigentümer haben das Ziel, Energiekosten langfristig unter Kontrolle zu halten und gleichzeitig die nachhaltige Entwicklung zu fördern, indem im besten Falle ausschließlich erneuerbare Energien verwendet werden. Dafür werden Photovoltaikanlagen auf dem Dach installiert und Batterien beziehungsweise Stromspeicher im Gebäude. Ein Building Operation System (BOS) kann mithilfe von KI das Optimum aus der Energieerzeugung und dem Energieverbrauch im Gebäude realisieren. Dazu können Hauptlasten mit einbezogen

3.10 Beispiele für Nachhaltige Immobilien und Quartiere mit Digitalen Tools

werden, um den Verbrauch zu senken. Die von der BOS verwendete KI-Engine ermöglicht zum einen die Vorhersage von Verbrauch und Produktion, andererseits macht sie es möglich, die Speicher und Paneele auf die richtigen Mengen auszusteuern, indem ihre Nutzung im Laufe der Zeit optimiert wird. Das Multiagentensystem des BOS beinhaltet außerdem nativ eine vorausschauende Wartung von kritischen und empfindlichen Elementen der Energiesteuerung im Gebäude. Wenn die Hauptenergieverbraucher ebenfalls angeschlossen sind, können Verbrauchsübertragungen ebenfalls vom BOS verwaltet werden, um den Verbrauch zu glätten. Diese Funktion ist noch effektiver in Mehrfamilienhäusern.

2. Energie Planung und Steuerung (vgl. von GIMELEC, Delphine Eyraud Galant): Ziel der Lösung ist es, das Gebäude auf seine Rolle als „intelligenter Baustein" des Netzes durch seine Wärme- und Kälteflexibilität hin zu optimieren und zu steuern; eine bessere Dimensionierung und Auslastung der Energieanlagen anzustreben, sodass Verschwendungen vermieden werden. Der Eigenverbrauch und die Speicherung von Energie soll so gesteuert werden, dass sie bezogen und gespeichert wird, wenn sie billiger und „grüner" ist, also aus regenerativen Quellen stammt. Es geht um die Aktivierung einer dynamischen Tarifsteuerung in Gebäuden auf der Grundlage eines Stundenpreises an den Strombörsen in Europa. Das soll insgesamt Anreize für die Verbesserung aktiver Energiemanagementsysteme schaffen. Die Energieversorgung eines Gebäudes kann so flexibel gesteuert werden, um den Eigenverbrauch zu optimieren und den Verbrauch von lokal erzeugten erneuerbaren Energien zu präferieren, vor allem über sogenannte Mikronetze. Gleichzeitig soll dem nationalen (Makro-)Netz geholfen werden, erneuerbare elektrische Energien zu absorbieren. Das ist ohne „intelligente" Steuerung schwierig, da Strom aus erneuerbaren Energien nicht konstant ist, sondern schwankt. Das KI System baut also mit der Zeit Wissen auf, wie mit sogenannten Modulationsaufträgen (demand/response) umzugehen sein sollte. Der gespeicherte „grüne" Strom wird flexibel über „Aggregatoren" im Markt weiterverkauft, wenn im Gebäude selbst gerade kein oder wenig Bedarf ist. Insgesamt sind bessere Prognosen des Energieverbrauchs und eine Reduzierung des CO_2-Fußabdrucks für das Gebäude wie auch das Quartier oder Netz, mit dem die Immobilie verbunden ist, damit möglich und die regionale Widerstandsfähigkeit des Netzes gegen schwankende Stromnachfrage und Erzeugung wird ebenfalls gestärkt. Die Aufgabe der KI besteht dabei im Lernen des tatsächlichen Energiebedarfs des Gebäudes, basierend auf seiner Nutzung und externen Daten. Damit werden Flexibilitätspotenzial auf den Energie-Kapazitätsmärkten erkannt und realisiert und die Stromversorgung des Gebäudes immer weiter optimieren. In einem nächsten Schritt lässt sich das System auch mit Blockchain beziehungsweise Smart Contract Lösungen kombinieren, um die Umsetzung von Verträgen mit flexiblen Energieanbietern zu erleichtern.

3. Urbane Mikroklimas (vgl. Center for AI and Climate 2021): Mit Hilfe von Künstlicher Intelligenz werden innerhalb von Sekunden Klima-Modelle von Quartieren oder Städten erstellt, um den Bau und Betrieb zu optimieren. Das dauerte bisher Stunden oder Tage und war sehr starr und ungenau. Städtische Gebiete reagieren besonders empfind-

lich auf Hitzewellen, da die Temperatur innerhalb einer Stadt durch die bauliche Infrastruktur beeinflusst wird und mehrere Grad wärmer sein kann als außerhalb. Um sich an den Klimawandel anzupassen, müssen Gebäude und andere städtische Räume müssen Gebäude und andere städtische Räume so gestaltet werden, dass sie das städtische Mikroklima beeinflussen. Dies ist auch für die Eindämmung des Klimawandels von Bedeutung, da es sich auf die Energie die für die Belüftung, Beheizung und Kühlung von Gebäuden benötigt wird. Stadtplaner müssen zum Beispiel müssen verstehen, wie der Wind durch Straßen und um Gebäude herum strömt und die Auswirkungen auf Windstärken, natürliche Belüftung und Luftqualität simulieren. Solche Simulationen sind jedoch rechenintensiv und zeitaufwendig und zeitaufwändig, was sie kostspielig macht und ihren Einsatz in Echtzeit behindert, zum Beispiel für die Bewertung und den Vergleich von Entwürfen. InFraReD, entwickelt vom City Intelligence Lab des Austrian Institute of Technology (AIT) in Zusammenarbeit mit der Bauhaus-Universität entwickelt wurde, zielt darauf ab Umweltsimulationen für ein breites Spektrum von Akteuren zugänglich zu machen. Es verwendet Modelle zur Vorhersage von Simulationsergebnissen, die es den Nutzern ermöglichen, die den Zeit- und Kostenaufwand für die Durchführung komplexer Umweltsimulationen, wie zum Beispiel Windsimulationen, die normalerweise auf zeitaufwändigen Strömungsberechnungen beruhen Strömungsmechanik basieren. Durch die Beschleunigung von Simulationen ermöglicht InFraReD Architekten, Stadtplanern, politischen Entscheidungsträgern, Entwicklern und Kommunen weltweit den Zugang zu bisher unerreichbare Informationen über die Klimaauswirkungen neuer und bestehender Stadtpläne. Wenn die Vorhersagemodelle in staatliche oder kommunale und Planungsplattformen integriert werden, können die Benutzer dank der Schnelligkeit und Benutzerfreundlichkeit die grundlegenden Umweltauswirkungen von Entwurfskandidaten zu bewerten. InFraReD als integriertes Software-Plugin, als Cloud-Anwendung, die in die mit der Stadtplanungsplattform Giraffe sowie über eine API und Schnittstellen zu mehreren anderen Entwurfsplattformen. Es wird bereits von einer Reihe von Forschern und Unternehmen (zum Beispiel LINK Architektur) genutzt und wurde mit dem VCÖ-Mobilitätspreis ausgezeichnet.
4. Betriebs-Assistenz (vgl. von IBM und ABB): Eine Echtzeit Sammlung von strukturierten (Druck-, Temperatur-, Feuchtigkeits-, Vibrationssensoren) und nicht strukturierten Daten (Wartungsberichte, Kundendienstanrufe, Notizen von Lieferanten/Herstellern ...) und eine darauf aufsetzende Analyse der Daten. Ziel ist das Erkennen von Mustern, die auf ein Risiko eines Ausfalls oder einer Betriebsunterbrechung hindeuten, also Voraussagen von Wahrscheinlichkeiten auf Basis historischer Daten und „predictive maintenance" für die Immobilie. Es geht hierbei um die Identifizierung von Abweichungen von einem Referenzsystem in Bezug auf eine tatsächliche Situation. Proaktives Wartungsmanagement soll ein Eingreifen vor dem Ausfall sicher möglich machen. Die KI übernimmt dabei die Antizipation und Vorhersage von Ausfällen durch maschinelles Lernen. Das wird ermöglicht durch die Implementierung von IoT-Sensoren, die jeden Tag mehrere Tausend Daten an das KI System übermitteln. Auf der Grundlage der Betriebshistorie der Maschinen, die über die reine Überwachung des Betriebs hin-

3.10 Beispiele für Nachhaltige Immobilien und Quartiere mit Digitalen Tools

ausgeht, ist es möglich sogenannte „Root Causes" (Wurzelursachen) des Ausfalls zu identifizieren. Root Causes sind statistische Signifikanzen und Zusammenhänge, die sehr sicher für definierte Ereignisse verantwortlich gemacht werden können. Wenn sie bekannt sind, lassen sich Probleme frühzeitig erkennen und beheben. Mittel und langfristig ist das Ziel die Entwicklung und Optimierung von prädiktiven Algorithmen, die Warnschwellen im Betrieb der Immobilie bestimmen.

5. Energieoptimierung in Smart Buildings (vgl. Center for AI and Climate 2021): Mittels KI sollen bis zu 30 Prozent des Energieverbrauchs in intelligenten Gebäuden eingespart werden können. Die Optimierung von HVAC-Systemen (Heating, Ventilating, Air Condition) ist entscheidend für die Energieeinsparung und damit für die Verringerung der Kohlenstoffemissionen sowie für die Energierechnungen der Verbraucher zu senken. Um diese Herausforderung zu meistern, hat das asiatische Unternehmen Arup „Neuron" entwickelt, ein intuitives und vollständig vollständig anpassbares Visualisierungstool, das die Energieeinsparungen von Gebäuden verbessert, die Effizienz verbessert und die betrieblichen Abläufe optimiert. Neuron nutzt 5G- und Internet-of-Things-Sensoren, um Echtzeitdaten von Gebäude Geräten und Systemen zu sammeln. Es nutzt dann KI, um diese Echtzeit-Gebäudedaten zu analysieren, um den HVAC-Betrieb zu optimieren und zu automatisieren und Einblicke in die Gebäudeleistung an den Gebäudemanager weiterzugeben. Die Energieoptimierungsmodule von Arup werden derzeit in zehn Gebäuden in Hongkong eingesetzt und haben in jedem Gebäude zu Energieeinsparungen von 10 bis 30 Prozent geführt. In den nächsten ein bis zwei Jahren soll die Technologie in 100 Gebäuden zum Einsatz kommen.

6. Flächenüberwachung und Flächenmanagement (von EDF, POLE STAR, OPENFIELD, LYNRED, Z#BRE): Für Immobilien- und speziell Büroanbieter stehen folgende Ziele auf der Leistungs-Agenda für Mieter, Kunden, Nutzer:

- Mitarbeitern ermöglichen, die Zeit zu optimieren, die sie damit verbringen, einen Besprechungsraum zu erreichen oder zu reisen, um einen Mitarbeiter zu treffen.
- Die Anzahl der Räume, die an einem bestimmten Tag an meinem Standort geöffnet werden, begrenzen, um die Kosten für leer stehende Räume zu kontrollieren.
- Räume in einem agilen Modus definierte Arten von Nutzungen umwandeln
- Idealerweise wird ein raum auf „Flex Office" umgeschaltet, also für flexible Nutzung on demand freigegeben, wenn keine Nutzer in den Raum kommen, obwohl dieser Raum seit 30 Minuten gebucht ist.
- Diese in Echtzeit erfassten und analysierten Daten können an die Mitarbeiter vor Ort weitergegeben werden über Displays oder über eine mobile Anwendung für Arbeitseffizienz mit Geolokalisierung Indoor. Mitarbeiter können so freie Flächen auf einer Karte des Gebäudes oder eines ganzen Areals visualisiert bekommen, die sie flexibel nutzen können, mit verfügbaren Besprechungsräumen in der Umgebung, gefiltert nach der Nähe zum eigenen Standort in dem Gebäude.
- Feinortung des Smartphones eines Mitarbeiters wenn dieser einen Raum betritt und Abgleich mit dem Belegungsplan des Gebäudes.

- Mitarbeiter können den eigenen Standort mit anderen Kollegen teilen, wenn dies gewünscht ist.
- Die Beleuchtung, die Temperatur und die Rollläden können automatisch von einer mobilen App aus gesteuert werden, um beispielsweise per App den Befehl zusammen mit dem Standort des Telefons an einen Server zu senden, der dann den richtigen Regler betätigt, um die Temperatur oder das Licht oder die Frischluft anzupassen.
- Interventionsbedarf melden (Reinigung, Reparatur eines Wasserlecks usw.).

Mit der KI und mobilen Anwendungen können Standort- und Bewegungsstatistiken erfasst werden, um beispielsweise die Zeit zu reduzieren, die die Mitarbeiter auf dem Gelände damit verbringen, zu Fuß zu einem Besprechungsraum zu gehen oder zu einem Kollegen zu gelangen. Die Künstliche Intelligenz übernimmt dabei folgende Aufgaben:

- Selbstlernfähigkeit und Kontextualisierung der Anwesenheitssensoren ermöglichen und „erkennen", welche Personen in Räumen sind.
- Verknüpfung der letzten Präferenzen dieser Personen bezüglich Temperatur, Helligkeit oder Nutzung von bestimmten Medien
- Tägliche die Prognosen von Nutzerzahlen, um die Menge an Räumen festzulegen, die zur Verfügung gestellt werden sollen
- So können Kosten für Heizung, Beleuchtung und Reinigung gespart werden.
- Lage, Verteilung und Größe von Arbeitsbereichen und Räumen können so festgelegt werden, dass sie eine Optimierung der Arbeitswege der Mitarbeiterinnen und Mitarbeiter ermöglichen.
- Die Anzahl der verfügbaren Besprechungsräume kann täglich und flexibel auf das richtige Niveau zur Nachfrage gebracht werden; geschlossene Besprechungsräume stehen als Büros zur Verfügung.
- Optimierung der Ausstattung der Räume und Büros zur avisierten Nutzung
- Freie Besprechungsräume, die als belegt erkannt werden, automatisch reservieren oder umgekehrt nicht belegte, festgestellte Besprechungsräume ab einer bestimmten Zeit freigeben.
- Nutzerempfehlungen, wo er arbeiten sollte, um seine Wege zu minimieren, zum Beispiel ausgehend von geplanten Terminen am Tag (Position der reservierten Besprechungsräume, Position der Personen, mit denen man sich treffen muss).
- Optimieren der geografischen Lage der verschiedenen Abteilungen, um die Wegzeiten zwischen den Abteilungen zu minimieren oder Wege zwischen Abteilungen zu vermeiden.
- Nutzerempfehlungen für den Standort des zu buchenden Besprechungsraums auf Grundlage der Liste von Gästen für ein (spontan) geplantes Meeting am Tag oder für Büros zum Arbeiten allein oder in Gruppen

Das letzte Beispiel zeigt besonders deutlich die zwei Seiten der Digitalisierung von Immobilien und den damit verbundenen Möglichkeiten. Einerseits werden durch die genannten

Services große Gewinne an ökonomischer, ökologischer und sozialer Effizienz und Nachhaltigkeit erreichbar. Energie wird gespart, die Zusammenarbeit von Menschen wird angenehmer, flexibler und produktiver. Kooperation und Kommunikation werden einfacher und Menschen verschwenden weniger Zeit mit vermeidbaren Tätigkeiten und könne sich auf ihre (gemeinsamen) Ziele konzentrieren. All das geht aber nur durch die Auswertung von Daten, die eben diese Menschen in und mit einer Immobilie produzieren („Surveillance Capitalism"). Es geht hier also um eine Abwägung zwischen dem technisch Möglichen, dem ökologisch Notwendigen, dem ökonomisch Sinnvollen und den Präferenzen und Bedürfnissen der Nutzer selbst. Eine Abwägung, die nicht einfach ist – die aber viele Potenziale für Innovationen bereithält.

Literatur

Schaefer, Anna-Maja, CMS Hasche (2020): Neue Offenlegungspflichten unter der Ta-xonomie-Verordnung, CMS Blog. URL https://www.cmshs-bloggt.de/banking-finance/neue-offenlegungspflichten-unter-der-taxonomie-verordnung/, abgerufen am 12. Oktober 2020.

Bauer, Michael; Mösle, Peter und Schwarz, Michael (2013): Green Building: Leitfaden für nachhaltiges Bauen. 2. Aufl., Berlin

Birgisdottir H., Moncaster A., Houlihan Wiberg A. et al. (2017). IEA EBC annex 57 'evaluation of embodied energy and CO_2eq for building construction'. Energy and Buildings 154, 72–80

Bitkom (2020): Klimaeffekte der Digitalisierung, Berlin

Braune, Anne (2015): Ökobilanz Benchmarks für Immobilien. Methode zur Entwicklung zukunftsorientierter Kennwerte für eine lebenszyklusbasierte Bewertung der ökologischen Nachhaltigkeit von Immobilien, Stuttgart 2015

Brown N.W.O., Olsson S. and Malmqvist T. (2014). Embodied greenhouse gas emissions from refurbishment of residential building stock to achieve a 50% operational energy reduction. Building and Environment 79

Building Minds (Hrsg.): Nachhaltigkeit in der Immobilienwirtschaft, o.J.

Bundesregierung (Hrsg.) (2019): Klimaschutzprogramm 2030, Bundesregierung. URL https://www.bundesregierung.de/breg-de/themen/klimaschutz/klimaschutzprogramm-2030-1673578, abgerufen am 15. Oktober 2020.

Center for AI and Climate; Climate Change AI (Ed.) (2021); Climate Change and AI. Recommendations for government action

Churkina, Galina; Organschi, Alan; Reyer, Christopher; Ruff, Andrew; Vinke, Kira; Liu, Zhu; Reck Barbara; Schellnhuber, Hans Joachim (2020): Buildings as a global carbon sink, Nature Sustainability

EASAC European Academies Science Advisory Council (2021): Decarbonisation of buildings. For climate, health and jobs, Halle

Ebert, Thilo; Eßig, Natalie und Hauser, Gerd (2010): Zertifizierungssysteme für Gebäude: Nachhaltigkeit bewerten; internationaler Systemvergleich; Zertifizierung und Ökonomie. 1. Aufl Aufl., München, Inst. für Int. Architektur-Dokumentation.

Gerasimova, Ksenia (2017): Our Common Future

Göllinger, Thomas (2012): Systemisches Innovations- und Nachhaltigkeitsmanagement. Marburg, Metropolis Verlag.

Good C. (2016): Photovoltaic-thermal systems for zero emission residential buildings. PhD thesis. Trondheim, Norway: Norwegian University of Science and Technology.

Hauff, Michael von (2014): Nachhaltige Entwicklung: Grundlagen und Umsetzung. 2. aktualisierte Auflage Aufl., München, DE GRUYTER OLDENBOURG.

Kristjansdottir T.F., Heeren N., Andresen I. and Brattebø H. (2018). Comparative emission analysis of low-energy and zero-emission buildings. Building Research & Information 46(4), 367–382.

Lemaitre, Dr. Christine (2020): Die Lücke schließen: das DGNB Zertifikat für Rückbau, DGNB Blog. URL https://blog.dgnb.de/die-luecke-schliessen-das-dgnb-zertifikat-fuer-rueckbau/, abgerufen am 24. November 2020.

Neugebauer, Reimund (Hrsg.) (2014): Handbuch ressourcenorientierte Produktion. München, Hanser.

Nwodo M.N. and Anumba C.J. (2019): A review of life cycle assessment of buildings using a systematic approach. Building and Environment

Pufé, Iris (2017): Nachhaltigkeit. 3., überarbeitete und erweiterte Auflage Aufl., Konstanz München, UVK Verlagsgesellschaft mbH mit UVK/Lucius.

Rasmussen F.N.; Malmqvist T.; Moncaster A.; Wiberg A.H.; Birgisdóttir H. (2018): Analysing methodological choices in calculations of embodied energy and GHG emissions from buildings. Energy and Buildings

Seifert, E. K.; Pinter, Djordje und Schubert, Uwe (Hrsg.) (2011): Wirtschaft-Gesellschaft-Natur: Ansätze zu einem zukunftsfähigen Wirtschaften: Festschrift für Prof. Dr. Eberhard K. Seifert. Marburg, Metropolis-Verlag.

Teichert, Volker und Buchholz, Romke (2016): Die Nachhaltigkeitsstrategien der Bundesländer im Kontext der 2030-Agenda und ihre Relevanz für die Kommunen. Heidelberg, Forschungsstätte der Evangelischen Studiengemeinschaft e.V. (FEST), Institut für Interdisziplinäre Forschung.

Waibel, Miriam (2010): Bewertung von Green Buildings: wie Nachhaltigkeitszertifikate die Integration des Green Values in die Immobilienbewertung ermöglichen. Hamburg, Diplomica Verl.

Wundermann Thompson Intelligence (2020): Regeneration Rising, Sustainability Futures, New York

Digitale Subsets und Nachhaltigkeit 4

Zusammenfassung

Daten ebnen den Weg zur Nachhaltigkeit von Immobilien. Dabei ist es entscheidend die richtigen Fragen an die Daten zu stellen. Denn nur so gelangen wir auch zu einer Erkenntnis, die uns weiterbringt. Dafür gibt es mehrere Methoden und Technologien, die in diesem Kapitel in ihrem Einsatz beschrieben werden. Digitale Subsets spielen hier eine besondere Rolle. In vier Schritten lassen sie sich definieren und für die Analyse und Optimierung von Nachhaltigkeit in und um Immobilien einsetzen. Vor allem mit fortgeschrittenen digitalen Technologien wie Künstlicher Intelligenz kann die Immobilienwirtschaft Nachhaltigkeitsziele ansteuern und vor allem auch erreichen, die bisher nur mit unverhältnismäßig hohem Aufwand oder auch gar nicht realisierbar waren.

4.1 Von Daten zur Nachhaltigkeit

Zunächst ist es also von entscheidender Bedeutung, das Problem der Immobilien-Nachhaltigkeit oder auch einer größeren städtischen Nachhaltigkeit zu verstehen, das es zu lösen gilt. Dies ist keine offensichtliche oder eindeutige Sache. Nachhaltigkeitsbemühungen in verschiedenen Bereichen oder Dimensionen und ihre Beziehung zu den physischen, ökologischen, sozialen und wirtschaftlichen Dimensionen intelligenter nachhaltiger Immobilien, Quartiere oder Städte sind selten sozusagen bereits als eindeutige oder einfache Data-Mining-Probleme verpackt. In der Regel handelt es sich bei der Neuformulierung des Problems im Zusammenhang mit einer oder mehreren Dimensionen der Nachhaltigkeit und der Erarbeitung einer akzeptablen Lösung um einen iterativen Entdeckungsprozess, der die Form von Zyklen innerhalb eines Zyklus annimmt. Es ist unwahrscheinlich, dass die anfängliche Formulierung eines Problems der Nachhaltigkeit einer Immobilie, eines Portfolios oder einer Stadt vollständig ist, weshalb mehrere Iterationen notwendig und wichtig sind, um eine angemessene oder idealerweise optimale Problemformulierung zu erreichen. Die Phase des Verstehens des Problems der Nachhaltigkeit stellt einen Teil der Kompetenz und des Geschicks dar, in der die kreativen und innovativen Ideen der Analytiker oder der spezialisierten Datenwissenschaftler ausschlaggebend dafür werden, wie das Problem der Nachhaltigkeit in eine Reihe von datenwissenschaftlichen Problemen umgesetzt werden kann. Im Bereich der Nachhaltigkeit von Immobilien und Quartieren hilft sowohl spezialisiertes als auch interdisziplinäres Wissen den Analytikern, neuartige Problem- und Lösungsformulierungen zu finden. Es kommt also wie so oft bei Datenanalysen und Anwendungen von Künstlicher Intelligenz darauf an, ein diverses Team aufzustellen, den die unterschiedlichen Perspektiven und das unterschiedliche Hintergrundwissen erlauben erst eine realitätsnahe Formulierung des Problems und seiner Lösung durch Technologien und Systeme.

In der Regel wird in der Anfangsphase eines jeden Problems eine Lösung entwickelt, die die Vorteile von Data-Mining-Techniken nutzt. Dies kann bedeuten, dass das Nachhaltigkeits-Problem in einer Weise bearbeitet wird, die aus einem oder mehreren Teilproblemen besteht, die die Bildung von Clustern oder die Konstruktion von Modellen zur Klassifizierung, Clusterbildung, Wahrscheinlichkeitsschätzung, Regression oder Kausalmodellierung beinhalten. Um das Problem der Nachhaltigkeit in einem ersten Schritt zu verstehen, sollten die Analytiker, die mit der Strukturierung des Problems betraut sind, das Nutzungsszenario sorgfältig durchdenken. Anhand dieses Szenarios lassen sich dann auch die entsprechenden Digital Subsets definieren, die für die Datenerhebung und Datenanalyse notwendig sind, als auch für die Bereitstellung eines entsprechenden digitalen Services für mehr Nachhaltigkeit.

Bereits Provost und Fawcett (2013) widmeten diesem Konzept, das zu den wichtigsten Konzepten der Datenwissenschaft gehört, zwei ganze Kapitel. In der Verstehensphase geht es darum, die Projektziele und -anforderungen aus der Perspektive der urbanen Nachhaltigkeit zu verstehen, dieses Wissen in eine Data-Mining-Problemdefinition umzuwandeln und einen vorläufigen Plan zur Erreichung der Ziele zu erstellen.

Hintergrundinformation
Das heißt, auf der Grundlage des Konzepts des Nutzungsszenarios:

- Was genau wollen wir durchführen?
- Wie genau würden wir es durchführen?
- Welche Aspekte der Nutzungsszenarien stellen mögliche Modelle des Data Mining dar?
- Welche Art von Modellen sind am relevantesten?

Unter Zusammenarbeit mit unterschiedlichen Akteuren aus unterschiedlichen Expertenbereichen in einem Team zerlegen Datenwissenschaftler ein Nachhaltigkeitsproblem in seine Teilaufgaben. Das Vorgehen orientiert sich auch hier an dem bereits in Kap. 1 dargestellten Schema für Data Science Projekte. Die gesuchte und zu definierende Lösung kann anschließend so zusammengestellt werden, dass sie das Problem entsprechend der Teilaufgaben oder „Subsets" zu lösen in der Lage ist. Problemdefinition und Lösung können sich auf verschiedene Aspekte und Dimensionen wie Energie, Klimafreundlichkeit, Ressourcennutzung, Flexibilität und Mobilität beziehen, auf die erschlossene und bebaute Umwelt, die Kommunikation untereinander in einem Gebäude oder einem definierten Bereich, auf die Sicherheit oder andere frei definierbare (Anwendungs-)Bereiche einer Immobilie oder eines Quartiers. Hier ist es also im großen Rahmen von Quartieren oder Städten, wie bei einzelnen Immobilien: Das Gute an der Digitalisierung ist, dass Dinge mehr oder weniger frei definierbar und analysierbar werden – solange verwertbare Daten vorhanden sind. Daraus ergeben sich dann eben flexible – und wie ebenfalls bereits vorher beschrieben – „plastische" Lösungen.

Das Data Mining zur Analyse konzentriert sich auf die automatisierte Suche nach nützlichem Wissen durch das Auffinden von Mustern, Regelmäßigkeiten und Korrelationen in Daten (vgl. Bibri und Krogstie 2018). Und es ist wichtig, dass die Analytiker in der Lage sind zu erkennen, welche der verfügbaren Analysetechniken für die Lösung eines bestimmten Problems der Nachhaltigkeit in einem bestimmten Bereich der Nutzung einer Immobilie geeignet sind. Obwohl es eine große Anzahl und Vielfalt spezifischer Data-Mining-Algorithmen aus Bereichen wie maschinellem Lernen, Statistik, künstliche Intelligenz, Predictive Analytics und so weitergibt, um verschiedene Aufgaben der Datenanalyse durchzuführen, gibt es nur eine kleine Anzahl grundlegend verschiedener Arten von Aufgaben, die diese Algorithmen erfüllen. In vielen Projekten zur Analyse der Nachhaltigkeit geht es darum, Korrelationen zwischen einer oder mehreren bestimmten Variablen, die eine Einheit beschreiben, und anderen Variablen zu finden.

Hintergrundinformation
Die Data-Mining-Aufgaben beziehen sich auf verschiedene Analysemethoden:

- deskriptive (was ist passiert?),
- diagnostische (warum ist es passiert?),
- prädiktive (was wird passieren?)
- präskriptive (was sollte getan werden?),

Sie alle können auf verschiedene Arten zur Lösung verschiedener Entscheidungsprobleme im Zusammenhang mit Nachhaltigkeit in Bezug auf Abläufe, Funktionen, Dienstleistungen, Designs, Strategien, Praktiken und Politiken eingesetzt werden. Die ersten drei Arten der Analytik befassen sich mit der Entscheidungsfindung und deren Unterstützung, was ein menschliches Eingreifen voraussetzt, dessen Ausmaß je nach Art und Komplexität der Anwendung in Verbindung mit verschiedenen Bereichen der Immobiliennutzung und des Immobilienbetriebs variiert. Der letzte Bereich ist mit der Automatisierung von Entscheidungen und einer Art Entscheidungsunterstützung verbunden. Die Ziele der Entscheidungsfindung und des Handelns stehen im Zusammenhang mit dem Betrieb und der Organisation von Prozessen des Lebens und Arbeitens in einer Immobilie oder einem Quartier im Einklang mit den Zielen einer nachhaltigen Entwicklung.

Was den letzteren Fall betrifft, so besteht der Weg darin, mit einem vereinfachten Nutzungsszenario zu beginnen. Das kann die Steuerung bestimmter Anlagen sein, die einem bestimmten Zweck der Nachhaltigkeitsoptimierung dienen sollen; das Energienachfragemanagement in einer oder mehreren Immobilien betreffen; das kann sich auf Sharing-Modelle in der Immobilie und in Bezug auf ihre Ausstattung beziehen. Im weiteren Verlauf des Prozesses wird das Nutzungsszenario angepasst und verfeinert, um den tatsächlichen Bedarf besser widerzuspiegeln. Das bedeutet, dass das Problem der Nachhaltigkeit so formuliert werden muss, dass es systematisch und effektiv in Data-Mining-Aufgaben zerlegt werden kann. Im Zusammenhang mit Szenarien für die Nutzung der städtischen Nachhaltigkeit könnten verschiedene ökologische, soziale und wirtschaftliche Indikatoren aus historischen Daten der Immobilie, anderer Immobilien oder städtischen extrahiert, zu Vorhersagemodellen zusammengestellt und dann bei der Durchführung und Organisation von Prozessen und Aktivitäten als Teil datenzentrierter Anwendungen eingesetzt werden, die eine Vielzahl Bereiche in Bezug auf das operative Funktionieren, das Management und die Planung intelligenter nachhaltiger Immobilien und Quartiere abdecken. In dieser Hinsicht abstrahiert das Vorhersagemodell, das einen Aspekt eines bestimmten Nutzungsszenarios darstellt, den größten Teil der Komplexität der Immobilienrealität oder der städtischen Welt und konzentriert sich auf einen bestimmten Satz ökologischer, sozialer oder wirtschaftlicher Indikatoren, die in irgendeiner Weise mit dem Wert der vorherzusagenden Zielvariablen korrelieren. Ein ökologisches Problem der städtischen Nachhaltigkeit wäre zum Beispiel, herauszufinden, ob eine Gruppe von Bewohnern sich ökologisch nachhaltig verhalten wird. Eine Teilaufgabe des Data Mining, die wahrscheinlich Teil der Lösung eines solchen Problems sein wird, besteht darin, anhand historischer Daten die Wahrscheinlichkeit abzuschätzen, ob die Bewohner in einem bestimmten, durch bestimmte Typologien (zum Beispiel Dichte, Diversität, gemischte Flächennutzung usw.) gekennzeichneten Stadtteil sich ökologisch nachhaltig verhalten werden. Dies geschieht auf der Grundlage einer Reihe beschreibender Merkmale, die verschiedene Umwelt- und Raumindikatoren umfassen.

In dieser Phase liegt der Schwerpunkt darauf, das Problem mit den Daten abzugleichen, ein Prozess, der das Verständnis der Stärken und Schwächen der verfügbaren Daten beinhaltet. In dieser Hinsicht muss die Lösung für das Problem der Nachhaltigkeit als Ziel aus dem verfügbaren Rohmaterial entwickelt werden. Historische Daten werden oft für Zwecke gesammelt und gespeichert, die nichts mit dem aktuellen Problem der Nachhaltigkeit zu tun haben. In verschiedenen Bereichen und im Besitz verschiedener öffentlicher und privater Einrichtungen stehen unterschiedliche Datenbanken zur Verfügung, die unterschiedliche Informationen über Nutzer, Mieter, Bürger, Transaktionen, Bewegungen, Beobachtungen usw. enthalten und unterschiedlich zuverlässig sind sowie unterschiedliche Formate und Kosten aufweisen können. Im städtischen Bereich beispielsweise sind einige Daten offen und somit für die Öffentlichkeit frei zugänglich, während andere Daten vertraulich sind. Außerdem sind einige Daten praktisch kostenlos verfügbar, während andere Daten nur mit großem Aufwand oder gar nicht zu beschaffen sind. Daher sind für einige

Daten wahrscheinlich ganze Zusatzprojekte erforderlich, um ihre Sammlung und Speicherung zu organisieren.

Im Zusammenhang mit intelligenten, nachhaltigen Immobilien und Quartieren ist es notwendig, ein dienstleistungsübergreifendes System einzurichten, um sicherzustellen, dass der Zugang zu den Daten aus verschiedenen Bereichen jederzeit verfügbar ist. Zuvor muss sichergestellt werden, dass die verschiedenen Arten von Datensätzen, die sich auf die mit der definierten Nachhaltigkeit verbundenen Bereiche beziehen, für die Nutzung durch die Akteure im Hinblick auf datengesteuerte Anwendungen in Bezug auf Betrieb, Funktionen, Dienstleistungen, Entwürfe, Strategien und Politiken offen sind. In Anbetracht dessen kann Data Warehousing von entscheidender Bedeutung für das Verständnis von Daten sein. Es dient der Sammlung und Zusammenführung von Daten aus verschiedenen Systemen, an denen mehrere öffentliche und private Einrichtungen beteiligt sind, die jeweils über eigene Datenbanken verfügen. Ein Data Warehouse, das sich in der Regel an einem einzigen Standort befindet, ist ein riesiger Speicher für Informationen, die aus verschiedenen Quellen stammen, aber nach einem einheitlichen Schema gespeichert werden. In diesem Sinne kann Data Warehousing als eine unterstützende Technologie des Data Mining betrachtet werden. Wir haben auch in den vorigen Kapiteln des Buches gesehen, dass digitale Plattformen diese Aufgabe übernehmen könne und Datenbestände unterschiedlicher Akteure und unterschiedlicher Provenienz vereinen und nutzbar machen können. Dabei ist eine digitale Datenplattform letztlich auch eine Art überwölbendes Data Warehouse. Ebenfalls haben wir gesehen, dass mit Hilfe von Federated Learning ebenfalls Daten aggregiert und genutzt werden können, ohne dass sie an einer zentralen Stelle, wie einem Warehouse oder einer Plattform versammelt und zusammengefasst werden müssten. Grundsätzlich ist also die Zugänglichkeit und „Ansprechbarkeit" der Daten entscheidend, nicht so sehr die Frage, ob diese nun an einem Ort versammelt sind oder nicht. Intelligente, nachhaltige Immobilien, Quartiere und Städte sind auf Data Warehouses oder dezentrale Speichereinrichtungen angewiesen, damit sie Data Mining umfassender und tiefer anwenden können. Wenn ein Datawarehouse beispielsweise Datensätze aus dem Reiseverhalten, dem Energieverbrauch sowie dem Verkehrssystem und den Mobilitätsmustern integriert, kann es genutzt werden, um effektive Typologien und Designkonzepte für die weitere Projekt- oder Betriebsplanung zu finden.

Ein entscheidender Teil der Phase des Datenverständnisses im Zusammenhang mit intelligenten, nachhaltigen Immobilien ist die Abschätzung der Kosten und des Nutzens von Datenquellen und Datenspeichern sowie die Entscheidung darüber, ob sich weitere Anstrengungen lohnen. In Bezug auf die Datenhaltung und -verarbeitung erfordern Daten einen zusätzlichen Aufwand, um nach der Erfassung aller Datensätze für die anschließende Auswertung zugänglich zu sein. Das wäre der bereits zuvor im Buch beschriebene „Data Marketplace" Ansatz der zentralen Speicherung. Als Alternative wurde ebenfalls bereits Federated Learning vorgestellt, dass durch seine Funktionsweise die Verbindung von unterschiedlichen und an unterschiedlichen Stellen vorhandene Daten einfacher und effizienter möglich macht und KI Anwendungen nutzbar macht, wo es mit dem zentralen

"Warehouse" oder „Marketplace Ansatz" weder ökonomisch noch ökologisch sinnvoll wäre. Deswegen ist hier dem Federated Learning eindeutig der Vorzug zu geben.

Wenn das Verständnis der Daten in Bezug auf die Lösung verschiedener Nachhaltigkeitsprobleme fortschreitet, können sich die Lösungswege ändern und neue Erkenntnisse ins Spiel kommen und die Bemühungen der Analytiker wie der Entwicklungsteams können sich sogar „gabeln", da es für ein und dasselbe Problem manchmal unterschiedliche Lösungen gibt oder zwei Probleme desselben Anliegens in Bezug auf die geeigneteren Techniken sehr unterschiedlich eingestuft werden können. Bei dem Versuch, Daten zu verstehen, ist es wichtig, unter der Oberfläche zu graben, um die Struktur des Problems der Nachhaltigkeit im Hinblick darauf aufzudecken, welche analytischen Aufgaben für die Lösung dieses Problems von größerer Bedeutung sind, sowie im Hinblick auf die verfügbaren Daten. Anschließend werden diese Daten mit den relevanten Data-Mining-Aufgaben abgeglichen, für die es wesentliche wissenschaftliche und technologische Methoden und Systeme gibt, die angewandt werden können. Es ist nicht ungewöhnlich, dass ein Nachhaltigkeitsproblem, sei es ein physisches, ökologisches, wirtschaftliches oder soziales, mehrere Data-Mining-Aufgaben enthält, die oft unterschiedlicher Art sind und deren Lösungen integriert werden sollten, um effektive Ergebnisse zu erzielen.

Wie können nun weitere Methoden wie prädiktives und deskriptives Data Mining für mehr Nachhaltigkeit in Gebäuden und in ganzen Quartieren sorgen? Beim Data Mining gibt es hauptsächlich zwei Arten der Modellierung, die auf überwachten und unüberwachten Lernmethoden beruhen: prädiktives Data Mining und deskriptives Data Mining (vgl. Bibri und Krogstie 2018). Beim prädiktiven Data Mining werden Modelle erstellt, die durch bestimmte städtische Daten beschrieben werden, und einige Variablen mit wichtigen Informationsgewinnen im Datensatz verwendet, um zukünftige oder unbekannte Werte von Zielvariablen vorherzusagen. Apropos Informationsgewinn und in Bezug auf die überwachte Segmentierung ist die Suche nach wichtigen, informativen Variablen im Datensatz, die sich auf die von den Daten beschriebenen Personen beziehen, einer der grundlegenden Aspekte des Data Mining, das heißt die Variablen, die das Ziel am besten vorhersagen können oder alternativ die beste Korrelation mit dem Ziel aufweisen. Zwar variiert die Informativität von Variablen je nach Anwendung, doch liegt der Informativität die Vorstellung zugrunde, dass Informationen im Allgemeinen eine Größe darstellen, die die Ungewissheit über etwas verringert, und zwar in dem Sinne, dass die Ungewissheit durch diese Informationen umso mehr verringert wird, je besser die bereitgestellten Informationen sind. Das Vorhandensein einer Zielvariable kristallisiert die Idee der Suche nach informativen Attributen im Hinblick darauf, ob es eine oder mehrere andere Variablen gibt, die die Ungewissheit über den Wert des Ziels oder darin reduzieren. Die Bestimmung dieser korrelierten Variablen soll wichtige Erkenntnisse über das Problem der Nachhaltigkeit liefern.

Vorhersage bedeutet die Vorhersage eines zukünftigen Ereignisses. Ein Vorhersagemodell ist eine Formel (eine mathematische oder logische Aussage, in der Regel aber eine Kombination aus beidem) zur Schätzung des zukünftigen oder unbekannten Wertes des Ziels. Im städtischen Bereich kann sich Data Mining mit historischen oder Echtzeitdaten

4.1 Von Daten zur Nachhaltigkeit

befassen, sodass Modelle anhand von Ereignissen aus der Vergangenheit und der Gegenwart erstellt und getestet werden. Wir können uns viele städtische Fragen vorstellen, die mit der prädiktiven Modellierung zu tun haben, wie zum Beispiel die Frage, wie wir die Bürger in Bezug auf ihre Mobilität als etwas, das wir vorhersagen oder schätzen möchten, in Bezug auf einen bestimmten räumlichen Maßstab (zum Beispiel Bezirk, Stadt und Region) segmentieren können. Das Ziel dieser Vorhersage kann etwas sein, das wir mit ökologischer oder sozialer Nachhaltigkeit in Verbindung bringen möchten, zum Beispiel welche individuellen Bewegungen wahrscheinlich die Emissionen erhöhen und welche wahrscheinlich durch bestehende Typologien und Designkonzepte auf einer bestimmten räumlichen Ebene beeinflusst werden, oder welche individuellen Bewegungen wahrscheinlich mit einer verbesserten räumlichen Zugänglichkeit zu Dienstleistungen und Einrichtungen als Aspekt der Lebensqualität verbunden sind. Die überwachte Extraktion von Mustern aus Daten (wie zum Beispiel nützliches Wissen über Mobilität) erfordert eine Segmentierung der in einem bestimmten Bezirk wohnenden Bürger in Untergruppen mit ähnlichen Werten für die Zielvariable und in Untergruppen mit unterschiedlichen Werten für die Zielvariable. In diesem Fall wird die Segmentierung anhand der Werte von Variablen vorgenommen, die bekannt sind, während die Zielvariable nicht bekannt ist, um ihren Wert entsprechend vorherzusagen. Darüber hinaus kann die Segmentierung gleichzeitig eine Reihe von Segmentierungsmustern liefern, die für den Menschen verständlich sind. Ein Beispiel für ein Segment in menschlicher Sprache wäre: „Menschen, die in dichten und gemischt genutzten Gebieten leben und im Durchschnitt lieber zu Fuß gehen und Rad fahren, haben eine Emissionsrate von fünf Prozent." Solche Segmentierungen lassen sich auch für Quartiere oder Gebäude anwenden.

Beim deskriptiven Data Mining werden auf der Grundlage des verfügbaren städtischen Datensatzes neue, nicht triviale Merkmale oder Gruppierungsinformationen ermittelt, wobei der Schwerpunkt auf der Suche nach Mustern für die menschliche Interpretation liegt. Bei der deskriptiven Modellierung besteht der Hauptzweck des Modells darin, aussagekräftige Einblicke in das zugrunde liegende Phänomen der Nachhaltigkeit einer Immobilie oder einer ganzen Stadt zu gewinnen. Ein deskriptives Modell des Reiseverhaltens oder der Mobilitätsformen der Bürger würde uns sagen, wie Bürger, die nachhaltige Verkehrsmittel oder das Radfahren und Gehen nutzen, typischerweise aussehen. Ein deskriptives Modell muss zum Teil nach seiner Verständlichkeit und Leichtigkeit beurteilt werden, damit es in Bezug auf Dienstleistungen, Entwürfe, Strategien oder Politiken wirksam eingesetzt werden kann, im Gegensatz zu einem prädiktiven Modell, das ausschließlich auf der Grundlage seiner Vorhersageleistung bewertet werden kann. Da einige der gleichen Techniken und Algorithmen sowohl für die beschreibende als auch für die prädiktive Modellierung verwendet werden können, ist der Unterschied zwischen überwachten und unüberwachten Data-Mining-Modellen nicht so strikt.

▶ **Definition** Im Folgenden werden einige Beispiele für prädiktives und beschreibendes Data-Mining im Zusammenhang mit intelligenten nachhaltigen Immobilien, Quartieren oder Städten genannt:

Vorhersagefragen:

- Klassifizierung des Reiseverhaltens der Bürger-Klassifizierung des Energieverbrauchs der Haushalte
- Vorhersage der Entwicklung der Treibhausgasemissionen im nächsten Monat oder im nächsten Jahr
- Vorhersage von Gebieten mit hohem Verkehrsaufkommen in naher Zukunft
- Vorhersage des Reiseverhaltens im Zusammenhang mit bestimmten Typologien auf einer bestimmten räumlichen Ebene
- Vorhersage der räumlich-zeitlichen Entwicklung und Ausbreitung von Verkehrsstaus

Deskriptive Fragen:

- Suche nach nützlichen Kategorien für das Reiseverhalten
- Suche nach interessanten kollektiven oder individuellen Mobilitätsmustern
- Suche nach charakteristischen Informationen über Staus und Verkehrsüberlastung-Beschreibung der normalen Erreichbarkeit von Einrichtungen in städtischen Gebieten, die durch gemischte Landnutzung gekennzeichnet sind
- Suche nach Gruppen von Typologien, die ähnliche Merkmale der Umweltleistung aufweisen
- Suche nach Gruppen von Bürgern, die ähnliche Reiseverhaltensmuster aufweisen
- Suche nach Assoziationsregeln zwischen Mobilitäts- oder Pendelverhalten und Umweltleistung
- Entdeckung von Untergruppen von Reisen, die durch gemeinsames Verhalten, Zeitdauer und Zweck gekennzeichnet sind

In der Anwendungsphase werden die Ergebnisse des Data Mining in der Praxis eingesetzt, um verschiedene Arten von Entscheidungen im Zusammenhang mit dem Betrieb, der Planung und der Erbringung von Dienstleistungen zu treffen, zu unterstützen oder zu automatisieren. Die deutlichsten Anwendungsfälle in dieser Hinsicht sind die Implementierung von prädiktiven oder deskriptiven Modellen in den Prozessen, die das Leben oder die Nutzung von Immobilien oder die Informationssysteme im Zusammenhang mit öffentlichen Dienstleistungen als Teil von Entscheidungsunterstützungssystemen in verschiedenen Einrichtungen steuern und organisieren (vgl. Bibri und Krogstie 2018). In diesem Zusammenhang könnte ein Modell zur Vorhersage oder Beschreibung des Reiseverhaltens beispielsweise bei der Planung oder Verwaltung öffentlicher Verkehrssysteme oder in kleinerem Rahmen eines Gebäudekomplexes oder in einem Gebäude eingesetzt werden. In diesem Zusammenhang sind Reisedaten und Bewegungsdaten potenziell äußerst nützlich, um Störungen im (Verkehrs-)System zu ermitteln. Wir müssen jedoch einige geschickte kognitive Analysen darüber erstellen, wie Menschen ihren Weg durch die verschiedenen Verkehrssysteme finden, ebenso wie wir die „Reisenden" verschiedenen Linien zuordnen müssen, um sicherzustellen, dass wir die richtige Anzahl von Reisenden auf jeder Linie oder jeder Route messen können. Der Stand der Technik in Bezug auf das, was wir über die Navigation in komplexen Umgebungen wissen, ist immer noch ziemlich primitiv. Es müssen viele Annahmen getroffen werden, und wir haben keine Daten darüber, was verschiedene Nutzer des Systems tatsächlich über ihre Routen gelernt haben. Neue Benutzer des Systems werden sich anders verhalten als erfahrene Benutzer, und dies führt zu weiteren Fehlern. Wir können Störungen in den Daten erkennen, indem wir die Zeiten bestimmen, zu denen Reisende in das System ein- und aussteigen, aber um wirklich Störungen auf einzelnen Linien oder Routen und in Knotenpunkten vorherzusagen, müssen wir diese Nachfragedaten mit dem Angebot an Mobilitätsmöglichkeiten, die das System bilden, abgleichen. Viele andere Arten von Modellen können in Umweltsysteme, Energiesysteme, Wasserversorgungssysteme, Kommunikationssysteme, Gebäudesysteme, Verkehrssysteme und eine Vielzahl von Informationssystemen eingebaut werden, um den Beitrag intelligenter, nachhaltiger Immobilien und Städte zu den Zielen der nachhaltigen Entwicklung im Hinblick auf die Regeneration der Umwelt, die wirtschaftliche Effizienz und die soziale Gerechtigkeit und das Wohlergehen zu erhöhen.

Der Einsatz kann auch viel weniger technisch sein, wenn eine Reihe von Regeln, die durch Data-Mining-Techniken entdeckt wurden, dazu beitragen könnten, einen häufigen Fehler in einigen Systemen schnell zu diagnostizieren und zu beheben. In diesem Fall kann der Einsatz in Form der Verbreitung neuer Praktiken erfolgen, die die fraglichen Regeln oder Grundsätze enthalten. Die Umsetzung kann aber auch sehr viel subtiler sein, zum Beispiel in Form einer Änderung von Abläufen, Funktionen, Dienstleistungen und Strategien, die sich aus den Erkenntnissen ergeben, die aus der Auswertung der Daten gewonnen wurden.

Zusammenfassend lässt sich sagen, dass es für Analytiker von entscheidender Bedeutung ist, Nachhaltigkeitsprobleme in Bezug auf die jeweilige Domäne gut formulieren zu können, schnell (analytische) Lösungen zu entwickeln, angesichts unklarer und unstrukturierter Probleme realistische Annahmen zu treffen, wissenschaftliche Verfahren für sinnvolle Entdeckungen zu entwickeln und die Ergebnisse zu analysieren. Vor diesem Hintergrund sind neue Partnerschaften und Allianzen zwischen verschiedenen Einrichtungen für die Nutzung von Big-Data-Analytik im Kontext intelligenter, nachhaltiger Immobilien, Quartiere und Städte erforderlich.

4.2 Digitale Subsets und Nachhaltige Optimierung

Wenn wir Daten und Nachhaltigkeit zusammenbringen wollen, wenn es darum geht die Möglichkeiten der Digitalisierung für das Erfüllen von SDGs zu nutzen, dann ist der beste Weg dazu, die Definition von Digitalen Subsets. Wichtig ist dabei, dass diese Subsets einer Immobilie und deren Strukturierung aufeinander abgestimmt und miteinander kompatibel sein müssen. Was sollen wir nun unter einem „Subset" verstehen? In der Mathematik ist eine Menge A eine Teilmenge („Subset") einer Menge B, wenn alle Elemente von A auch Elemente von B sind; B ist dann eine Obermenge von A. Es ist möglich, dass A und B gleich sind; wenn sie ungleich sind, dann ist A eine echte Teilmenge von B. Die Beziehung, dass eine Menge eine Teilmenge einer anderen ist, wird als Inklusion (oder manchmal als Containment) bezeichnet. A ist eine Teilmenge von B kann auch so ausgedrückt werden, dass B A einschließt (oder enthält) oder A in B eingeschlossen (oder enthalten) ist.

Digitale Subsets sind also zunächst Beschreibungen von Betriebs- und Nutzugsszenarien, die in sich geschlossen sind und einen Teil des Gesamtsystems Immobilie beschreiben beziehungsweise mit diesem Gesamtsystem in Verbindung stehen und sich in dieses einfügen. Verstehen wir Immobilien als Plattformen, so bilden die Subsets gleichsam die Bausteine oder Applikationen der Plattform und sind gleichzeitig Bestandteile von ihr. Applikationen erfüllen immer einen Zweck. Mit Blick auf das Thema dieses Buches ist der Zweck also die Optimierung der Nachhaltigkeit und das Erreichen eines oder mehrerer SDG Ziele. Wir kennen dieses Prinzip auch aus anderen Bereichen. So bilden verschiedene Komponenten am Ende ein komplettes Produkt, das so seinen aktuellen Optimalzustand erreicht. In der Produktion sind mehrere Prozess- und Arbeitsschritte definiert und aufgeteilt, damit der gesamte Ablauf möglichst effizient gestaltet und optimiert von Statten geht. In der Forschung und Entwicklung gibt es mehrere Stufen des Testens, Verfeinerns und Optimierens, wobei die einzelnen Schritte in sich geschlossen sind, alle gemeinsam wiederum einen eigenen Kreislauf oder Prozess bilden. Gleiches gilt, wenn es um die Veredelung von Rohstoffen in der Industrie wie auch in der Landwirtschaft geht.

Erster und wichtigster Punkt hierbei ist, dass die Subsets oder „operating Layers" nicht originär aus der (bau-)technischen beziehungsweise architektonischen Perspektive der Immobilie heraus definiert werden sollten. Vielmehr kommt es darauf an, die Subsets aus den identifizierten Nutzerbedürfnissen abgeleitet werden. Aktuell gehen praktisch alle Betrachtungen und Bewertungen in der Immobilienwirtschaft dagegen von den vorherrschenden und etablierten Prozessen in Bau und Betrieb aus. Sie nehmen – um mit den BIDAC Regeln zu sprechen – die „Company"- und nicht die „Client"-Perspektive ein. Das gilt für die Praxis, wie für die Wissenschaft. Mehr oder weniger alle Werke und Untersuchungen zur Digitalisierung in der Immobilienwirtschaft gehen alle klassischen, bestehenden Anwendungen, Abläufe, Prozesse und Geschäftsmodelle der Branche durch und schauen dann jeweils punktuell, welche digitale Anwendung hier welchen Nutzen bringen kann. Diese Perspektive orientiert sich am bestehenden und findet somit auch nichts wirklich Neues. Es werden keine Sets und Szenarien definiert, sondern Tools und Applikationen eingeordnet. So entstehen natürlich keine neuen und funktionierenden Wertschöpfungslogiken und neue digitale Geschäftsmodelle. Oft wird die Digitalisierung der Immobilienwirtschaft als ein Dreieck aus Immobilien, Unternehmen und Kunden dargestellt (vgl. Vornholz 2021) In jeder Dreiecks-System muss es jedoch immer einen klaren Ankerpunkt geben, an dem sich der Rest ausrichtet. Alle drei Dimensionen lassen sich nicht mehr oder weniger magisch gleichzeitig optimieren. Wir kennen das aus der Nachhaltigkeitslehre mit ebenfalls drei Dimensionen oder Säulen. Für die Digitalisierung gilt dasselbe. Der Ankerpunkt muss eindeutig auf den Bedürfnissen und Anforderungen der Kunden liegen. Daraus leiten sich die Funktionsweisen und Gestaltungen der Immobilie und vor allem ihrer digitalen Services ab. De Aufgabe des Unternehmens ist es, diese Gestaltung und Services so zu erkennen, zu definieren und so bereit zu stellen, dass sich der Kundennutzen in Wertschöpfung für manifestiert. Ein bestehendes Produkt oder ein bestehendes Unternehmen steht also eben nicht im Fokus der Entwicklung. Vielmehr ist das Produkt das Ergebnis der Entwicklung und das Unternehmen muss sich entsprechend organisieren und ausrichten. Dutzende andere Branchen und hunderte, ja tausende Unternehmen haben den Fehler der Produktperspektive bei der Digitalisierung bereits gemacht – und sind gescheitert. Real Estate Unternehmen können den Traum weiter träumen, ihre Branche sei ganz anders und relativ wenig in Digitalisierungsmaßnahmen investieren (Kamis 2019). Das mag ja sogar bisher so sein. Doch die Logiken digitaler Märkte sind unabhängig von der Branche stets im Grunde gleich. Und das gilt auch für die Digitalisierung der Immobilienwirtschaft.

Es ist zunächst natürlich naheliegend sich an der bestehenden, analogen und anfassbaren Struktur zu orientieren. Der Struktur und Architektur des Gebäudes, mit den vorhandenen Geräten, Instrumenten, Armaturen, Rohren, Leitungen und so weiter. Schließlich ist das schon da. Und es gibt Orientierung und eine gewisse Ordnung vor. Doch wir müssen uns hier immer wieder klar machen: Alle diese analogen Dinge, diese analoge Struktur ist ja da, um einen bestimmten Zweck oder mehrere Zwecke zu erfüllen. Und genau das ist es, worum es letzten Endes geht. Im analogen und klassisch-tradierten Verständnis, wie eben auch in der mehr oder weniger neuen, digitalen Welt, die im wahrsten Sinne des Wortes gebaut werden muss. Mit dieser Nutzerzentrierten Perspektive entstehen neben (neuen) Leistungen auch immer Prozesse und Wertschöpfungsketten, die auf definierte Ziele hin optimiert werden können

Das generelle Vorgehensmodell für digitale Subsets und deren nachhaltige Gestaltung und Steuerung wird in der Folge in vier Schritten beschrieben.

4.2.1 Schritt 1: Was tun Menschen und welche Bedürfnisse haben Sie?

Die Beschreibung dieser Bedürfnis- und Nutzungsszenarien ist die Definition eines Subsets. Hier kann es natürlich eine Vielzahl an unterschiedlichen Subsets geben. Jedoch sind die Bedürfnisse und Ziele von Menschen auch nicht unendlich. Letztlich wird sich also für jede Immobilie und für jeden Immobilientyp wiederum ein eigenes Set an Subsets herausbilden, die für die Immobilie und ihre Nutzung relevant und typisch sind. Im Laufe der Zeit mag es hier Anpassungen und Veränderungen geben; die grundsätzliche Struktur wird sich aber stets als sehr stabil erweisen. Das ist auch ein Vorteil. Denn diese Struktur bildet letztlich die digitale Plattform, als die das Gebäude verstanden werden muss, auf der wiederum einzelne Bausteine und Applikationen (Subsets) angepasst oder ausgetauscht werden können. Es werden hier also Prototypen und Use Cases definiert und beschrieben. Menschen tun etwas in einem Gebäude immer in Interaktion mit dem Gebäude und in Interaktion mit verschiedenen Geräten und Instrumenten in dem Gebäude. Wenn wir wissen, was Menschen in einer Immobilie tun und welche Geräte, Instrumente, Maschinen sie benutzen, dann können diese Vorgänge auf bestimmte Ziele hin optimiert werden.

Bei der Definition von „subsets" sollte der Ansatz des sogenannten occupant-centered planning and building design berücksichtigt werden. Hier geht es in erster Linie darum, die Umgebung der Menschen in einem Gebäude so zu gestalten und vor allem so zu steuern, dass sie sich atmosphärisch und gesundheitlich wohl fühlen (können). Gebäude werden in der Regel so konzipiert, dass sie den Hauptbedürfnissen der Menschen entsprechen, die in ihnen leben, arbeiten und ihren täglichen Aktivitäten nachgehen werden (vgl. EASAC 2021). In Zukunft müssen Gebäude jedoch auch so konzipiert sein, dass sie weitaus weniger Treibhausgasemissionen verursachen als heute und auch den anderen Dimensionen der Nachhaltigkeit gerecht werden. Die Gründe dafür reichen, wie wir am Anfang des Buches gesehen haben, von gesetzlichen Vorschriften über Regularien der Finanzierung bis hin zu veränderten Kundenprämissen bei der Auswahl einer Immobilie. Um Investitionen in neue Gebäude und Renovierungen mit nahezu null Treibhausgasemissionen zu rechtfertigen, ist es sinnvoll, den Bewohnern gleichzeitig ein höheres Maß an Gesundheit, Wohlbefinden und Annehmlichkeiten zu bieten. Die Bewohner von Gebäuden benötigen ein gutes Innenraumklima für ihre Gesundheit und ihr Wohlbefinden. Daher müssen die Planer von neuen Gebäuden und von bestehenden Gebäuden, die so konzipiert oder renoviert werden sollen, dass sie nahezu keine Treibhausgasemissionen verursachen, den Faktoren besondere Aufmerksamkeit schenken, die sich direkt auf die Qualität, den Komfort und die Annehmlichkeiten eines Innenraumklimas auswirken, einschließlich Temperatur, Luftqualität, Beleuchtung, Feuchtigkeit und Akustik. Angemessene Heizung und Kühlung sind für die Gesundheit und das Wohlbefinden der Gebäudenutzer unerlässlich. Diese müssen mit Systemen und Steuerungen kontrolliert und betrieben werden, die so konzipiert sind, dass sie von den Nutzern leicht zu verstehen sind, da Innovationen in Gebäuden leider von den Nutzern oft falsch oder sogar gegen die eigentliche Intention genutzt werden können, wenn sie eben nicht leicht und intuitiv zu verstehen sind. Dies kann dann zu einem höheren Energieverbrauch und höheren Treibhausgasemissionen sowie zu einem schlechten Raumklima führen (vgl. Zhao und Carter 2020). Der beste Weg, um solche Probleme zu vermeiden, besteht nicht darin, von den Nutzern ein anderes Verhalten zu erwarten, sondern vielmehr darin, die Bedienung der Geräte so zu gestalten, dass sie intuitiv ist, denn das ist einfach das beste Mittel, einen falschen Gebrauch zu vermeiden.

Eine angemessene Belüftung ist notwendig, um eine gute Luftqualität aufrechtzuerhalten und die Gesundheit und das Wohlbefinden der Gebäudenutzer zu schützen, denn einige Materialien geben beispielsweise chemische Verbindungen an die Luft ab, wenn die Temperatur oder der Feuchtigkeitsgehalt steigt, zudem können luftgetragene (Mikro-)Partikel durch menschliche Aktivitäten entstehen oder in die Gebäudehülle eindringen. So wurde beispielsweise festgestellt, dass Phthalat-Emissionen aus Kunststoffbaumaterialien mit der relativen Luftfeuchtigkeit in Innenräumen zunehmen (vgl. Hsu et al. 2017). Ebenso können Formaldehydemissionen aus Holzwerkstoffplatten, die in Holzrahmenkonstruktionen verwendet werden, mit der relativen Luftfeuchtigkeit in Innenräumen zunehmen. Zu den Anforderungen an die THG-Emissionen von neuen und renovierten Gebäuden gehören in der Regel luftdichte Gebäudehüllen, was weniger Luftinfiltration bedeutet. Dadurch erhöht sich natürlich das Risiko einer unzureichenden Belüftung, es sei denn, es werden geeignete und zuverlässige mechanische oder natürliche Belüftungsvorrichtungen installiert, um die Bewohner mit Frischluft zu versorgen. Eine nur geringe

4.2 Digitale Subsets und Nachhaltige Optimierung

Lüftung reicht nicht aus, um Schadstoffe aus Innenräumen zu entfernen. Im Gegensatz dazu kann eine zu starke Belüftung ohne Anpassungen über beispielsweise Filter und Feuchtigkeitsregulierung das Innenraumklima schädigen, indem sie Verunreinigungen von außen mit einbringt (vgl. Artiola et al. 2019). Hohe Temperaturen oder Hitze erhöhen den Gehalt an Luftschadstoffen wie Ozon und Partikeln, was die Gesundheitsbelastung erhöht.

Eine angemessene Tageslichtbeleuchtung reduziert den Energieverbrauch für die künstliche Beleuchtung während des Tages und ist auch für die Gesundheit und das Wohlbefinden der Gebäudenutzer wichtig (Norton 2020). Die Einbringung von Tageslicht in Gebäude kann selbst bei bedecktem Himmel eine ausreichende Beleuchtung für die meisten Aktivitäten während des größten Teils des Tages bieten und ist daher ein wichtiger Bestandteil der Gebäudeplanung. Der Bedarf an Tageslicht muss jedoch wiederum gegen die Risiken einer Überhitzung abgewogen werden, da Gebäude mit großen Glasflächen an Ost-, West- oder Südfassaden an sonnigen Tagen schnell überhitzen können und daher angemessene externe Beschattungsvorrichtungen, Wärmespeicherkapazitäten in der Bausubstanz und eine Belüftung benötigen, damit die Bewohner eine angenehme Innentemperatur halten können. Dabei ist zu beachten, dass nicht alle Wellenlängen des Tageslichts gleichermaßen durch Glas durchgelassen werden und dass in Gebäuden Gläser mit unterschiedlichen Transmissionseigenschaften verwendet werden. Folglich ist es wichtig, dass die Nutzer von Gebäuden Zugang zu Außenbereichen haben, damit sie Vitamin D bilden können, indem sie ihre Haut der Ultraviolett-B-Strahlung der Sonne aussetzen, da der größte Teil des Ultraviolett-B der Sonne nicht durch Glas durchgelassen wird. Das Tageslicht gibt dem sogenannten menschlichen zirkadianen Schrittmacher wichtige Signale, die für eine gesunde Regulierung der hormonellen Rhythmen von entscheidender Bedeutung sind. Die Gestaltung von Gebäudeöffnungen zur Versorgung mit Tageslicht hat daher einen erheblichen Einfluss auf die kognitive Leistungsfähigkeit (vgl. Altenberg-Vaz und Inanici 2020). Tageslicht hat weitaus umfassendere und komplexere langfristige Auswirkungen auf das menschliche Wohlbefinden, als es lange angenommen worden ist. Da immer mehr Menschen durch ihre Ernährung nicht genügend Vitamin D erhalten und nur in geringem Maße dem Sonnenlicht ausgesetzt sind, wird ihre Immunität gegen verschiedene Krankheiten verringert.

In den zukünftigen Entwicklungen von KI wird ihre Fähigkeit, die Mensch-Maschine-Interaktion zu verbessern und zu automatisieren, die Beziehung zwischen Bewohnern und Gebäude verändern, ergänzen und verbessern. Ein Gebäude, das in der Lage ist, die Menschen zu leiten, seine Funktionsweise selbst zu erklären und sich an die verschiedenen Nutzer anzupassen, wäre ein echter Durchbruch. Im Bereich der häuslichen Pflege oder der Unterstützung von Menschen mit Behinderungen beispielsweise besteht ein großer Bedarf. Wenn sich das Gebäude an einen vorübergehenden oder fortschreitenden Verlust des Gehörs, des Sehvermögens oder der Mobilität seiner Bewohner anpassen kann, wird dies eine sehr wichtige soziale Wirkung haben. KI ist bereits in der Lage, auf einige dieser Probleme zu reagieren.

4.2.2 Schritt 2: Welche SDG sind betroffen und wie?

Sind die Interaktions- und Nutzungszenarien definiert und beschrieben, so lassen sich darauf aufbauend auch klare Aussagen darüber machen, welche Dimensionen von Nachhaltigkeit hier in welcher Bedeutung oder Priorisierung angesprochen sind. Es steht zu vermuten, dass es in erster Linie die Dimensionen der ökologischen und der sozialen Nachhaltigkeit sein werden. Schließlich gehen wir von Bedürfnissen und Zielen der Nutzer aus. Ökonomische Belange stehen da meistens nicht im Fokus, sondern ergeben sich hinterher. Nämlich in der Frage, wie eine angebotene Leistung, die die Bedürfnisse der Nutzer erfüllt und zunächst Kosten verursacht denn letztlich auch einen Deckungsbeitrag erbringen kann. Hier geht es darum, mindestens einen Wert gegenüber dem Nutzer zu deutlich zu machen (funktional, emotional oder symbolisch), damit dieser auch eine Wertschätzung und eine Zahlungsbereitschaft entwickelt. Des Weiteren lassen sich auch konkrete SDG Ziele definieren, die in und mit einem Nutzungsszenario beziehungsweise Subset angesprochen und betroffen sind. Sollen diese Szenarien und Beschreibungen noch weiter verfeinert und quantifiziert werden, bietet sich für einen ersten Überblick eine Orientierung an den Kennzahlen und Eckdaten der zuvor in diesem Buch beschriebenen Nachhaltigkeitsbilanzierung an.

Die hier beschriebenen Punkte, Aspekte und Zusammenhänge in Bezug auf Nachhaltigkeit und das occupant centered Design beziehungsweise das „occupant centered Management" eines Gebäudes machen klar, dass die Komplexität der Anforderungen sehr hoch ist. Alle diese einzelnen Aspekte aufeinander abzustimmen, auszutarieren und dann auch noch auf Dimensionen der Nachhaltigkeit hin zu optimieren, ist eine Aufgabe die mit menschlichen kognitiven Fähigkeiten nicht in einem vertretbaren Aufwand und Kosten-Nutzen-Verhältnis zu leisten ist. Es ist eben auch nicht nur eine Frage der Architektur und Gestaltung einer Immobilie. Letztlich geht es hier vor allem um eine Mensch-Maschine-Interaktion in einer neuen, einer größeren Dimension. Die digitale und vernetzte Immobilie ist letztlich eine große und komplexe Maschine, die sich aus ihren architektonischen Bestandteilen ebenso wie aus ihren Anlagen und Geräten und den datenbasierten Services zusammensetzt und die mit Menschen interagiert und auf die von den Menschen durch Verhalten erzeugten Daten reagiert. Diese neue Art der „Managementaufgabe" können nur intelligente Systeme auf Basis von Künstlicher Intelligenz, Distributed Ledger Technologien und Internet of Things übernehmen.

▶ **Wichtig** Die Aufgabe der Technologie und das Ziel ihres Einsatzes für das Management bestehen also nicht darin, den Menschen zu ersetzen, sondern ihn bei der Durchführung fortgeschrittener Analyseaufgaben zu unterstützen, um bessere Ergebnisse zu erzielen und Statistiken zur Entscheidungsunterstützung zu erstellen durch (SBA 2021):

- Simulation, wie zum Beispiel Generative Design: verwaltet Gebäudekonfigurationen entsprechend den Vorgaben

- Verbesserung und Erweiterung der bestehenden Automatisierung (zum Beispiel thermisches Verhalten des Gebäudes, selbstlernend auf der Grundlage der tatsächlichen Nutzung zur Änderung der Sollwerte)
- Lernen der Verhaltensmuster des Gebäudes und der Nutzungsmuster der Bewohner

4.2.3 Schritt 3: Was muss geschehen, damit das Subset optimal nachhaltig ist?

Anhand der mit den Subsets beschriebenen Use Cases und Nutzungsszenarien lassen sich auch die Daten definieren und kategorisieren, die in und mit diesem Subset erzeugt werden. Das sind Daten der involvierten und genutzten Hard- und Software in allen möglichen Formen, vom Sensor über mobile Geräte bis zu fest verbauten Maschinen und Systemen. Das sin die Daten, die durch die Interaktionen zwischen Menschen untereinander und mit dem Gebäude entstehen. Diese Definition und Erkenntnis ist wichtig. Denn nur wenn klar ist, welche Daten zur Verfügung stehen und genutzt werden können und aus welcher Quelle sie stammen und zu welchem Kontext sie gehören, dann ist es auch möglich sie zielgerichtet zu erheben und zu analysieren. Unbedingt notwendig ist also neben der Datenerfassung und der Nutzbarkeit der Daten auch die klare Zuordnung zu definierten Subsets.

Im dritten Schritt beginnt also das Data Mining und beginnen die Data Analytics. Das erste Ziel der der Datenerhebung und der Datenanalyse ist die Verifizierung des definierten Subsets. Tun die Menschen auch wirklich das, wovon man ausgegangen ist? Gibt es Abweichungen, Widersprüche oder neue Erkenntnisse? Damit müssen die Subsets unter Umstände angepasst und in Teilen neu definiert werden. Ist dieses Definieren und Modellieren (weitgehend) abgeschlossen, kann die zielgerichtete Analyse und Steuerung der Subsets beginnen.

Hintergrundinformation
Zur Optimierung sind Kennzahlen notwendig. Diese können einerseits bereits vorliegen:

- anhand von Taxonomien, Regularien und Gesetzen
- anhand von Zertifizierungen und Standards, wie sie in Kap. 2 beschrieben worden sind
- anhand von verschiedenen Leitlinien und Empfehlungen verschiedener Akteure wie Ministerien, Verbänden oder NGOs
- anhand von Umweltzielen und Umweltindikatoren aus allgemein akzeptierten Systematiken für Ökobilanzen

Kennzahlen und Benchmarks können und müssen vielfach auch erst einmal definiert werden oder sie können durch die explorative Analyse der anfallenden Betriebs- und Nutzungsdaten gefunden werden. Für dieses explorative Vorgehen bieten sich KI- beziehungsweise Machine Learning Methoden an, welche autonom Muster, Strukturen und Zusammenhänge erkennen.

Für die Quellen- und Wirkungsanalyse in Lebenszyklen und Prozessen wie den definierten Subsets bieten sich verschiedene KI bzw. ML Methoden an. Eine Methode ist das Unüberwachte Lernen. In diesem Zusammenhang wird von „starker KI" gesprochen. Unüberwachte Algorithmen des maschinellen Lernens leiten Muster aus einem Datensatz ohne Bezug auf bekannte oder gekennzeichnete Ergebnisse ab. Unbeaufsichtigtes Lernen kann verwendet werden, um die zugrunde liegende Struktur der Daten zu entdecken. In der Erkenntnis der Struktur von Daten und Mustern liegt der erste Schritt zur Transparenz darüber, was den ökologischen Fußabdruck von Systemen und Anwendungen beeinflusst und wie diese Faktoren wiederum beeinflusst und gesteuert werden können, um einem gewünschten Ergebnis (zum Beispiel Minimierung der Umweltbelastung) näher zu kommen. Einige Anwendungen von unüberwachten Techniken des maschinellen Lernens sind:

- Clustering kann einen Datensatz automatisch nach Ähnlichkeit in Gruppen aufteilen. Häufig überschätzt die Clusteranalyse jedoch die Ähnlichkeit zwischen Gruppen und behandelt Datenpunkte nicht als Individuen
- Anomalieerkennung kann automatisch ungewöhnliche Datenpunkte in einem Datensatz entdecken
- Association Mining identifiziert Gruppen von Elementen, die häufig zusammen in einem Datensatz vorkommen

Ist das Problem definiert und auch eine Lösung, so kann in einem nächsten Schritt der Prozess der Messung und Optimierung und Steuerung der Nachhaltigkeit mithilfe von Künstlicher Intelligenz automatisiert werden. Wie in den vorangegangenen Kapiteln dargestellt, ist die Entwicklung einer Künstlichen Intelligenz an die Menge und Qualität der Daten gebunden, die sie verarbeiten kann. Eine Strukturierung dieser Daten ist notwendig, damit sie in großen Mengen automatisiert genutzt und verarbeitet werden können. Dies ist die Voraussetzung dafür, dass sich die Potenziale und Leistungsfähigkeit von KI entfalten können. Die Strukturierung von Daten ist auch bei Immobilien mehr oder weniger gleichbedeutend mit der Definition der zu verwendenden Objekte und der Beziehungen, die sie miteinander verbinden. Auch hier kommen die bereits mehrfach angesprochenen „Subsets" wieder ins Spiel, denn sie bestehen ja aus definierten Objekten und den Beziehungen zwischen ihnen.

4.2.4 Schritt 4: Wie sieht der optimale Zustand aller Subsets in der Immobilie beziehungsweise auf der Plattform aus?

Sind die ersten drei Schritte bereits anspruchsvoll und komplex, so ist es der vierte erst recht. Letztlich kann die unter diesem Schritt aufgeworfene Frage nicht von Menschen beantwortet werden. Die definierten Subsets bilden in ihrer Kombination ein digitales Modell der betreffenden Immobilie oder auch eines kompletten Quartiers. Das klingt natürlich sehr nach „Digitale Zwillingen", die wir in der Immobilienwirtschaft bereits kennen,

4.2 Digitale Subsets und Nachhaltige Optimierung

zum Beispiel natürlich als BIM Modelle. Vergleichbar zu einem BIM Modell setzen sich die Subsets wie Komponenten zum gesamten Gebäude zusammen. Doch der Unterschied ist: Subsets sind keine analogen Bauteile und Gerätschaften verschiedenster Art, sondern eine Modellierung des Verhaltens von Menschen. U das ist nun einmal etwas anderes, als die Modellierung und Darstellung von beispielsweise verbauten Heizungs- oder Lüftungssystemen oder der Aufzugstechnik samt der von diesen maschinellen Systemen erzeugten Daten. Die Modellierung des Zusammenspiels der Subsets ist hier eher vergleichbar mit Modellen von Ökosystemen oder Klimamodellen.

Im Allgemeinen ist ein Modell eine (mitunter sehr) vereinfachte Ansicht der realen Welt, die zu einem bestimmten Zweck erstellt wurde. Im Zusammenhang mit intelligenten, nachhaltigen Immobilien und Quartieren basiert diese Vereinfachung auf Annahmen darüber, was wichtig ist und was nicht, um einen Beitrag zu den Zielen der nachhaltigen Entwicklung zu leisten. Das Ergebnis der Modellierung im Prozess des Data Mining ist eine Art Muster, das stabile Regelmäßigkeiten in den Immobiliendaten und in städtischen Daten erfasst. Diese Daten beziehen sich auf verschiedene Bereiche einer Immobilie oder eines Quartiers. Diese Bereiche können prinzipiell mit den „Subsets" übereinstimmen, beziehungsweise wenn „Subsets" definiert sind können diese Bereiche oder Datenräume entsprechend modelliert werden. Bei der Modellierung werden Data-Mining-Techniken auf die Daten angewandt, indem je nach dem zu lösenden Nachhaltigkeitsproblem Modelle sowohl aus historischen als auch aus Echtzeitdaten erstellt werden. In diesem Zusammenhang ist es von entscheidender Bedeutung, die verschiedenen verfügbaren Techniken und Algorithmen zu kennen. In dieser Phase stellen die Datenanalytiker und (Fach-) Experten sicher, dass geeignete Data-Mining-Techniken und -Algorithmen ausgewählt und in Bezug auf das definierte Problem der Nachhaltigkeit angewandt und Parameter erlernt werden. Außerdem können einige Methoden spezifische Anforderungen an die Form der Eingabedaten stellen, sodass eine erneute Rückkehr zur Phase der Datenaufbereitung erforderlich sein kann.

Mit Hilfe von sogenanntem Forward Modeling können aus Subsets zusammengesetzte Modelle oder Digitale Zwillinge für die Nachhaltigkeitsmessung und -Optimierung sogar besser sein, als echte Gebäude, weil in der Realität Daten fehlen können, die das Modell aber liefern kann (vgl. Kim 2015).

Das erste Objekt oder Modell, das die Daten eines Gebäudes strukturieren muss, ist das physische Modell des Gebäudes selbst. Die Verbindung, die zwischen dem BIM-System (falls vorhanden) und einer KI hergestellt wird, definiert die Art dieses Modells. Die Granularität der im traditionellen BIM verfügbaren Informationen und der für die künstliche Intelligenz in Gebäuden erforderlichen Informationen ist nicht dieselbe. Die BIM-Daten sind sehr detailliert und sozusagen dauerhaft angelegt, denn sie beziehen sich auf die Struktur und die Architektur des Gebäudes. Die Daten der mit dem Gebäude verbundenen Dienstleistungen sind von einer Dienstleistung zur anderen und im Laufe der Zeit unterschiedlich. Das gleiche gilt für die Daten aus dem Verhalten und der Gebäudenutzung der Mieter und Kunden. Diese Komplexität ist letztlich nicht mehr mit klassischen Data

Science Methoden sinnvoll abbildbar und steuerbar, hie muss Künstliche Intelligenz zum Einsatz kommen.

Zunächst müssen für die Daten, die einer KI zum Lernen zur Verfügung gestellt werden, Beziehungen zum physischen Modell des Gebäudes definiert werden. Hier geht es insbesondere um recht banale Begriffe wie „über", „neben", „in" oder einfach um Ortstypologien wie Gemeinschaftsräume, Flure, Zimmer und ihre Bestimmung als beispielsweise Küche oder Büro, wenn diese Bestimmung festgelegt ist und bleiben soll. Um die vom Gebäude erzeugten Daten zu strukturieren, müssen auch die angeschlossenen Objekte modelliert werden, die Daten produzieren und konsumieren (Sensoren und Aktoren). Sobald digitale Objekte in virtuellen Gebäuden verfügbar sind, können Daten in die Modelle einfließen und neue Möglichkeiten eröffnen, die vorher nicht verfügbar waren. Diese Modelle sollten zumindest den Unterschied zwischen Sensoren und Aktoren berücksichtigen und es verschiedenen intelligenten Diensten ermöglichen, Sensordaten auszulesen und Aktoren zu nutzen. Damit später einmal digitale Tools und Dienste entstehen können, die sich an den Bewohnern des Gebäudes orientieren, weil die Gewohnheiten dieser Nutzer und ihre Bedürfnisse erlernt worden sind, müssen auch Profile und die Zugangsrechte eben dieser Nutzer modelliert werden.

4.3 Datenanalyse und Nachhaltigkeit schaffen Wert und Geschäft

Zur Messung und Optimierung eines solchen Gesamtmodells kommen „Predictive Analytics" und „Prescriptive Analytics" zum Einsatz die zuvor in diesem Buch beschrieben worden sind. Weitere sinnvolle Methoden sind Few Shot Learning und Reinforcement Learning. Beim Few Shot Learning (FSL) geht es darum, Vorhersagen auf der Grundlage einer begrenzten Anzahl von Beispielen zu treffen. Im Bereich der Bilderkennung zum Beispiel benötigen klassische Machine Learning Systeme mehrere Millionen Bilder als Beispiele, um zu lernen. Few Shot-Learning hingegen kann mit wenigen hundert oder tausend Beispielen auskommen und eine hohe Leistung und Zuverlässigkeit erreichen. Dies ist in Fällen notwendig, in denen es einfach unmöglich ist, genügend Daten zu sammeln. Anwendungsfälle, die bisher nur begrenzt mit Hilfe von KI untersucht werden konnten, wie Erdbeben, Epidemien und Überschwemmungen oder die aggregierte Modellierung von Staaten, Ländern oder anderen Situationen wie beispielsweise Lebenszyklen und Kreisläufen von Produkten und Anwendungen werden nun möglich. Aber auch in Bereichen wie der Sprachverarbeitung, dem autonomen Fahren, Industrierobotern oder der Arzneimittelentdeckung bieten FSL-Ansätze neue Möglichkeiten und senken gleichzeitig die Kosten, die für Unternehmen und Organisationen mit der Sammlung und Speicherung von Daten verbunden sind. Damit liegt im Few Shot Learning ein großes Potenzial zur Folgenabschätzung und Voraussage der Nachhaltigkeit einer Immobilie anhand eines gegebenen Modells aus Digitalen Subsets.

4.3 Datenanalyse und Nachhaltigkeit schaffen Wert und Geschäft

Auch das Reinforcement Learning gehört zum unüberwachten oder autonomen Lernen. In Abgrenzung zu den Methoden supervised und unsupervised Learning werden beim Reinforcement Learning jedoch vorab keine Daten benötigt. Stattdessen werden diese in einer Simulationsumgebung in vielen Durchläufen in einem Trial-and-Error-Verfahren während des Trainings generiert und gelabelt. Reinforcement Learning steht für eine ganze Reihe von Einzelmethoden, bei denen ein Software-Agent selbstständig eine Strategie erlernt. Das Ziel bei dem Lernvorgang ist es, die Zahl an Belohnungen innerhalb einer Simulationsumgebung zu maximieren. Beim Training führt der Agent zu jedem Zeitschritt Aktionen innerhalb dieser Umgebung aus und erhält jeweils ein Feedback. Dabei wird dem Software-Agenten vorab nicht gezeigt, welche Aktion in welcher Situation die beste ist. Vielmehr erhält er zu bestimmten Zeitpunkten eine Belohnung. Während des Trainings lernt der Agent auf diese Weise die Folgen von Aktionen auf Situationen in der Simulationsumgebung einzuschätzen. Auf dieser Basis kann er eine langfristige Strategie entwickeln, um die Belohnung zu maximieren. Die Strategie könnte also dahingehend bestimmt werden, beispielsweise den CO_2-Fußabdruck einzelnen Subsets oder ihrer Kombination und in ganzen Lebenszyklen zu minimieren. Eine sogenannte „Policy" ist dann das gelernte Verhalten eines Software-Agents. Eine Policy gibt an, welche „Action" bei einer beliebigen Verhaltensvariante (Observation) aus der Lernumgebung (Enviroment) ausgeführt werden soll, um die Belohnung (Reward) zu maximieren. Vorgegeben werden müsste, ob die Optimierung nach einer Strategie Effizienz, Konsistenz oder Suffizienz erfolgen soll, wie also die Regeln des „Spiels" lauten.

Bei einem digital-industrialisierten Ansatz, der grundsätzlich für alle Gebäude wiederholbar ist, wird diese Strukturierung einmalig als Standard vorgenommen. Der Standard ist immer wieder anwendbar, auch wenn sich die Gebäude unterscheiden, ihre Ausstattung und ihre Nutzer voneinander verschieden und die Instanzen der definierten Objekte und Beziehungen in den Subsets einzigartig sind. Diese Einzigartigkeit ergibt sich eher aus der Geschichte der einzelnen Objekte und ihrer Interaktion, als aus den ursprünglichen Eigenschaften der Objekte.

Um beispielsweise den digitalen Zwilling eines Gebäudes zu einem einzigartigen „virtuellen Objekt" zu machen, ist es erforderlich, dass jeder seiner Bestandteile ebenfalls eindeutig identifiziert werden kann. Es ist unmöglich, alle Funktionen eines intelligenten Gebäudes aufzuzählen, aber wir können zwischen den Funktionen unterscheiden, die lokal und die aus der Ferne gesteuert werden. Um im Sinne der Mensch-Maschine-Interaktion die Analogie zum menschlichen Verhalten zu erweitern, können wir von reflexiven Funktionen und kognitiven Funktionen sprechen. Die reflexiven Funktionen sind im Wesentlichen lokal und die kognitiven Funktionen zentralisiert, sie können lokal oder in der Cloud gehostet werden, was von der Belastbarkeit und der Machbarkeit der technischen Architektur abhängt. Die beiden Funktionen (reflexiv und kognitiv) sind jedoch nicht unabhängig voneinander. Ganz im Gegenteil. Zum einen kann ein Reflex zunächst erlernt werden, was wie oben beschrieben über KI beziehungsweise maschinelles Lernen geschehen sollte. Zum anderen muss eine kognitive Funktion in der Lage sein, einen Reflex zu übernehmen, wenn die Situation es erfordert. Beim Menschen, wie auch bei Gebäuden, sind die kognitiven Funktionen zentral und daher die einzigen, die einen globalen Überblick über den Kontext haben. Wie eine menschliche Hand, die sich reflexartig schnell von einer heißen Oberfläche zurückzieht, kann es um eine Lampe gehen, die sich einschaltet, wenn ein Schalter gedrückt wird. Alternativ dazu muss ein Endgerät – also zum Beispiel dieselbe Lampe – für zentrale Funktionen zugänglich sein, wenn der Kontext dies erfordert.

Aus allem bisher Beschriebenem, ergibt sich eine allgemeine technische Architektur, sowohl auf der Hardware- als auch auf der Softwareebene. Es ist immer möglich, einen Weg zu finden, die Dinge anders zu machen und einige fortgeschrittene Funktionen bereitzustellen, aber die hier beschriebene Architektur (kognitiv und reflexiv) ist die natürliche Architektur, um sicherzustellen, dass so viele intelligente Funktionen wie möglich für alle Phasen des Gebäudes verfügbar sind, zu den geringstmöglichen Kosten und mit der größtmöglichen Skalierbarkeit. Zunächst einmal gibt es auf der Hardwareebene keine intelligenten Geräte die an sich Intelligenz besitzen würden. Die Evolution des Bauens besteht hier bildlich (und wieder in Anlehnung an Mensch-Maschine-Interaktion) gesprochen darin, dass die Funktion das Organ schafft und nicht umgekehrt. Aus offensichtlichen wirtschaftlichen Gründen ist die Zusammenlegung von Ausrüstungen durch zentrale Funktionen unerlässlich.

Um von den zentralen Funktionen zu profitieren, die Ausrüstungen gemeinsam zu nutzen und eine „Verbindung" zu einer großen Anzahl von Diensten zu ermöglichen, schlägt beispielsweise die französische SBA eine Schichtenarchitektur vor. Das Softwaresystem, das die zentralen Funktionen im Diagramm beherbergt, ist ein Building Operating System. Es ist keine obligatorische Komponente für den Einsatz von KI im Gebäude, aber es ist ein mächtiger Wegbereiter und ein wichtiger Bestandteil der Cyberstruktur und ermöglicht die Bereitstellung von Diensten (mit oder ohne KI) in einem virtuellen Gebäude, mit strukturierten Daten, die allgemein genutzt werden können. Um von KI-Systemen effektiv genutzt werden zu können, müssen die Gebäudedaten die Grundsätze der Strukturierung, der eindeutigen Ontologie und der technischen Architektur beachten. KI ist ein algorithmisches Werkzeug, das virtuelle Daten und Objekte nutzt. Der digitale Zwilling des Gebäudes ist das Objekt, das eine Künstliche Intelligenz verwenden wird, wenn sie auf das Gebäude einwirken muss. Unabhängig davon, ob dieses virtuelle Objekt von der Cyberstruktur auf automatisierte und generische Weise bereitgestellt wird oder nicht, ist es für die KI und andere Dienste zwingend erforderlich. Andernfalls müssten immer wieder KI Lösungen speziell für ein betreffendes Gebäude entwickelt werden. Konkret wird die Auswahl der Dienste, die das Gebäude bieten können soll, die erste Richtschnur für den Entwurf sein. Aus dieser Auswahl ergibt sich die Definition der Daten, die für die Erbringung der betreffenden Dienste erforderlich sind. Erst dann, wenn die Daten bekannt sind, kann die Wahl der dafür notwendigen Daten generierenden Geräte im und um das Gebäude herum getroffen werden. Je größer die Zahl der angeschlossenen Geräte ist, desto vielfältiger sind die im Gebäude erzeugten Daten und desto größer ist die Zahl der Dienste, die in Zukunft im Gebäude erstellt werden können. Bei bestehenden Gebäuden müssen die Geräte, die ihre Daten nicht an das gewählte Datenerfassungs- und -Verarbeitungssystem übermitteln konnten, unter Berücksichtigung dieses Aspekts angepasst oder ersetzt wer-

4.3 Datenanalyse und Nachhaltigkeit schaffen Wert und Geschäft

den. Die Kompatibilität der Geräte ist im Wesentlichen eine Frage des gemeinsamen Protokolls, aber das Ziel ist hier die Interoperabilität der Geräte durch mehrere Dienste. Ohne ein zentrales System und BOS wären nur spezifische Entwicklungen möglich, die daher teurer in der Anschaffung und Wartung und wenig skalierbar sind.

Das aufgrund von Daten, Objekten, Beziehungen und Subsets modellierte virtuelle Gebäudemodell bildet zusammen mit den relevanten Elementen des BIM den realen digitalen Zwilling, der statische Daten (Struktur, Ausstattung usw.) und dynamische Daten (von den Sensoren/Aktoren des Gebäudes erzeugte und/oder verbrauchte Datenströme) kombiniert. Es handelt sich um ein echtes virtuelles „Live"-Double des Gebäudes, das es erlaubt, prinzipiell alle Möglichkeiten in Bezug auf Dienstleistungen, Simulationen und Verbindungen mit anderen Gebäuden oder anderen virtuellen Avataren (Stadt, Netzwerk usw.) zu modellieren und zu simulieren. Es liegt auf der Hand, dass die Dienstleistungen, die in der Betriebsphase an das Gebäude angeschlossen werden, mit diesem zentralen Element verbunden werden müssen. Dies ist kein absolutes Muss, wenn der Dienst unabhängig ist, aber es wird wesentlich, wenn der Dienst Intelligenz integriert und diese Intelligenz von den immanenten Daten des Gebäudes abhängt.

Dazu gehören unter anderem:

- BMS-Softwarekomponenten
- verschiedene Gebäudeüberwachungssysteme (Wartung, Sicherheit)
- sogenannte Komfortdienste (Raummanagement, Geolokalisierung, Zugang, Parken usw.)
- externe Verbindungsdienste (EV-Ladestationen, öffentlicher Verkehr, Energieflexibilität).

Damit das nicht nur schöne Ideen bleiben, müssen die Daten den Weg auf die Plattform finden. Wie der Blick auf andere Branchen zeigt, hat sich dafür das Konzept des digitalen Zwillings bewährt. Im Automotive-, Energie- und Gesundheitsbereich etwa kommt es bereits verstärkt zum Einsatz und hier insbesondere in komplexen Anlagen sowie sogenannten „High Value Assets" wie Flugzeugtriebwerken oder Windrädern. Die Idee dahinter: Mittels Daten erhält ein physisches Asset sein virtuelles Abbild (Building Minds o. J.).

In der Immobilienbranche kommt der digitale Zwilling bislang kaum zum Einsatz und wenn überhaupt, fast ausschließlich beim Neubau. Dabei könnte er gerade im laufenden Gebäudebetrieb enormes Potenzial entfalten, das in erster Linie aus der dadurch entstehenden Transparenz resultiert. Um sie herzustellen, bedarf es aus Sicht von Building Minds folgender fünf Hauptelemente:

- Die Architektur beziehungsweise bauliche Struktur einer Immobilie liegt als ein zentraler Baustein des digitalen Zwillings auf der Hand.
- Neben den Gebäudeeigenschaften bilden die Aufschlüsselung der Flächen, etwa nach Miet- oder Gemeinschaftsflächen, sowie

- die Ausstattung, beispielsweise technische Anlagen zum Brandschutz und Aufzüge, weitere zentrale Elemente. Diesen drei Elementen – Gebäudestruktur, Flächen und Ausstattung – ist ihr statischer Charakter gemein. Ebenso wichtig ist es, im digitalen Zwilling auch dynamische Faktoren abzubilden.
- Dafür sorgen vor allem (Echtzeit-)Informationen von Sensoren, etwa zu Raumauslastung, Luft-, Temperatur- oder Beleuchtungsverhältnissen im Gebäude.
- Das fünfte Hauptelement sind Dokumente, die bekanntermaßen in großer Fülle, aus verschiedensten Quellen und in unterschiedlicher Form existieren. Die darin enthaltenen Informationen gilt es zu extrahieren. Die Kombination der statischen und dynamischen Hauptelemente ergibt ein ganzheitliches digitales Abbild einer Immobilie, was wiederum eine Art Immobilien-Logbuch ermöglicht, in dem alle Informationen zusammenlaufen. Dadurch wird der digitale Zwilling für alle Beteiligten vom Portfolio- und Asset-Manager über den Property- und Facility-Manager bis hin zu Mieter, Eigentümer, Wirtschaftsprüfer, Versicherer usw. zur zentralen und einzigen Quelle – dem Nukleus oder der sogenannten „Single Source of Truth" – von Gebäudedaten jedweder Art. In 2D oder 3D visualisiert lokalisiert der digitale Zwilling beispielsweise technische Probleme und Optimierungspotenzial bei Flächen und führt das Zusammenspiel verschiedenster Informationen im wahrsten Wortsinn vor Augen.

Warum ist diese Verbindung, ist diese Integration bei KI Systemen notwendig? Mit Hilfe von sozusagen generischer KI oder auch von KI Software „von der Stange" wie TensorFlow, einem Tool für maschinelles Lernen von Google oder ähnlichen (für Fachleute zugänglichen) Tools, können in wenigen Wochen oder Monaten zu relativ geringen Kosten wirksame Klassifizierungsanwendungen entwickelt werden. Diese neuen Tools können aus den in das Modell eingespeisten Daten ein prädiktives Ergebnis erzeugen. Sie klassifizieren diese Daten, das heißt, sie ordnen beispielsweise einem Bild eine Bezeichnung zu: ein Auto, eine Straßenlaterne, eine Person, ein Hund. Hierfür ist künstliche Intelligenz absolut revolutionär und ungeheuer effizient. Die Rationalisierung der Architekturen von Informationssystemen durch den Einsatz eines Betriebssystems wird es ermöglichen, mehr Daten bereitzustellen (Mutualisierung) und auch deren Qualität und Zuverlässigkeit zu verbessern. Dieses Betriebssystem wird es wiederum den angeschlossenen Diensten ermöglichen, von einer gemeinsamen und einheitlichen Semantik und einem einheitlichen Vokabular für das Gebäude (und alle, die dasselbe Betriebssystem verwenden) zu profitieren. Diese Funktion ist für ein KI-System ein sehr wichtiger Vorteil. Über einige wenige Ontologien (so viele wie es Betriebssysteme gibt) werden die KI-Dienste auf Daten zugreifen, die die Sensoren, Aktoren und andere Geräte des Gebäudes auf einheitliche und einfachere Weise beschreiben, wodurch sie sich die mühsame und fast unüberwindbare Aufgabe ersparen, jede Hardware und jedes Protokoll zu entziffern.

Wenn ein Gebäude in eine intelligente Serviceplattform umgewandelt wird, kann man sich nach allen vorherigen Beschreibungen vorstellen, dass es autonomer und nutzerorientierter wird. Zunächst einmal muss das Gebäude mit einer Infrastruktur ausgestattet werden, die die Digitalisierung ermöglicht. Die verschiedenen Dienste und die künstliche Intelligenz, die in dem Gebäude entwickelt werden müssen, verbrauchen denselben Brennstoff: Daten. Rohe, heterogene oder nicht lokalisierte Daten ermöglichen jedoch nur sehr begrenzte Dienste und sind sicherlich keine gute Grundlage für eine effiziente KI. Der erste Schritt zur Autonomie des Gebäudes ist daher seine Fähigkeit, auf zuverlässige und nachhaltige Weise hochwertige Daten in großen Mengen zu erzeugen. Das hat mit der Vernetzung und der Strukturierung zu tun, die oben beschrieben worden ist.

Hintergrundinformation
Die Qualität der Daten für ein Gebäude liegt in mehreren Merkmalen, die sie neben der Offenheit, die ihre Zugänglichkeit garantiert, aufweisen müssen:

- Zuverlässigkeit: keine oder nur wenige fehlende Daten, keine Ausreißer
- Zeitlichkeit: die Daten müssen mit einer gemeinsamen Zeitbasis datiert sein
- Identifizierung: der Absender der Daten, Geräte oder Personen, muss bekannt sein. Identifizierung: der Absender der Daten, sei es ein Gerät oder eine Person, muss bekannt sein, ebenso wie der Empfänger, um eine angemessene Verwaltung der Zugriffsrechte zu ermöglichen
- Sicherheit: der Zugang zu den Daten muss natürlich sicher sein, da selbst eine einfache, ungesicherte Teiltemperatur zu einem problematischen Fehler werden kann
- Standort: alle Daten müssen einen gemeinsamen Standortbezug haben.

Diese Aufzählung mag zunächst banal klingen, denn über die Bedeutung von Daten und ihre Qualität ist in diesem Buch schon oft geschrieben worden. Wir sollten uns hier aber (noch einmal) vergegenwärtigen, dass alle diese Anforderungen im laufenden Betrieb garantiert sein müssen. Und dann ist es schon nicht mehr so banal …

KI ermöglicht es durch die schnellen Simulationsmöglichkeiten komplexer Systeme, Gebäude dynamisch zu modellieren und damit zu optimieren, indem mehrere physikalische Daten gleichzeitig berücksichtigt werden (SBA 2021). Heute verwenden wir hauptsächlich vertikale physikalische Simulatoren (ein Datenelement wird gleichzeitig analysiert), wie zum Beispiel Finite-Elemente-Berechnungen für Materialbeständigkeit oder Strukturberechnungen oder statische thermische Berechnungen und ohne Anwesenheitssimulation. KI kann heute schon eingesetzt werden, um diese Modellierungsoperationen in einem Querschnitt und dynamisch durchzuführen. Durch die Automatisierung vieler dieser Operationen können technisch effizientere Ergebnisse erzielt werden. Diese Simulationen könnten auch mit realen Daten von bestehenden Gebäuden abgeglichen werden, um sie zu stärken.

In den Bauphasen wird KI heute nur wenig eingesetzt, doch auch hier könnten die Vorteile erheblich sein. Zunächst einmal könnte die Bauphase eine der simulierten Planungsphasen sein, um den Einsatz der verschiedenen Ressourcen einer Baustelle (Menschen, Maschinen, Materialien, Energie) zu optimieren. Ohne bis zu vollautomatischen, von Robotern ausgeführten Baustellen zu gehen, könnte die KI in präzisen und begrenzten Bereichen wie unter anderem Überwachung, Planung, Hebung, Sicherheit, Inbetriebnahme von Ausrüstungen, Sicherheits- und Betriebskontrollen rasch Vorteile bringen. Das Bauen außerhalb der Baustelle entwickelt sich zu einer besonders geeigneten Methode der (Komponenten-)Herstellung, um von den Produktivitätssteigerungen der Industrie (zum Beispiel Robotik, 3D-Druck, Software und intelligente Maschinen) und von den verschiedenen KI-Technologien für ein schnelleres, kostengünstigeres und anpassungsfähigeres Bauen zu profitieren. Die Modellierung des Gebäudes vor seinem Bau ermöglicht es, mit Hilfe von KI Simulationen und Optimierungen an seinem digitalen Zwilling vorzunehmen, so wie es beispielsweise in der Luftfahrtindustrie schon länger üblich ist.

In der Luftfahrtindustrie, in der Fahrzeugindustrie, in der industriellen Produktion und in anderen Branchen haben mit der Einführung von digitalen Technologie ganze Revolutionen von Prozessen und Wertschöpfungslogiken stattgefunden. Der Grund: Vorher getrennte Komponenten und Services sind miteinander vernetzt worden (vgl. beispielsweise „Converge or Cupel" bei den BIDAC Regeln). Durch die kombinierte Nutzung von zwei Diensten entsteht ein dritter, effizienterer Dienst. In diesem Zusammenhang wirken KI und Digitalisierung als wechselseitige Beschleuniger, wobei der eine von den Beiträgen des anderen profitiert und umgekehrt. Wir können also mit mindestens zwei wichtigen Veränderungen durch KI und Digitalisierung rechnen:

1. Die Entwicklung einer Vielzahl von Dienstleistungen durch die Vernetzung von Gebäudenutzungsdaten
2. Eine Verlagerung des Wertes des Eigentums hin zum Wert der Nutzung.

Diese Erkenntnisse decken sich mit den Beschreibungen zu den Verschiebungen und Veränderungen im Real Estate Business aus Kap. 1 und bestätigen sie aus einer anderen Perspektive.

Künstliche Intelligenz wird sich auch auf den technischen Betrieb des Gebäudes in mindestens drei Hauptrichtungen auswirken.

- Energieresilienz: Durch ihre Fähigkeit, den Verbrauch vorherzusagen und die verfügbaren Ressourcen zu optimieren und zu verwalten, ermöglicht KI die effiziente Nutzung ergänzender Energiequellen (erneuerbare Energien, Netz, Wärme, lokaler Austausch usw.). Dies macht das intelligente Gebäude energieeffizient und äußerst widerstandsfähig.
- Vorausschauende Wartung: Eine KI, die in der Lage ist, zu lernen, heterogene und uneinheitliche Daten in verschiedenen Zeiträumen zu interpretieren, Daten vorherzusagen und zu klassifizieren, wird in der Lage sein, die meisten der verschiedenen Ausfälle dieser Geräte zu erkennen und vorauszusehen. Dies bietet einen doppelten Vorteil in Bezug auf die Betriebszeit der betreffenden Geräte oder sogar des gesamten Gebäudes sowie eine bessere Planung möglicher Ersatzmaßnahmen.
- Funktionale Belastbarkeit: Als natürliche Ergänzung zur vorausschauenden Wartung kann die Fähigkeit der KI, alternative Funktionskreisläufe zu finden, wie bei der energetischen Belastbarkeit die Belastbarkeit der meisten Gebäudefunktionen durch Algorithmen und Daten verbessern.

Hintergrundinformation
Bei der Analyse und Optimierung von Subsets ist auch immer die Verbindung des Gebäudes mit seiner Umwelt bedenken, die unter Umständen ebenfalls optimiert werden kann. (SBA 2021) Dies sollte aber erst in einem fortgeschrittenen Stadium der Datenanalyse und Nachhaltigkeits-Optimierung des Subsets beziehungsweise des Gesamtmodells in Angriff genommen werden. Das Gebäude interagiert schließlich mit seiner äußeren Umgebung, um Folgendes zu optimieren:

- seine Kohlenstoffbelastung und Energieeffizienz
- eine Erreichbarkeit mit öffentlichen Verkehrsmitteln
- die Verwaltung und Zusammenlegung von Parkplätzen (Optimierung des Aufladens von Elektrofahrzeugen)
- Geolokalisierung und kontinuierliche Geolenkung sowohl innerhalb als auch außerhalb des Gebäudes
- die Berücksichtigung externer Faktoren zur Vorhersage der Belegungsrate (Straßenverkehr, Demonstrationen, Pandemien oder auch Schulferien)

Die vier beschriebenen Schritte sind jeder für sich sehr umfangreich und fordernd. Die Umsetzung jedes einzelnen ist mit großen Schwierigkeiten verbunden und fordert zudem neue Fähigkeiten und Expertise in der Immobilienwirtschaft. Das bezieht sich mit der Definition und dem Verständnis von Subsets auf kreative und innovative Leistungen und Fähigkeit, die so bisher nicht gefordert waren. Das bezieht sich ebenso auf technische Fähigkeiten und Fertigkeiten mit Daten und Datenanalyse, die ebenfalls ein neues Feld und perspektivisch eine entscheidende Kernkompetenz in der Immobilienwirtschaft darstellen (werden). Um die doppelte Herausforderung der Digitalisierung und der Nachhaltigkeit jedoch zu meistern, stellt sich eben nicht dir Frage, ob das alles notwendig ist, sondern nur, wie schnell und konsequent die Umsetzung erfolgt.

Literatur

Altenberg-Vaz, N. and Inanici M.(2020): Syncing with the sky: daylight-driven circadian lighting design. LEUKOS e1–e19, 2020. https://www.tandfonline.com/doi/abs/10.1080/15502724. (2020).1785310?journalCode=ulks20

Artiola J.F.; Reynolds K.A.; Brusseau M.L. (2019): Urban and household pollution. In Environmental and Pollution Science

Bibri, Simon Elias; Krogstie, John (2018): The Big Data deluge for transforming the knowledge of smart sustainable cities. A Datamining framework for urban analytics, SCAMS 18, Tetouan, Morocco

Building Minds (Hrsg.): Nachhaltigkeit in der Immobilienwirtschaft, o.J.

EASAC European Academies Science Advisory Council (2021): Decarbonisation of buildings. For climate, health and jobs, Halle

Hsu N.Y.; Liu Y.C.; Lee C.W.; Lee C.C.; Su HJ (2017): Higher moisture content is associated with greater emissions of DEHP from PVC wallpaper. Environmental Research 152

Kamis, Alcay (2019): Digitalisierung in der Wohnungs- und Immobilienwirtschaft. Proptechs, Fintechs, Connected Home, Big Data, Freiburg

Kim, Young-Min (2015): Lessons learned from machine learning models for existing buildings, Suwon

Norton B. (2020): Towards disease-averting built environments, https://daylight.academy/blog/towards-disease-averting-built-environments/

Provost, Foster; Fawcett, Tom (2013): Data Science for Business: What you need to know about data mining and data-analytic thinking, London

SBA Smart Buildigs Alliance for smart cities (2021): L'Intelligence artificielle au service de batiments smart & green, Paris

Vornholz, Günter (2021): Digitalisierung der Immobilienwirtschaft, Berlin

Zhao J. and Carter K. (2020): Do passive houses need passive people? Evaluating the active occupancy of Passivhaus homes in the United Kingdom. Energy Research & Social Science 64

Fazit 5

Wir erleben aktuell einen gewissen Paradigmenwechsel in der Immobilienwirtschaft. Dieses Buch will diesen Paradigmenwechsel beschreiben und ihn mit den vorgestellten Methoden auch vorantreiben. Immobilien bekommen eine neuen Wert durch die Möglichkeiten und die Zwänge der Digitalisierung. Ihr Wert liegt nicht im Bestehen, sondern in den Optionen für ihre Benutzung. Je flexibler diese Optionen realisiert werden können, desto höher ist der Wert der Immobilie. Für die Nutzer – und für die jeweiligen Besitzer und Betreiber. Dies Flexibilität in den Nutzungsoptionen ist ein typisches Merkmal digitaler Plattformen. Das ist gleichzeitig eine riesige Herausforderung für die Akteure in der Immobilienwirtschaft. Denn Immobilien sind – wie der Name schon sagt – zunächst einmal gar nicht flexibel, weder was ihren Standort anbelangt, noch in Bezug auf ihre grundsätzliche strukturelle Beschaffenheit. Vielleicht lassen sich hier und da ein paar Wände verschieben und der Raum anders aufteilen. Vielleicht lassen sich auch einige Einbauten oder Maschinen mit geringem Aufwand austauschen oder anders anordnen. Der „Rest" ist nun mal fix. Das Momentum der Flexibilisierung kann also nur durch die digitalen Instrumente und Services wirklich realisiert und ausgenutzt werden. Deswegen ist es zentral, Immobilien in ihrer neuen hybriden Beschaffenheit aus analogem Material und analoger Struktur und gleichzeitig digitaler Plattform für verschiedene Services und Tools zu verstehen, die sich zu digitalen Subsets kombinieren lassen, die wiederum in ihrer Kombination und Zusammensetzung den Charakter und damit den Wert der Plattform beziehungsweise der Immobilie in ihrer Vermarktung und in ihrem Lebenszyklus bestimmen.

Diese Erkenntnis und dieser Paradigmenwechsel setzen sich erst langsam durch. Das fordert geradezu Erneuerung bis hin zur Disruption heraus. Wenn Branchen auf der einen Seite in ihren traditionellen Denkweisen und bisherigen Erfolgsrezepten verharren und die Marktteilnehmer (noch) gute Umsätze und Renditen erzielen und wenn gleichzeitig neue und vor allem einfache und bequeme Angebote auf den Markt kommen, die zunächst nur eine kleine Gruppe von Zielkunden ansprechen, dann ist ein Markt reif für disruptive Veränderungen. Genau das erleben wir im Immobiliensektor. Zumal diese neuen Möglichkeiten und Angebote auf veränderte Ansprüche und Nutzungspräferenzen bei den Kunden treffen. Diese beurteilen den Wert einer Immobilie nach funktionalen Vorteilen, Erlebnisvorteilen und symbolischen Vorteilen. Alle diese Dimensionen sind von der Digitalisierung betroffen und werden durch sie bestimmt. Hinzu kommt der zweite Megatrend der Nachhaltigkeit, welcher sich vor allem in funktionaler und symbolischer Hinsicht immer stärker manifestiert: Immobilien sollen, wie oben beschrieben, flexibel und bequem zu nutzen sein UND dabei noch nachhaltig sein. Auch diese Kombination von Ansprüchen und gleichzeitig Werttiterien ist nur mit Hilfe digitaler Möglichkeiten erreichbar. Die Arena es Wettbewerbs im Immobilienmarkt ist damit schon längst um die digitale Welt erweitert. Und dieses Feld wird beständig an Bedeutung gewinnen. Denn wie wir gesehen haben, führen alle diese Veränderungen zu sinkenden Transaktionskosten im Markt vor allem wenn es um (digitale) Dienstleistungen und die flexible Anpassung an Bedürfnisse geht. Diese Senkung der Transaktionskosten und die verbesserte Transparenz im Markt beschleunigen wiederum die Innovations- und Disruptionsgeschwindigkeit im Markt.

Bei alledem spielen Daten eine zentrale Rolle für die Entwicklung des Marktes als Ganzes und die weitere Entwicklung von autonomen oder auch „intelligenten" Gebäuden. Daten schaffen Transparenz. Das gilt wiederum für den Markt und es gilt genauso für die Immobilie selbst oder ganze Quartiere, die aus Immobilien bestehen. Daten sind damit die Grundlage für digitale Angebote, die den Wert von Immobilien prägen. Das erinnert sehr an den mittlerweile etwas überstrapazierten Spruch „Daten sind das neue Gold!" Das ist sicher nicht falsch. Doch der Spruch geht eben noch weiter: „Gold liegt immer im Dreck." Daten, auch in Massen, nützen erst einmal nicht viel. Wie Gold, müssen sie erst einmal gesäubert werden. Das ist aufwendig und schwierig – auch wenn sich hier bereits über sogenanntes Auto Machine Learning und Automated Data Cleaning Erleichterungen in der Zukunft abzeichnen. Nur qualitativ gute Daten könne Immobilien „intelligent" machen. Intelligent sind Gebäude dann, wenn sie Probleme lösen können. Diese Problemlösung erzeugt mindestens eine der oben genannten funktionalen, erlebnisorientierten oder symbolischen Werte. Die Beschreibung der Lösung eines Problems oder eines Problembündels wiederum ist die Definition eines „Digitalen Subsets", das in seiner Steuerung und seinem Betrieb auch Nachhaltigkeit hin optimiert werden kann.

Die Fähigkeit und das Potenzial dazu liegt in leistungsfähigen digitalen Technologien wie Künstlicher Intelligenz und Machine Learning. KI kann große und komplexe Daten bewältigen (vorausgesetzt, die Qualität stimmt …) Damit können KI Systeme Zusammenhänge erkennen, sowohl in Subsets, als auch in deren Kombination und Zusammenspiel und sie können die „richtigen" Lösungen lernen. Das geht explorativ und durch die Vorgabe von Zielmarken und Kennzahlen. Das Potenzial wird sich in naher Zukunft noch deutlich vergrößern, wen es um die Kombination von Künstlicher Intelligenz mit Distributed Ledger Technologien wie Blockchain und die Nutzung von Quantum Computing gehen wird.

5 Fazit

Im Zusammenhang mit der Nutzung und Prozessierung von Daten stellt sich die Frage nach dem sinnvollsten Ansatz. In der digitalen Ökonomie hat sich der Plattformansatz als erfolgreich erwiesen. Data Warehouses und Plattformen sind bisher die beste Grundlage und Struktur für Big Data. Hier lassen sich relativ einfach neue Services aufsetzen und Nutzern zur Verfügung stellen. Plattformen bringen jedoch durch ihren zentralisierten Strukturkern immer Monopole oder Oligopole hervor. Insofern wird es schwer sein, einen sehr heterogenen und zersplitterten Markt mit einer fast unüberschaubaren Anzahl unterschiedlicher Teilnehmer von einem Monopolansatz in ausreichendem Maße zu begeistern. Zumal sich immer auch die Frage stellt, wem die Daten eigentlich gehören. Dem Plattformbetreiber? Den Unternehmen, die digitale Services für Kundin in und um Immobilien anbieten? Den Nutzern der Immobilie, weil sie schließlich durch ihr Verhalten und ihre Gewohnheiten erst die Datengrundlage für alles Genannte „produzieren"? Datenzugang und Datenteilung sind somit ein echtes Problem. Federated Learning kann hier eine sinnvolle Alternative und Lösung des Problems sein.

Wie auch immer hier die Entwicklung weitergeht, ist eines doch klar erkennbar. Die Veränderung von Geschäftsmodellen, wie im Vorgängerbuch „Bits&Bricks" beschrieben, setzt sich unvermindert weiter fort. Mit fortschreitender Leistungsfähigkeit von digitalen Technologien wird sie sich sogar noch beschleunigen. Darum ist es wichtig, die Erfolgsregeln für digitale Produkte, Dienste und Geschäftsmodelle zu kennen und anzuwenden. Die Am Anfang des Buches genannten und erklärten Regeln von Poleg und nach dem BIDAC Konzept sind hier übereinstimmend und vor allem direkt in der Praxis anwendbar. Das führt zu der Erkenntnis, dass wir es mit einer neuen Dynamik und Geschwindigkeit der Digitalisierung zu tun haben und das der (neue) Wert von Immobilien in den genannten Dimensionen mehr oder weniger nur durch die Möglichkeiten und Anwendungen eben dieser Digitalisierung selbst realisierbar ist.

Der Wert von Immobilien wird schon jetzt zunehmend und maßgeblich durch deren „Nachhaltigkeit" bestimmt. Bisher ist die Beurteilung der Nachhaltigkeit einer Immobilie praktisch komplett analog und punktuell. Dabei wird doch schon mit der Bezeichnung „Nachhaltigkeits-STRATEGIE" – Effizienz, Konsistenz, Suffizienz – klar, dass sich die Frage der Nachhaltigkeit in der Umsetzung und Betrieb entscheidet. Ökobilanzen mit ihren Sachbilanzen und Wirkungsbilanzen sind jedoch ihrem Wesen nach stichtagsbezogen und starr. Ihre Beurteilungen beruhen zum großen Teil auf Vermutungen und Extrapolationen, zumeist auf einer äußerst dünnen Datenbasis. Kontrolle und Steuerung der Nachhaltigkeit sind so nur sehr begrenzt möglich. Wie gerade oben beschrieben geht eine solche Steuerung und Optimierung der Nachhaltigkeit nur auf Basis von laufenden Datenauswertungen (aus digitalen Subsets). Zudem liegt der Fokus von Ökobilanzen momentan vor allem auf dem Bau einer Immobilie und den verwendeten Materialien. Dabei wissen wir doch, dass vor allem das Verhalten der Menschen in Immobilien ihre „Nachhaltigkeit" bestimmt. Bestehende Umweltziele und Indikatoren und die etablierten Bilanzkennzahlen können aber sehr gut zur Orientierung und Steuerung der Nachhaltigkeit genutzt werden, indem sie im laufenden Betrieb und für Machine Learning und die jeweiligen Optimierungsziele als Benchmarks verwendet werden.

Gleiches gilt auch für die etablierten Zertifizierungen zur Nachhaltigkeit. BREEAM, LEED, DGNB oder NaWoh Zertifizierungen stützen sich ebenfalls auf Kennzahlen zur Begutachtung. Auch hier geht es wie bei den Ökobilanzen um eine einmalige Statusfeststellung auf relativ dünner Datenbasis. Der logische Schritt in die Digitalisierung zum Zwecke der Nachhaltigkeit liegt drum in der Verwendung dieser Kennzahlen für die KI basierte Nachhaltigkeitsmessung und Optimierung von digitalen Subsets und ganzer Immobilien. Dieser Schritt wäre nicht neu. In anderen Bereichen und Branchen ist das bereits Realität. Auch im Marketing oder im Maschinenbau, selbst in der Medizin wurde lange mit analogen Methoden punktuell gemessen und auf dünner Datenbasis entschieden. Doch diese Herangehensweise ist in allen genannten Bereichen heute schon lange nicht mehr akzeptiert, weil zu schlecht und deswegen nur noch historische Reminiszenz.

Auch in der Immobilienwirtschaft wird das so sein. Denn der Trend zur prioritären Bedeutung der Nachhaltigkeit wird sich in der nahen Zukunft noch weiter verstärken, womit die Anforderungen an die Performanz, die Genauigkeit, die Verlässlichkeit und die dauernde Überprüfbarkeit von Methoden und Instrumenten der Nachhaltigkeitsmessung und Nachhaltigkeitssteuerung ebenfalls steigen werden. Analoge Methoden können all das nicht (mehr) leisten. Die Regulatorik wird schärfer, die Anforderungen von Investoren wachsen, Kunden, Mieter und sonstige Nutzer von Immobilien haben immer höhere Erwartungen und alle verlangen irgendeine Art von belastbarem Nachweis der Nachhaltigkeit. Diese Nachweise lassen sich nur mit leistungsfähigen Technologien liefern. Das führt uns zu der Erkenntnis, dass Zahlen und Kennwerte für die Beurteilung und Steuerung von Nachhaltigkeit von Immobilien in ihrer vielfältigen Nutzung und Umwelt bereits da sind. Beispiele für die Umsetzung digitaler Nachhaltigkeitsmessung und Steuerung haben wir in diesem Buch ebenfalls kennengelernt. Vorausgesetzt die oben bereits angesprochenen Fragen des Datenzugangs und der Datenteilung sind oder werden geklärt, gibt es keinen Grund Nachhaltigkeit und Digitalisierung in der Immobilienwirtschaft nicht als Zwillinge zu verstehen.

Zumal der Zwillingsansatz der Kern der Nachhaltigkeitsoptimierung ist. Digitale Subsets bilden in ihrem Zusammenspiel die Modellierung des Nutzungs- und Betriebs-Systems einer Immobilie und damit ein digitales Zwillingsbild. Ein Subset ist dabei, wie im letzten Kapitel beschrieben, ein Prototyp-Szenario oder ein Use Case für eine geschlossene Nutzungsgeschichte zu einem bestimmten Zweck in einer Immobilie. Wichtig hierbei ist, diese Subsets konsequent aus der Nutzerperspektive abzuleiten und nicht aus architektonischer Perspektive oder der Perspektive des Immobilieneigners oder Immobilienbetreibers. Dazu sind folgende vier Schritte notwendig: 1. Was tun Menschen und welche Bedürfnisse haben sie? 2. Welche Nachhaltigkeitsziele mit welchen Kennzahlen oder Zielmarken sind betroffen? 3. Was muss geschehen, damit das Subset optimal nachhaltig ist? 4. Wie sieht der optimale Zustand aller Subsets in der Immobilie beziehungsweise auf der Plattform aus? Die letztgenannte Optimierung von Subsets ist dabei durch systemische Modellierung und Datenanalyse mittels Künstlicher Intelligenz zu erreichen. Doch auch wenn KI das alles schon heute leisten kann, so ist hier noch ein weiter Weg zu gehen.

5 Fazit

Gleichzeitig liegt hier gleiche eine mehrfache Chance für Unternehmen und die gesamte Branche – egal ob etabliertes Unternehmen oder Start Up. Wenn bei der Formulierung und Modellierung von Subsets mit ihren Instrumenten und Services die in diesem Buch dargestellten Regeln für erfolgreiche digitale Angebote und Geschäftsmodelle berücksichtigt werden, entstehen Wert und Wertschöpfung für Immobilienkunden und Immobilienanbieter. Intelligente Gebäude lösen, wie beschrieben, Probleme und vermitteln einen funktionalen Nutzen, Erlebnisnutzen oder einen symbolischen Nutzen. Über digitale Subsets lassen sich gleich mehrere Dimensionen des Nutzens für den Kunden abbilden und realisieren. Durch den Einsatz von autonomen Systemen ist das alle auch nicht nur ökologisch und sozial nachhaltig mess- und steuerbar, sondern auch ökonomisch sinnvoll und nachhaltig.

Für die Umsetzung gibt es dabei natürlich noch so einige Hürden. Das sind auch gleichzeitig die Limitationen dieses Buches, die klar zu benenne sind. Dieses Buch nimmt eine technische und datengetriebene Perspektive ein. Damit bleiben andere wichtige Aspekte in Hintergrund. Gleichzeitig hat sich diese Untersuchung den Anspruch gestellt, eben neue und bisher wenig oder gar nicht berücksichtigte Aspekte in die Diskussion und die gesamte Branche einzuführen. Des Weiteren ist der Stand der Digitalisierung in der Immobilienwirtschaft noch um einiges von dem entfernt, was hier an Anwendungen und Szenarien vorgeschlagen worden ist. Und natürlich kann niemand mit Sicherheit vorhersagen, wie dir künftige Evolution oder gar Revolution von Technologien und Applikationen genau aussehen und sich manifestieren wird.

Damit sind hier Szenarien und Wege beschrieben, von denen wir begründet annehmen können, dass sie realistisch und sinnvoll sind, weil sie mehrere Ziele und Ansprüche der verschiedenen Akteure und Stakeholder in Einklang miteinander bringen. Zentral ist dabei die Bedeutung von Digitalen Subsets für die Nachhaltigkeit in Bau und vor alle im Betrieb von Immobilien. Neue Technologien und Ideen setzen sich durch, wenn es Vordenker/innen gibt, die Potenziale und Möglichkeiten analysieren, beschreiben und vertreten. Dieses Buch ist ein Beitrag genau dazu. Gerade die Immobilienwirtschaft hat eine hohe Verantwortung für eine lebenswerte Zukunft unserer Gesellschaft(en) und unseres Planeten. Zu dieser Verantwortung gilt es zu stehen und neue Lösungen anzunehmen.

Printed by Printforce, the Netherlands